Beck'sche Elementarbücher

W0065460

RAINER WOHLFEIL

Einführung in die Geschichte der deutschen Reformation

VERLAG C.H. BECK MÜNCHEN

CIP-Kurztitelaufnahme der Deutschen Bibliothek

Wohlfeil, Rainer:
Einführung in die Geschichte der deutschen
Reformation / Rainer Wohlfeil. – München: Beck, 1982.
(Beck'sche Elementarbücher)
ISBN 3 406 08675 6

ISBN 3 406 08675 6

Umschlagentwurf: Walter Kraus, München
Umschlagbild unter Verwendung eines Bildes aus Ciceros ‚De officiis‘
(Augsburg: Wolf Steiner 1531)
© C. H. Beck'sche Verlagsbuchhandlung (Oscar Beck), München 1982
Gesamtherstellung: C. H. Beck'sche Buchdruckerei, Nördlingen
Printed in Germany

Für
LUDWIG PETRY
und
GERHARD PAPKE

INHALT

VORWORT

Diese ‚Einführung‘ will durch Problematisierung zentraler Kategorien und Fragenbereiche Hilfen für eine eigenständige Erarbeitung der Geschichte der deutschen Reformation anbieten. Sie wiederholt also nicht historische Grundkenntnisse, die über Handbücher und Monographien zugänglich sind, berücksichtigt aber, daß der gegenwärtigen studentischen Generation bestimmte Erkenntnisvoraussetzungen der Reformationsgeschichte weitgehend fehlen. So wird beispielsweise das unumgängliche Grundwissen über Wesen, Inhalt und historische Bedeutung von Christentum, Kirche und Theologie um 1500 vermittelt. Aus der Zielsetzung ergibt sich die Beschränkung auf die Darstellung von Grundzügen.

Sachverhalte und Probleme, die in anderen Beck'schen Elementarbüchern, in der ‚Einführung in die Geschichte der Frühen Neuzeit‘ von Ernst Hinrichs und in der Einführung in das Leben und Werk Luthers von Bernhard Lohse erörtert werden, bleiben ebenfalls ausgeklammert. Dabei ist es allerdings von der Konzeption her nur schwer zu vertreten, daß dem deutschen Bauernkrieg von 1524/26 in dieser Einführung keine ausführliche Behandlung zuteil werden kann, weil für ihn vom Verlag ein eigener Band vorgesehen ist. Seiner außerordentlichen Bedeutung wird seine Würdigung entsprechen, wie sie von der Einführung in den Bauernkrieg durch Rudolf Endres zu erwarten ist. Die Trennung von ‚Reformation‘ und ‚Bauernkrieg‘ widerspricht auch meiner Interpretation des sehr verschlungenen Zusammenhangs beider historischer Prozesse – vorgelegt in meinen Beiträgen zu den Sammelbänden ‚Reformation oder frühbürgerliche Revolution‘ und ‚Der deutsche Bauernkrieg 1524–26‘ – und belastet die Diskussion mit der marxistisch-leninistischen Geschichtswissenschaft.

Eine gewisse Änderung erfuhr die ursprüngliche Konzeption, nachdem Heinrich Lutz seine ‚Reformation und Gegenreformation‘ veröffentlicht hatte. Meine Einführung thematisiert bewußt nicht mehr oder nur bedingt die von Lutz behandelten historischen Komplexe. Dazu gehören die Grundzüge der europäischen Geschichte mit Schwerpunkten im politischen Geschehen und im Bereich von Grundproblemen und Tendenzen der Forschung, beispielsweise die geschichtswissenschaftliche Aufgabe der Periodisierung oder die Frage nach Toleranz und Religionsfreihcit. ,Elementarbuch' und ,Grundriß' sollen sich nicht überlagern, sondern in der gemeinsamen Zielsetzung ergänzen.

Die deutsche Geschichtswissenschaft bezeichnet weitgehend übereinstimmend als ,Zeitalter der Reformation' den Zeitraum von 1517 bis 1555. Diese Eckdaten sind bestimmt von einer Auffassung, die Reformation als den von Martin Luther ausgelösten Kampf um Durchsetzung und reichsrechtliche Anerkennung einer neuen Glaubensauffassung begreift, institutionalisiert im evangelisch-lutherischen Landeskirchenregiment. Sie berücksichtigt kaum, daß die evangelische Reformation von Huldrych Zwingli und Jean Calvin mitgeprägt wurde, also auch ein wesentlich europäischer Vorgang war, der insbesondere in seiner calvinischen Ausformung mit der ,Zweiten Reformation' auf Deutschland ausstrahlte. Außerdem beziehen speziell diese Eckdaten und die landläufige innere Gliederung des Zeitalters Nebenströmungen und radikale Verselbständigungen der Reformation ebenso unzulänglich ein wie die katholische Reform und die Reaktion der überlieferten Kirche – kurzum, sie reflektieren eine Deutung der Reformation im Rahmen eines primär kirchengeschichtlichen Vorgangs, zentriert um das Geschehen, das Luther bewirkte. In derartigen Eingrenzungen spiegelt sich jedoch nicht die Vielgestaltigkeit und Komplexität der deutschen Reformation. Geschichtswissenschaftlich erscheint es deshalb stets geboten, den Begriff ,Reformation' auf Gehalt und Wortverständnis seines jeweiligen Benutzers zu überprüfen. Hierzu Hilfestellung zu leisten und zu entsprechenden Folgerungen für eigenes Arbeiten anzuleiten, ist das Bemühen dieser Einführung.

Als Folge und Ausdruck des unterschiedlichen Begriffsgehalts stehen eine ganze Reihe von Erklärungen und Interpretationen des historischen Prozesses Reformation neben- oder auch gegeneinander. Seine verschiedenen Auslegungen – sei es z. B. heilsgeschichtlich, evolutionär oder revolutionär, unter der Perspektive des Ereignisses oder aus struktaler Sicht – sind zugleich bedingt durch die jeweilige geschichtstheoretische Einbindung, ohne daß implizite Theoriebildung und Standortbezogenheit stets intersubjektiv überprüfbar reflektiert sind. Kontrovers beantwortet erweist sich besonders die Frage nach dem Verhältnis von Reformation und Revolution. Probleme wirft außerdem die vielfach mangelnde oder mangelhafte Offenlegung des Bezugssystems von Wertungen auf. Im Bereich der Reformationsgeschichte sollte wertenden Aussagen eine Stellungnahme des Autors über sein Verständnis von Religion vorangestellt werden – sei es beispielsweise im Sinne eines Bekenntnisses zum christlichen Glauben, einer Anerkennung genuin religiöser Phänomene, einer Ablehnung jedweder Autonomie des Religiösen oder der Erklärung von Religion als Ideologie. Diese Einführung basiert auf meiner sozialgeschichtlichen Betrachtungsweise (s. S. 71 f.) bei zugleich grundsätzlichem Bekenntnis zum christlichen Glauben.

Einer kritischen Bestandsaufnahme und Reflexion bedürfen außerdem weitere Begrifflichkeit, Terminologie und analytische Erkenntnismittel. Exaktheit in der Begrifflichkeit ist eine Grundforderung an den Historiker, der er nachkommen muß, will er der Spannung zwischen dem wissenschaftlichen Gebot nach Klassifikation und Systematisierung auf der einen und dem Wissen um die Unzulänglichkeit der Terminologie auf der anderen Seite gerecht werden. Geschichtswissenschaftliche Begriffe geben keinesfalls die Mannigfaltigkeit historischen Geschehens wieder. Um dies zu verdeutlichen wurden zwei spezifisch reformationsgeschichtliche Begriffe thematisiert, die zugleich ein Beispiel für den religiös-kirchlichen Aspekt der Reformation und für die sie bedingenden gesellschaftlichen Faktoren geben: reformatorisch-evangelische Lehren und reformatorische Bewegungen. Selbstverständlich liegt das gleiche Gewicht auf Hauptproblemen aus der reformatorischen Kernzeit und speziellen Kontroversbereichen gegenwärtiger Forschung, wobei natürlich zugegeben werden muß, daß jede Auslese von subjektiver Bewertung und persönlicher Interessenlage abhängt. Darüber hinaus zwang die umfangmäßige Begrenzung der Einführung dazu, sich innerhalb der ausgewählten Bereiche auf die wichtigsten Problemfelder argumentativ verdichtet zu orientieren; trotzdem waren Überschneidungen mit den eingangs benannten Bänden nicht völlig zu vermeiden. Die Fragenbereiche werden jeweils nicht anhand eines systematischen, sondern eines gegenstandsbezogenen Kriterienkatalogs dargestellt.

Bei aller Beschränkung erwies es sich als notwendig, der Einführung ein Resümee des geschichtlichen Geschehens voranzustellen. Gelöst wurde diese Aufgabe nicht mit einer sicherlich unzureichenden ,Zeittafel‘, sondern mit einem knappen historischen Abriß. Seine Leitlinien ergaben sich aus der Doppelaufgabe, anhand ausgesuchter Fragestellungen Grundzüge des Geschehens interpretierend nachzuzeichnen und zugleich die systematisierend behandelten Materialien in den historischen Prozeß Reformation einzuordnen. Die einleitende Frage nach Voraussetzungen, Ursachen und Bedingungen der Reformation ist für jedwede Interpretation unerläßlich. Zentralgedanke bei der weiteren Darstellung war die verfassungs- und sozialgeschichtlich orientierte Problematisierung des Geschehens ab 1517. Es kam darauf an, das Spannungsverhältnis zu verdeutlichen, das sich aus dem Kampf um Durchsetzung, Sistierung oder Aufhebung des Wormser Edikts ergab, einerseits zwischen Reich und Territorialgewalten, andererseits zwischen Obrigkeiten und reformatorischen Bewegungen.

Besondere Sorgen bereitete die sachgerechte Behandlung der Nachweise und der Bibliographie, denn es ließen sich der umfangmäßigen Begrenzung halber kein umfangreicher Anmerkungsapparat sowie weder eine wünschenswerte kritische noch eine Auswahlbibliographie größeren Ausmaßes verwirklichen. Unumgänglich notwendige Belege sind in den Text eingearbeitet in der Hoffnung, daß die gewählte Form verständlich ist. Im Zusammenhang mit der Diskussion der marxistisch-leninistischen These von einer ‚frühbürgerlichen Revolution‘ verweise ich außerdem auf die Nachweise in meinen älteren Beiträgen. Zur allgemeinen Geschichte wird entsprechend meinem Verständnis der Einführung auf den Teil III bei Lutz (‚Quellen und Literatur‘), in einschlägigen speziellen Fragen auf die Bibliographien bei Hinrichs, Lohse und Endres verwiesen. Literatur, die bis 1960 erschienen ist, wird weitgehend durch Verweise auf die einschlägige Nummer in der ‚Bibliographie zur deutschen Geschichte im Zeitalter der Glaubensspaltung 1517–1585‘ von Karl Schottenloher abgedeckt, beispielsweise für den Druck des Wormser Edikts von 1521: (BDG 10923 d). Die Abkürzungen sind dem IATG (s. S. 202) entnommen.

Die ‚Stiftung Volkswagenwerk‘ hat mir durch Freistellung von meinen akademischen Verpflichtungen die beschleunigte Fertigstellung ermöglicht. Ihr gebührt mein Dank ebenso wie den Kollegen, Mitarbeitern und Studenten, die mir in Diskussionen, durch Rat und Kritik geholfen haben: Regina Boelckow, Ilse Deike, Hans-Jürgen Goertz, Arno Herzig, Ruth Kastner, Otto Hermann Pesch, Martha Petersen, Hans-Christoph Rublack. Katharina Schlegel und Heide Wunder schulde ich besonderen Dank. Ohne das Verständnis meiner Frau für eine solche Arbeit hätte ich der Anregung des Verlags gar nicht nachkommen können. Sie stand mir stets zur Seite. Generell danken möchte ich aber auch meinem akademischen Lehrer Ludwig Petry und dem bewährten Freund Gerhard Papke. Ihnen widme ich diese Einführung.

Hamburg, Ostern 1981   *Rainer Wohlfeil*

GRUNDZÜGE DER GESCHICHTE

Die deutsche Reformation wird ebenso im allgemeinhistorischen wie auch im sozialgeschichtlichen Begriffsverständnis als ein historischer Prozeß aufgefaßt, dessen Schwerpunkt in der ersten Hälfte des 16. Jahrhunderts lag. Voraus ging eine Periode der ‚Hoffnung auf Reformation‘, die Aufschluß über ihre Voraussetzungen gibt, d. h. über ihre Ursachen und Bedingungen. Dieser Zeitabschnitt reichte bis 1517, frühere Wurzeln und erste Anstöße sind bis in das 14. Jahrhundert zurückzuverfolgen.

Der Ablauf der eigentlichen Reformation kann im Rahmen der chronologischen Aufteilung gleichzeitig auch thematisch übersichtlich gegliedert werden. Die erste Phase, die ‚Anfänge der Reformation (1517–1521)‘, war gekennzeichnet durch das öffentliche Auftreten Martin Luthers (1483–1546), den ersten Widerhall seines Wirkens und die Reaktion Kaiser Karls V. (1500–1558) mit dem Wormser Edikt. In den ‚Reformatorischen Bewegungen (1521–1525)‘ spiegelte sich ganz allgemein die aktive Bereitschaft sozialer Gruppen aus fast allen Gesellschaftsschichten zu einer weit über die religiöse Ausgangsposition hinausreichenden Reform. Überlappend abgelöst wurden diese spontanen, teilweise revolutionären Bewegungen durch die ‚Anfänge obrigkeitsgelenkter und obrigkeitlicher evangelischer Reformation (1525–1529)‘ – eine Phase, in der kirchenreformatorisch gesinnte Reichsstände und -städte die politische und ökonomische Tragkraft der evangelischen Reformation erkannten und zu nutzen begannen. In der Zeit der ‚Festigung und Behauptung der obrigkeitlich-evangelischen Reformation und des Landeskirchenregiments (1529–1555)‘ schloß sich die Masse der evangelischen Obrigkeiten, begünstigt von der allgemeinen Tendenz der Erstarkung des Territorialfürstentums, im Schmalkaldischen Bund zusammen und erreichte trotz ihrer militärischen Niederlage im Schmalkaldischen Krieg 1547 die Sicherung des Augsburger Bekenntnisses von 1530 im Augsburger Religionsfrieden von 1555. Die folgenden Jahrzehnte gehörten der ‚Konfessionalisierung und Stabilisierung der Territorialherrschaft (1555 – Anfang 17. Jahrhundert)‘. Landesherrschaft und lutherische Orthodoxie fanden sich in enger, einander stärkender Bindung zusammen. Um so betonter konnte der Unterschied zu den Reformierten, der großen reformatorischen Konkurrenzkonfession gepflegt werden. Die katholische Kirche bestätigte sich und ihre inneren Reformen im Tridentinum. Abgeschlossen wurde der historische Prozeß nach dem Dreißigjährigen Krieg durch die reichsrechtliche Sanktion der Kirchenspaltung in drei Konfessionen im Westfälischen Friedenswerk von 1648.

Hoffnung auf Reformation

Die geschichtliche Entwicklung in Deutschland ab 1517 kann nur innerhalb einer gemeineuropäischen Komplexität gesehen werden. Sie resultierte aus lange bestehenden kirchlich-religiösen, geistigen, politischen und sozial-ökonomisch bedingten Ursachen, ohne daß sich einer der Faktoren als letztlich bestimmend nachweisen läßt. Spannung und Krisen der Zeit um 1500 äußerten sich nicht nur in materiellen Sorgen, geistigen Konflikten oder Unruhen, sondern auch in ausgesprochenen Ängsten. Dieses breitgefächerte Gefühl der Bedrohung drückte sich einerseits aus in der Angst vor Unordnung, Krieg und Umsturz, formuliert im Verlangen nach Ordnung und Reformen, wobei die Angst vor den Türken als Bedrohung der Christenheit durch Ungläubige ihren besonderen Platz hielt. Andererseits entsprach die heute kaum vorstellbare Angst vor der Zeit nach dem Tod und vor der Hölle der Polarität zwischen tiefer Verwurzelung im bewußtseinsbestimmenden christlichen Glauben und dem Unbefriedigtsein mit Formen der Heilsvermittlung ebenso wie zwischen dem Ideal eines christlichen Lebens und konkreter Verhaltensweise der Christen im Alltag.

Das verständliche Begehren nach Reform der Sitten sowie nach gesamtgesellschaftlich wirksamer Erneuerung war also unübersehbar religiös-christlich orientiert und zwar in einem untrennbaren Zusammenhang mit der Kirche. Von hier aus gesehen läßt sich die deutsche Reformation generell herleiten aus der staatenübergreifenden Unzufriedenheit mit der überlieferten Kirche in der Mannigfaltigkeit ihrer Erscheinung, das heißt aus der Forderung nach ihrer Reform an Haupt und Gliedern. Die Unzufriedenheit ergab sich aus objektiven Mißständen und als Ergebnis subjektiver Kritik, die sich wechselseitig so durchdrangen, daß sie sich analytisch als schwer trenn- und abgrenzbar erweisen. Die Mißstände waren teilweise seit langem vorhanden, wurden aber erst seit dem 15. Jahrhundert ausdrücklich als belastend empfunden.

Gemeineuropäisch war die Kritik an Papsttum, Kurie und Kirche im allgemeinen, zu erklären als Reaktion auf weltliche Ansprüche des Papsttums, die den Papst zu einem Fürsten unter vielen absinken ließen, ihn zunehmend in politische Streitfragen und zugleich in Abhängigkeit von den werdenden Nationalstaaten verstrickten. Damit verstärkte sich die allgemeine Verunsicherung über Wesen und Stellung des Papsttums, die im großen abendländischen Schisma (1378–1417) entstanden war. Die Kritik resultierte aber nicht nur aus dem Primat des Politischen, sondern unter weiteren Beschwerden aus der Juristifizierung und Ökonomisierung der Kirche. Wenn sich die Päpste gegenüber dem Konziliarismus – der Theorie von der Oberhoheit des Konzils über den Papst – durchgesetzt hatten, so wurden gerade dadurch die Reformforderungen der an sich schon unbefriedigenden Reformkonzilien übergangen. Durch den verschärften päpstlichen Herrschaftsanspruch wurden die lange hervorgetretenen innerkirchlichen Zentralisierungsbestrebungen weiter vorangetrieben, ohne daß dieser Zentralismus zu Verbesserungen im pastoralen Bereich führte.

Der Bereich der Seelsorge war dadurch verunsichert, daß es keine in allen wichtigen Fragen dogmatisch festgelegte kirchliche Lehre gab. Gemeineuropäisch herrschten in der Theologie Unklarheiten, die sich niederschlugen in einem „Nebeneinander und Gegeneinander verschiedenster Schulen, Strömungen, Gruppen und Arten" mit dem Ergebnis, daß „eine uns beinahe unvorstellbare theologische Unklarheit [erzeugt worden war] über das, was katholisch ist" (Joseph Lortz, LThK, Bd 8, 1072). Irritierte die theologische Unsicherheit einerseits, so stellte andererseits die Unfähigkeit des Papsttums, der Orientierungslosigkeit zu steuern, sogar seinen Oberhirtenanspruch in Frage.

Pastorales Versagen war ein objektiver Mißstand, trat jedoch für die subjektive Kritik nicht so stark in den Vordergrund wie der kuriale Fiskalismus, das unermüdliche Bestreben nach Vermehrung der finanziellen Einnahmen. Der Fiskalisierung von Amtsaufgaben und Verwaltungsgeschäften entsprach eine Verdinglichung kirchlicher Handlungen bis hin zur Verformung des Bußsakramentes durch den ‚Ablaßhandel'. Ihre finanziellen Forderungen trieb die Kurie unter rücksichtslosem Einsatz kirchlicher Strafen ein. Das Finanz- und Dispensgebaren der Kurie war zwar durch kanonisches Recht gedeckt, diente aber kaum den seelsorgerischen Verbindlichkeiten, sondern vorrangig zur Verwirklichung des glanzvollen und durchaus kulturbewußten Gepränges, das den Renaissance-Päpsten ihre Sonderstellung in der Kirchengeschichte verschaffte. Jedoch gerade dieses zeitgebundene weltliche Gebaren hat über besonnene Kritik hinaus stark zunehmend Verachtung und Haß gegenüber allem ‚Römischen' erzeugt.

Dem römischen Vorbild folgten Bischöfe, Prälaten und andere Geistliche, und die Demonstration kirchlichen Reichtums rückte ihre Religiosität in ein immer fragwürdigeres Licht. Da Inhaber höherer geistlicher Ämter wie jeher in starkem Maße dem Adel entstammten und ihre Pfründen als standesgemäße Versorgung verstanden, außerdem der auch politisch orientierte Adel, speziell im deutschen Reichskirchensystem, in besonderer Weise mit Bischofssitzen und Domkapiteln verflochten war, wurden die originär geistlichen Aufgaben recht häufig vernachlässigt zugunsten politischer, also weltlicher Amtsauffassung, Ämter und Repräsentation. Außerdem bestand zwischen diesen ‚Würdenträgern‘ und dem niederen Klerus eine erhebliche Distanz. Alle diese Differenzen und Dissonanzen waren nicht ausgesprochen neu, erwiesen sich jedoch in der kritikgeschwängerten Atmosphäre als ein weiteres Spannungsmoment.

Über jeden Unterschied hinweg wurde den Klerikern aller Art und jeder Herkunft als gemeinsam nachgesagt, sie strebten an, die Zahl ihrer Pfründen als Einkommensquellen zu vermehren, sie verstießen gegen Keuschheitsgelübde und Zölibat und sie überließen die Wahrnehmung ihrer Pflichten schlecht ausgebildeten und versorgten Vertretern – einem den theologischen Anforderungen vielfach nicht genügenden, sich zunehmend vergrößernden ‚geistlichen Proletariat‘. Darüber hinaus waren die theologischen Kenntnisse auf allen Stufen der Hierarchie unzureichend. Besonderen Anstoß erregten Orden und Klöster. Als Quelle dieser Mißstände wurden Papst und Kurie angesehen, vornehmlich gegen Rom richtete sich also die Kritik, die sich in Deutschland zudem als Antiklerikalismus äußerte. Antiklerikalismus, der sich aus verschiedenartigen Motivbereichen speiste – aus Kritik an sittlichem Fehlverhalten und nachlässiger Amtsführung, aus ökonomisch begründetem Neid auf und Haß gegenüber dem ‚reichen und faulen‘ geistlichen Stand und der wirtschaftlichen Ausnutzung seiner Privilegien, aus häretischem Bezweifeln einer Notwendigkeit seiner sakramentalen Funktionen, aus der reichsständischen Empörung über die finanziellen Forderungen der römischen Kurie und aus den Säkularisierungsbestrebungen weltlicher Obrigkeiten – wurde zu einer wesentlichen Triebkraft der Reformation. Ihm eigneten antifeudale Züge, zweifelhaft erscheint jedoch die These von Karl Czok, daß Antiklerikalismus seinem Kern nach Antifeudalismus gewesen sei.

Im Kontrast zu kirchlichen Mißständen, Kirchenkritik und Antiklerikalismus war die Zeit um 1500 ebenso geprägt von gesteigerter religiöser Heilssehnsucht mit Bereitschaft zu großen Opfern und ungebrochener, wenn nicht sogar sich übersteigernder und veräußerlichender Volksfrömmigkeit. Die ‚Opfer‘ mit ihren auffälligsten Erscheinungen im Stiftungs-, Bilder- und Ablaßwesen waren Ausdruck eines religiösen Leistungsdenkens, das seinerseits wiederum die kirchlichen und klerikalen Mißstände verstärkte. Gegenüber einer derartigen „religiösen Leistungsgesellschaft" (Bernd Moeller) wurden Reformforderungen auch innerhalb der Kirche erhoben, jedoch fehlte es solchen Bestrebungen an Unterstützung durch die Hierarchie. Sie wurden von den Mißständen einfach überlagert, ohne in der Öffentlichkeit Fuß zu fassen, wie ebenso die Kritik aus dieser Öffentlichkeit viele Kleriker und Mönche bitter verletzte, weil sie ihre Seelsorgeaufgaben in tiefem Ernst versahen.

Das Verhältnis zwischen Kirche und ,Staat‘ war im Heiligen Römischen Reich geregelt in Konkordaten mit Zugeständnissen Roms gegenüber den einzelnen Obrigkeiten, vom Kaiser bis hin zum Rat einer Stadt, also gekennzeichnet durch differenzierte Aufsplitterung. Im Suchen nach Verbündeten gegen den Konziliarismus hatte das Papsttum weltlichen Gewalten gesteigerten Einfluß auf und sogar Verfügungsgewalt über kirchliche Institutionen eingeräumt. Dadurch hatten sich die vorhandenen Reibungsflächen keinesfalls glätten lassen, vielmehr wurden etwa durch Zugeständnisse in der Mitsprache – vor allem in Fragen der Organisation und Disziplin – Grundlagen einer Landeskirche und Ansätze weltlichen Kirchenregiments und damit eine Voraussetzung für die spätere landesherrliche Durchführung evangelischer Reformation(en) geschaffen.

Ihren ,aktenkundigen‘ Ausdruck fanden Unzufriedenheit und Kritik in den ,Gravamina nationis germanicae‘. Diese ,Beschwerden der deutschen Nation wider den römischen Hof‘ wurden bereits auf dem Konstanzer Konzil (1414–1418) vorgetragen, als Begriff allerdings erst Mitte des 15. Jahrhunderts formuliert; behandelt wurden sie bei zahlreichen Anlässen. Einen Höhepunkt in der Gravaminabewegung stellten die ,Hundert Gravamina‘ auf dem Wormser Reichstag von 1521 dar. Inhaltlich umschlossen sie von Anfang an in einer Mischung kirchlicher und weltlicher Forderungen vornehmlich Klagen über die römische Verwaltungspraxis, über das päpstliche Besteuerungswesen und über das kirchliche Prozeßverfahren. Aber die Gravamina hatten nur Reformansätze, allenfalls begrenzte Reformen veranlaßt, keinesfalls jedoch die Ursachen der Mißstände beseitigt. So gewann die Kritik an Schärfe, blieb allerdings gekennzeichnet durch Loyalität gegenüber der Kirche und mündete nur vereinzelt ein in grundsätzliche Kirchenfeindschaft – wie bei Ulrich von Hutten (1488–1523), einem Humanisten.

Im deutschen Humanismus (s. Kap. Humanismus-Reformation-Stadt) bildete sich ein Sammelbecken von Kritik und Reformforderungen. Die Erfindung des Buchdrucks Mitte des 15. Jahrhunderts vermittelte den Humanisten innerhalb einer ,humanistisch-reformistischen Öffentlichkeit‘ die Gelegenheit, ihre Kritik eindringlich vorzutragen und den „Zweifel an dem Sinn und Recht eines dysfunktionalen klerikalen Systems" (Heinrich Lutz) zu stärken. Zeitgenossen, die diese Symptome einzuordnen vermochten, konnten kaum übersehen, daß sich die Kirche, sei es als institutionalisierte Heilsanstalt, sei es als Glaubens- und Frömmigkeitsgemeinschaft, in einer Krise befand.

Die Reformation wurzelte jedoch nicht allein in Mißständen der Kirche und in der Unfähigkeit ihrer Vertreter, ihren pastoralen Anforderungen in der entstehenden Renaissancewelt gerecht zu werden; sie gehörte ebenso zu den krisenhaften Erscheinungen im Heiligen Römischen Reich als Ganzem wie in seinen Territorien als die durchschlagendste und geradezu epochemachende Folge eines gesellschaftlich und ökonomisch wirksamen Wandels in Europa. Zunehmende Diskrepanz zwischen dem Schwinden der Reichsgewalt und dem Wachsen der Territorialfürsten beeinträchtigte die Funktionsfähigkeit des Kaisers und ließ die recht wirkungsarmen Versuche scheitern, sie durch eine Reichsreform stärker zur Geltung zu bringen. Konflikte zwischen den einzelnen Landesherren – eine Folge ihrer Politik der Territorialisierung und des Ausbaus der Landesherrschaft – beschwerten Adel, Städte und vor allem die ländliche Bevölkerung. Die Ritterschaft wurde durch die sich verstärkende Geldwirtschaft in ihren ökonomischen Grundlagen existentiell bedroht und geriet außerdem durch die ineffiziente Wehrverfassung des Reiches in ein politisches Vakuum. Dem Bedeutungsverlust der Ritterschaft entsprach eine Abziehung des agrarischen Kapitalmehrwertes vom Lande in die Städte, deren wirtschaftliche Kraft weiterhin zunahm; politisch begann jedoch auch die Rolle der Städte zu stagnieren.

Materielle Sorgen und wirtschaftliche Not führten über die normalen Spannungen hinaus zu sozial-politischen Unruhen und sich häufenden scharfen Auseinandersetzungen in den Städten und auf dem Lande. Erscheinungen wie ,Bundschuh' und ,Armer Konrad' können darüber hinaus außerdem gesehen werden als erste Auswirkungen des kontinuierlichen neuen Bevölkerungsanstiegs seit der zweiten Hälfte des 15. Jahrhunderts, der sich in einer geburtsständisch strukturierten Gesellschaft innerhalb der einzelnen Stände bei stark begrenzter sozialer Mobilität und also geringen Aufstiegsmöglichkeiten von einer erheblichen, wenn auch differierenden Tragweite erwies. Ökonomische Krisenherde entstanden als Reflex von Veränderungen im wirtschaftlichen Bereich in denselben Jahrzehnten im frühkapitalistischen Prozeß der beginnenden Trennung von Kapital und Arbeit, des zunehmenden Geldumlaufs durch Intensivierung des Fernhandels und des Bergbaus, der Einführung neuer Arbeitsmittel, Herstellungsverfahren und auch Produktionsorganisationen. Die langsam einsetzende sogenannte Preisrevolution – dauernder Preisanstieg bei zermürbender Lohnstagnation – ließ die Kaufkraft unaufhaltsam sinken und verschärfte im 16. Jahrhundert Arbeits- und Lebensbedingungen. Die daraus resultierende Verunsicherung äußerte sich in einer Antimonopol-Bewegung gegen die großen Handels- und Kapitalgesellschaften und ganz allgemein in wachsenden gesellschaftlichen Konflikten.

Adel und hohe Geistlichkeit kamen aus der Sicht der städtischen wie vor allem der ländlichen Bevölkerung ihren überlieferten politisch-sozialen Aufgaben nur noch bedingt nach und setzten damit den Sinn der überlieferten Gesellschaftsordnung und die Legitimität des Herrschaftsanspruchs in Zweifel. Er manifestierte sich in einem Reformbegehren, insbesondere des ‚gemeinen Mannes‘ (s. S. 109), das die bereits latente Furcht der Obrigkeiten vor einer Gefährdung der ständischen Ordnung und besonders vor direkten Aktionen des Gemeinen Mannes bestätigte. Diese zeittypische Angst, wie sie aus zeitgenössischen Äußerungen der verschiedensten Art herauszulesen ist, muß als ein besonderes Phänomen der Krisenanfälligkeit Deutschlands vor der Reformation gesehen werden. Zeitgebundene Krisenerfahrung äußerte sich zudem sehr offenkundig in Sozialutopien, Prophetien und eschatologischen Vorstellungen. Sie wirkten jedoch begrenzt im Rahmen spezifischer ‚Öffentlichkeiten‘, gingen also mangels einer überregionalen und zugleich Sozialgruppen und Standesgrenzen überwindenden bewußtseinsbildenden ‚Öffentlichkeit‘ nicht in ein allgemeines Krisenbewußtsein über (s. Kap. Reformation-Revolution).

Über das Ausmaß und die Geschichtsmächtigkeit der deutschen Krisenherde und Krisen um 1500 bestehen geschichtswissenschaftliche Kontroversen. Kontrovers ist weiter, ob sich die meist lokalen oder an soziale Gruppen gebundenen, seltener regionalen und vereinzelt übergreifenden Vorgänge für die Zeit vor 1517 nur als Erscheinungen in Teilbereichen der Gesellschaft, als ‚allgemeine Systemkrise‘ (Lutz) oder als gesamtgesellschaftliche Krise mit innerem Zusammenhang (marxistisch-leninistische Geschichtswissenschaft) erklären lassen.

Sozialutopien und Prophetien, Reformschriften wie die ‚Reformatio Sigismundi‘ und der ‚Oberrheinische Revolutionär‘ ebenso wie die Reichsreformbemühungen waren aber nicht nur Ausdruck von Kritik und Krise, sondern auch eines sich wandelnden Zeit- und Weltverständnisses mit Hoffnung auf Besserung. Wie stark derartige Hoffnungen auf eine ‚reformatio‘ waren, wurde offenkundig in dem Widerhall, den Luther fand.

Anfänge der Reformation (1517–1521)

Die Reformation wurde ausgelöst durch die Veröffentlichung der 95 Thesen vom 31. Oktober 1517 über Buße und Ablaß des Augustinereremiten-Mönchs und Inhabers der Bibelprofessur an der kursächsischen Universität Wittenberg, Luther. Umstritten bleibt, ob er sie nur verschickt oder tatsächlich an die Schloßkirche zu Wittenberg angeschlagen hat. Er selbst verstand sich nicht als Reformator im heutigen Sinne, sondern als Wiederentdecker des ‚Evangeliums‘, im Sinne der ‚Frohbotschaft‘ von der Menschwerdung Gottes in Jesus Christus, und als Wiederhersteller des unmittelbaren Wortes Gottes, eines ‚unverfälschten Evangeliums‘ mit seiner Begründung allein in der Bibel. Luthers Wirken beruhte als theologische Erkenntnis, als gefolgertes religiös-kirchliches Erneuerungsbestreben und als Ursprung des späteren Protestantismus auf genuin religiöser Erfahrung, war aber über seine Sozialisation mitbestimmt von den skizzierten Umweltstrukturen. Aus der unterschiedlichen Rezeption seines individuellen Denkens, ureigenen Wollens und tatsächlichen Werkes ergab sich eine Mannigfaltigkeit von direkten wie mittelbaren, beabsichtigten wie ungewünschten Anstößen, sein Widerhall in allen gesellschaftlichen Bereichen – kurz ein Wirkungskonglomerat, das im Begriff ‚Reformation‘ nur eine sehr summarische Zusammenfassung erfährt.

Durchbruch, Erfolge und Scheitern reformatorischer Ansätze und der Reformation selbst als einer von Anfang an nicht homogenen, sondern vielfältigen und mehrschichtigen Bewegung vollzogen sich also als höchst differenzierte und zugleich komplexe Prozesse, bei denen zwischen Abläufen in städtischen und territorialen bzw. regionalen Bereichen und dem Geschehen auf Reichsebene zu unterscheiden ist.

Luthers lateinisch abgefaßte Thesen erregten schnell über den Kreis der zur Disputation aufgeforderten Theologen hinaus breitgestreute Aufmerksamkeit. Sie griffen nämlich ein Thema auf, das in der christlich normierten Gesellschaft das tägliche Leben unmittelbar berührte, den ‚Ablaßhandel‘, der nicht nur Probleme des Gott-Mensch-Verhältnisses aufwarf, sondern als Kritik am kurialen Fiskalismus auch wirtschaftliche Fragen zur Diskussion stellte. Zugleich wirkten die Thesen zusammen mit dem anschließend regionübergreifenden ‚öffentlichen Tätigwerden‘ Luthers als ‚Katalysator‘ für bereits vorhandene kirchenkritische Tendenzen und reformerische Strömungen, die durch seine Initiative kanalisiert und – wenn auch nur zeitweise – integriert wurden.

Der zunehmende Widerhall der Thesen veranlaßte Luther unter der generellen Zielsetzung, die Kirche zu verlebendigen und die Frömmigkeit zu erneuern, weitere Aspekte des christlichen Lebens aufzugreifen, zunächst nur von dem Willen gelenkt, die überlieferte Kirche von Mißbräuchen, aber auch Irrtümern zu befreien. Seine breit anlaufende literarische Tätigkeit fand ihren reformatorischen Höhepunkt 1520 in den drei großen Reformschriften ‚An den christlichen Adel deutscher Nation von des christlichen Standes Besserung', ‚De captivitate Babylonica ecclesiae praeludium' und ‚Von der Freiheit eines Christenmenschen'. In der Erörterung seiner Thesen und Gedanken begann sich eine überregionale und nunmehr Sozialgruppen und Standesdenken überwindende ‚reformatorische Öffentlichkeit' zu entfalten (s. Kap. Reformatorische Öffentlichkeit), die sich ebenso wie Luthers eigenes unmittelbares Wirken ungestört durch geistliche und weltliche Obrigkeiten entwickelte, weil Papst Leo X. (1475–1521) und Kaiser Maximilian I. (1459–1519) vor allem in der Frage der Nachfolge des Kaisers engagiert waren.

Die Kurie beging den Fehler, Luthers Kirchenkritik als Mönchsgezänk abzuwerten. Insbesondere der Interventionsversuch des Papstes bei der Kaiserwahl von 1519 führte zur zeitweiligen Sistierung des bereits 1518 eingeleiteten römischen Ketzerprozesses. Er wurde erst 1520 mit der Verurteilung Luthers durch die Bulle ‚Exsurge Domine' beendet. Inzwischen hatte Luther sich 1518 beim Verhör durch Kardinal Cajetan (1469–1534) auf dem Augsburger Reichstag geweigert, seine für häretisch erklärten Thesen zu widerrufen und das Papsttum durch seinen Appell an ein allgemeines Konzil herausgefordert. Geradezu aggressiv mußte es die Auslassungen des gelehrten widerspenstigen Mönches gegen päpstlichen Primat und kirchliche Tradition in seiner Auseinandersetzung mit Johannes Eck (1486–1543) auf der Leipziger Disputation 1519 empfinden. Luther verstörte aber auch Kritiker des Papsttums, als er darüber hinaus sogar die Unfehlbarkeit eines Konzils bestritt. In seiner Lehre vom allgemeinen Priestertum aller Gläubigen entzog er dem Papsttum nicht nur den Anspruch, alleingültig die Bibel auszulegen, sondern stellte überhaupt seine Grundlagen und Legitimation in Frage.

Zu dem erstaunlichen Anfangserfolg Luthers trug zweifellos der Schutz bei, den ihm sein Landesherr gewährte. Kurfürst Friedrich III. von Sachsen, der Weise (1463–1525), erreichte, daß der 1519 gewählte Kaiser Karl V. den gebannten Mönch unter freiem Geleit auf seinen ersten Reichstag 1521 nach Worms berief. Dort bekannte sich Luther im April vor Kaiser und Reich zu seinem reformatorischen evangelischen Prinzip und lehnte jeden Widerruf ab, es sei denn, er würde durch die Heilige Schrift oder einen klaren Grund widerlegt werden. Der Kaiser reagierte mit dem Wormser Edikt vom 8. Mai 1521, durch das über den am 3. Januar 1521 mit kirchlichem Bann belegten Luther die Reichsacht verhängt sowie Lektüre und Verbreitung seiner Schriften verboten wurden. Reichsacht bedrohte auch seine Anhänger.

Luthers Bekenntnis in Worms und das Edikt schlossen die Anfangsjahre der Reformation ab. Sein theologisch initiiertes reformatorisches Wir-

ken hatte die weitverbreitete, aber ungezielte Kritik großer Bevölkerungsteile an der überlieferten Anstaltskirche gebündelt und auf das
Papsttum zentriert. Erst im Anschluß daran entfaltete sich eine eigentliche reformatorisch-lutherische Volksbewegung. Auf sofortigen Widerhall und erregte Zustimmung war Luther besonders bei sozialen Gruppen gestoßen, die schon vor 1517 auf Reformen oder gar Veränderungen
gedrängt hatten und sein Tätigwerden als wenn nicht identischen, so
doch kongenialen Ausdruck ihres Wollens interpretierten. Seine Wirkung resultierte also nicht allein aus seiner seelsorgerischen Überzeu-
gungskraft, sondern aus vielschichtiger, differierend motivierter Aufnah-
mebereitschaft, muß demnach im Zusammen- oder Gegenspiel und nicht
zuletzt auch im Nebeneinander mit anderen Zeitgenossen begriffen werden. Zustimmung und Anhänger fanden sich während der Anfangsjahre
vor allem unter den Humanisten und ihrer urbanen oder höfischen Umwelt (s. Kap. Humanismus-Reformation-Stadt), aber auch unter dem
Klerus. Bald gehörte jedoch der nach klärenden Worten und Taten ver-
langende Gemeine Mann ebenfalls dazu. Ebenso fand Luther schnell
politischen Rückhalt, allerdings aus sehr andersartigen Gründen.

Luthers theologisch-religiöse Konzeption (s. Kap. Reformatorische
evangelische Lehren), die sich in späterer Systematisierung als ‚evangelisch-reformatorische Erkenntnis‘ in vier Prinzipien individueller Heils-
erlangung zusammenfassen läßt – ‚allein‘ durch den Glauben (sola fide),
‚allein‘ durch die Gnade Gottes (sola gratia), ‚allein‘ in Christus (solus
Christus), ‚allein‘ durch die Heilige Schrift (sola scriptura) – erschien
interessierten Zeitgenossen als das Angebot einer alternativen christlichen
Lebensform mit sowohl religiös-kirchlichem als auch sozial-politischem
Bezugs- und Handlungsfeld. Als Kern begriffen sie aber offenkundig
weithin Luthers entscheidende Erkenntnis von der Rechtfertigung durch
den Glauben als ,,umfassender Ausdruck des Heilshandelns Gottes überhaupt und damit bestimmendes Zentrum" (Ernst Kinder). Auch für sie
stand im Mittelpunkt von Luthers Angebot die Reaktivierung des Chri-
stus-Bezugs, die sich gegen ein religiöses Leistungsdenken im Verständnis der Heilswirksamkeit ‚guter Werke‘ wandte, das – unbeschadet entge-
genstehender Auffassungen in der spätmittelalterlichen Schultheologie –
um 1500 die Volksfrömmigkeit beherrscht hatte. Indem Luther gegen die
religiöse Leistung und damit gegen ‚Werkgerechtigkeit‘ protestierte und
seinen Mitmenschen bei ihrem Suchen nach Sicherheit des Heils einen
neuen Weg wies, zugleich aber in seinem reformatorischen Handeln auch
die überkommene Kritik am bestehenden Kirchenwesen in polemischer
Schärfe fortführte, kulminierend in der apokalyptisch begründeten Aussage, der Papst sei der Antichrist, wirkte er nicht nur gesellschaftlich,

sondern wurde er auch in breiten Kreisen der Gesellschaft so verstanden. Gesellschaftliches Verständnis konnte schon dadurch gefördert werden, daß nach Steven E. Ozments These Luthers Rechtfertigungslehre nicht ausschließlich angenommen wurde im Sinne geistiger Identifikation mit dem sola-gratia-Prinzip, sondern vornehmlich aufgegriffen als Möglichkeit, sich religiös zu befreien von den Anforderungen eines kirchlichen Systems, das mit seinen psychischen und sozialen Lasten zu viel gefordert hatte. Theologisches und wie immer geartetes und begründetes gesellschaftliches Verstehen gingen zunächst parallel – verbunden über jenen Antiklerikalismus, den Luthers Angriffe gegen die überlieferte Kirche nicht nur aktiviert, sondern darüber hinaus auch stark verschärft hatten. Im Verlauf des historischen Prozesses differenzierten sie sich aber merklich, vor allem als Luther und andere Reformatoren sich mit den sozialen Wirkungen konfrontiert sahen, die sie entbunden hatten, von denen sie sich aber strikt zu distanzieren suchten.

Reformatorische Bewegungen (1521–1525)

Der Kampf um Durchsetzung, Sistierung oder Aufhebung des Wormser Edikts vom 8. Mai 1521 bildete ein zentrales Problem der Reformation. Die Reichsacht erhob den bisher innerkirchlichen Lehrstreit zu einer Sache des Heiligen Römischen Reiches, führte zum Ringen auf der Ebene des Reichsrechts und mündete ein in eine Auseinandersetzung um die Verfassung, weil im mittelalterlichen Reichssystem Recht und Glauben einander bedingten: Zwiespalt im Glauben zog automatisch Spaltung im Recht nach sich.

Im Wormser Edikt wurzelte der Doppelcharakter des Konflikts um die Reformation – nämlich seine Austragung sowohl auf Reichs- als auch auf Regionalebene. Unbeschadet der Tatsache, daß sich das Edikt auf der Reichsebene im Laufe der Zeit als ein weitgehend erfolgloses Kampfmittel erwies, wurde es von den Reichsständen zunächst sehr ernst genommen. Aber während der Abwesenheit des Kaisers vom Reich 1522–1530 waren sein Statthalter, sein Bruder Ferdinand (1503–1564), das Reichsregiment wie auch Reichsstände und Reichsstädte außerstande, in der ‚Luthersache‘ zu einer gemeinsam getragenen Lösung zu gelangen. So kam es bald zu evangelischen Reformationen in einzelnen Reichsstädten und Territorien. Nachdem sich mehrere Reichstage ergebnislos bemüht hatten, zu einer einheitlichen Haltung gegenüber dem Wormser Edikt mit verbindlicher Anerkennung durch alle Stände zu finden, ließ 1524 ein kaiserliches Verbot ebenfalls den Versuch scheitern, die Glaubensfrage

durch ein Nationalkonzil zu Speyer zu bewältigen. Damit waren die
Barrieren für erste Formen glaubensbezogener Zusammenschlüsse weg-
geräumt, im Regensburger Konvent von 1524 und im Dessauer Bündnis
von 1525 vereinigten sich betont altgläubige Reichsstände, im Gotha-
Torgauer Bund von 1526 evangelische Territorialherren.

Zu den Faktoren, die auf städtischer und territorial-regionaler Ebene
die evangelische Sache vorantrieben, gehörten die reformatorischen Bewegungen (s. Kap. Reformatorische Bewegungen), Ausdruck und Höhepunkt der Mobilisierung, die nach Luthers Bruch mit dem Papst und
überlieferter Kirche der Reformation ihren ursprünglichen und nie wieder erreichten Elan verliehen. Ihre Basis waren vielfach Gemeinden, die
als ‚Bewegung von unten' die Kirche reformieren wollten. Mit dem Bestreben, einem Evangelium gemäß zu leben, wie es als von Luther wie-
derentdeckt verstanden wurde, ging nicht selten die Aktivierung eines
latenten Antiklerikalismus einher, oft verbunden mit wirtschaftlichen
Fragen, sozialen Ansprüchen und sogar politischer Agitation, die der
Kirche nur zu gern die Sündenbockfunktion zuwies. Dieser Zusammenhänge waren sich die politischen Gewalten sehr bald bewußt, wie sich
beispielsweise in den wiederholt zur Erinnerung gebrachten Beschlüssen
Nürnberger Reichstage lesen läßt, jeder Reichsstand sollte darauf drin-
gen, daß seine Prediger alles vermieden, was Christen in Irrtum führte
oder den Gemeinen Mann gegen die Obrigkeit erregte. Gerade durch
Predigten wurden häufig Anstöße gegeben und reformatorische Bewegungen initiiert. In ihnen trafen sich Individuen oder auch ganze Gruppen sehr verschiedenartiger Motivationen und Zielvorstellungen zu gemeinsamen Aktionen – zumindest zeitweise. Der Gemeine Mann stellte
die Massenbasis, weil für ihn reformatorisches Wirken mit der Durchsetzung einer neuen, wahrhaft christlichen Sozialordnung identisch erschien. Kristallisationspunkte bildeten sich vor allem in den Städten.

Aus der so verschiedenartigen sozialen Zusammensetzung erklären
sich die heterogenen Artikulations- und Aktionsformen. Es gab die sach-
liche Diskussion, sei sie frei, sei sie aufgenötigt. Aber es kam auch zu
Gewaltanwendungen gegen Sachen und Personen, etwa Gottesdienststö-
rungen, Behinderung von Geistlichen oder Gewaltanwendung gegen sie,
Beschädigung von kirchlichen Kultgegenständen bis hin zum Bildersturm, Bedrohung von Klöstern einschließlich Klostersturm und -zerstö-
rung, Straßenauflauf, Demonstrationen und schließlich Gewaltmaßnah-
men gegen widerstrebende Obrigkeiten. Aus der Perspektive eines Humanisten wie Erasmus von Rotterdam (1469?–1536) wurden sie als Pö-
belherrschaft und Revolution interpretiert, und die Vorgänge bestätigten
nicht nur ihm und den Altgläubigen jene These, die auch in fast allen sog.

Religionsmandaten vertreten wurde – die neue Lehre verursache Aufruhr. Furcht vor Umsturz erfaßte demzufolge sogar Führungsgruppen, zumindest einzelne ihrer Vertreter, die kirchlichen Reformen durchaus aufgeschlossen begegneten.

Luther selbst wurde mit dem Ungestüm reformatorischer Bewegungen indirekt im ‚Erfurter Pfaffensturm' von 1521 und direkt in den ‚Wittenberger Wirren' von 1521/22 konfrontiert. Während er nämlich zurückgezogen auf der Wartburg an der Übersetzung des Neuen Testaments ins Deutsche arbeitete, die als ‚Septembertestament' von 1522 zu einer wesentlichen Grundlage der neuhochdeutschen Schriftsprache geworden ist, verselbständigte sich seine Anhängerschaft in Wittenberg. Unzufrieden mit den bisherigen Reformansätzen forderte sie, daß den Worten nunmehr Taten folgen sollten. Zu ihren Wortführern gehörte Andreas Bodenstein, genannt Karlstadt (vor 1480–1541), ein Mitstreiter Luthers, der durch seine Forderung nach Entfernung der religiösen Bilder rechtfertigende Begründungen für einen Bildersturm (s. Kap. Reformation – Bildende Kunst) vortrug. Als bedeutendster Protagonist des radikalen Typs reformatorischer Bewegungen (s. Kap. Radikale Reformation) trat später Thomas Müntzer (vor 1490–1525) in Erscheinung.

Luther distanzierte sich wie schon von den Anfängen in Wittenberg auch von der 1523 fehlschlagenden Erhebung von Teilen der Reichsritterschaft unter Franz von Sickingen (1481–1523). Im Sog eines politischen und wirtschaftlichen Abstiegs hatten die Reichsritter ihre ökonomische Lage durch Säkularisation des Kirchengutes zu verbessern erhofft. Aber spätestens seit Luthers Schrift ‚Eine treue Vermahnung zu allen Christen, sich zu hüten vor Aufruhr und Empörung' von 1522 war offenkundig, daß er das ‚Wort Gottes' nicht gewaltsam oder ‚von unten' durchgesetzt sehen wollte, sondern auf dem gesetzlichen Wege von Reformen durch die Obrigkeiten. Dementsprechend veränderte sich sein Verhältnis zum Gemeinen Mann, dem er ursprünglich ausdrücklich eine wichtige Rolle bei der Reform der Kirche zugesprochen hatte. Reformatorische Bewegungen als Mantel revolutionärer Agitation oder gar Aktion waren ihm äußerst suspekt, eine Verquickung religiös-kirchlicher Neuordnung mit sozialen Problemen wies er schroff zurück, am heftigsten 1525 während des Bauernkrieges in seiner Schrift ‚Wider die räuberischen und mörderischen Rotten der Bauern'. Ohne Rücksicht auf die gesellschaftlichen Folgen verwahrte er sich gegen jedwede Verbindung seines evangelisch-reformatorischen Ansatzes mit sozialen und politischen Forderungen.

Der Bauernkrieg von 1524/26 war ein sozial-politischer Konflikt des Gemeinen Mannes in Land und Stadt mit seiner Herrschaft bzw. Obrigkeit – Herrschaft vornehmlich verkörpert in Grund-, Leib- und Gerichtsherren. Auf seinem Höhepunkt während des Frühjahrs 1525 erfaßte er die Kerngebiete des Reiches vom Elsaß bis Sachsen und zwischen Thüringen bis Tirol, aber bereits vorher zeigten sich durchaus gesellschaftliche Implikationen des lutherischen Anstoßes. Der Gemeine Mann suchte unter den Bedingungen des Ineinanders und eines unauflösbaren Zusammenhangs von Religiösem und Sozialem seinen gesellschaftlichen Stellenwert neu zu bestimmen. Maßstab und zugleich Rechtfertigung überlieferter und neuer politischer, sozialer, wirtschaftlicher und nicht zuletzt religiös-kirchlicher Forderungen war das ‚Evangelium' – hier kann der direkte Zusammenhang mit der Reformation Luthers gesehen werden.

Der Konflikt des Gemeinen Mannes mit seiner Herrschaft war kein auf die Bauernkriegszeit begrenzter Vorgang, hatte sich aber bei früheren Auseinandersetzungen nicht so systemgefährdend geäußert und war auf die lokale oder höchstens regionale Ebene begrenzt geblieben. Auch nach 1525 kam es zu Unruhen, sie erreichten aber keineswegs mehr die Intensität von 1525. In ihren Ursprüngen dem Spätmittelalter verhaftet, erhielten die Auseinandersetzungen im Bauernkrieg durch ihre Verbindung mit der Reformation eine neue Qualität.

Daß Luther Kräfte und reformatorische Bewegungen entbunden hatte, die sich weitgehend eigenmächtig von Wittenberg als erstem Zentrum der evangelischen Reformation entfalteten, zeigten die Vorgänge in Zürich und danach in Teilen der Schweiz. Hier ging der Anstoß aus von Huldrych Zwingli (1484–1531), einem humanistisch geprägten Geistlichen, der seit 1518 in Zürich wirkte – einem in Vergleich zu Wittenberg grundverschiedenen sozialen Handlungsfeld. Er unterschied sich von Luther dadurch, daß er nicht infolge persönlicher Glaubenskrise zum Reformator wurde. Vielmehr verbanden sich in dieser Stadt und ihren Landgebieten, einem Kanton der dem Reich schon stark entfremdeten Schweizer Eidgenossenschaft mit selbstbewußter Ratsregierung, für Zwingli und die ihn stützende reformatorische Bewegung Erneuerung von Glauben und Kirche mit einer Reform des gesellschaftlichen Lebens. Auf der Grundlage des reformatorischen Schriftprinzips strebte er allerdings keine radikale Umformung, sondern nur einen reformatorischen Wandel im sozialen Bereich an. Hierbei hatte auch er mit einer internen Bewegung zu kämpfen, der seine Reformen nicht radikal genug waren – den Täufern (s. Kap. Radikale Reformation). Trotz solcher Auseinandersetzungen strahlte die Lehre Zwinglis (s. Kap. Reformatorische evang. Lehren) über die Schweiz bis auf Südwestdeutschland aus. Als Folge spalteten sich die deutschen Städte in eine oberdeutsch-reformierte Gruppe mit Straßburg als Vorort und in eine lutherische mit Nürnberg als bedeutendster Vertreterin.

Die lehrmäßigen Unterschiede zwischen Luther und Zwingli blieben unüberbrückbar. Als die wichtigste innerreformatorisch-evangelische Auseinandersetzung zwischen den späteren Volkskirchen im 16. Jahrhundert zeigte der Abendmahlstreit, wie die sich herausbildenden Bekenntnisse den Vorrang vor politischen Erwägungen erhielten. Nach Zwinglis Tod im Gefecht gegen katholische Kantone bei Kappel zogen sich die reformierten schweizerischen Städte von einer Mitwirkung am Geschehen im Reich zurück. Die Selbstausschaltung der Schweizer auf der einen und der Verzicht der evangelischen Reichsstände auf hartnäckiges Werben um die Schweizer auf der anderen Seite waren außerdem Ausdruck einer nicht zu übersehenden sozialpolitischen Differenz: Die Fürsten als politisch bestimmender Faktor der evangelischen Obrigkeiten im Reich vertraten eine andere Gesellschaftsordnung als die eidgenössischen Stadtstaaten.

Nachzuspüren ist frühen reformatorischen Bewegungen außerdem in Städten, wie in der Reichsstadt Köln oder den fürstbischöflichen Residenzen Würzburg, Bamberg, Freising, Mainz und Salzburg, in denen sich die Reformation später nicht durchsetzte. Meist ohne starkes Echo in der Bevölkerung und ohne Rückhalt beim Rat ergab sich ihr Scheitern in der Mehrzahl als eine indirekte Folge des Sieges der alten Obrigkeiten über den Gemeinen Mann im Bauernkrieg. Wenn sich während der zweiten Jahrhunderthälfte in einigen der genannten wie in anderen, vornehmlich landsässigen Städten geistlicher Obrigkeiten evangelische Bewegungen bildeten, nunmehr ohne sozialen Hintergrund, aber mit deutlicher konfessioneller Prägung, entstanden sie meist ohne nachweisbare personale Kontinuität zu früheren reformatorischen Bewegungen und sind von diesen deutlich zu unterscheiden. Noch vor der Jahrhundertwende wurden sie meist erstickt.

Anfänge obrigkeitsgelenkter und obrigkeitlicher evangelischer Reformation (1525–1529)

Während der Phase der reformatorischen Bewegungen hatte der Gemeine Mann einen der gesellschaftlichen Faktoren dargestellt, der besonders evangelisch gesinnte Obrigkeiten stark herausforderte. Diese bis dahin latente Substanz und die in ihr enthaltenen potentiellen Gefahren für das überlieferte Gesellschafts- und Herrschaftssystem waren im Bauernkrieg freigesetzt worden. Der Bauernkrieg mit seinen überwiegend systemimmanenten, daneben aber auch systemsprengenden Vorstellungen, Zielsetzungen und Abläufen beendete die Phase der reformatorischen Bewegun-

gen und leitete über in die Phase obrigkeitsgelenkter bzw. obrigkeitlicher
evangelischer Reformation(en). In ihr verengten sich die Auseinandersetzungen um die Reformation auf den territorial-lokalen Bereich, die damit
eine Angelegenheit der regionalen Gewalten wurde, denen die Reichsgewalt kaum etwas entgegenzusetzen hatte. Das Verhältnis zum Wormser
Edikt – Identifikation oder Ablehnung – äußerte sich als regionaler poli-
tisch-obrigkeitlicher Wille.

Die Erfahrungen des Bauernkrieges, genauer die anhaltende Sorge vor
neuen Unruhen des Gemeinen Mannes, stellten die einzelnen Reichsstände unter den Zwang, als Obrigkeiten gemeinsam ihre Interessen zu wahren. So bestimmten die Furcht vor sozialen Umwälzungen und die daraus
resultierenden Bemühungen um Eindämmung jeder religiös-sozialen Bewegung seit 1525 in hohem Maße ihr Verhalten. Unmittelbar schlugen
sich die Konsequenzen in der Reaktion auf das Täufertum nieder.

Das Täufertum (s. Kap. Radikale Reformation) entstand Mitte der
zwanziger Jahre als ‚Protestbewegung‘ gegen die überlieferte Kirche und
vor allem gegen den unbefriedigenden Verlauf der Reformation zwinglischer und lutherischer Prägung. Es wurde gespeist parallel aus mehreren
selbständigen Quellen, und es wuchs an der Auseinandersetzung mit der
Zürcher Reformation, im Aufgreifen von Vorstellungen Müntzers durch
Hans Hut (~ 1490–1527) in Mittel- und Oberdeutschland sowie im
Straßburger Raum unter dem Einfluß von Melchior Hoffman (?–1543).
Alt- wie auch neugläubige Obrigkeiten sahen in den Täufern keine evangelische, volle Verwirklichung religiöser Selbstbestimmung und freier
Gemeindebildung fordernde Bewegung, sondern systemgefährdenden
politisch-sozialen Aufruhr, in dem sich gesellschaftsverändernde, also
revolutionäre Bestrebungen mit ‚Ketzerei‘ verbanden. Fast unmittelbar
im Anschluß an den Bauernkrieg mit den Täufern konfrontiert, begegneten sie ihnen mit sofortiger Verfolgung, denn mit allen Täufern schienen
in noch stärkerem Maße systemverändernde Intentionen verbunden zu
sein als beim Gemeinen Mann des Bauernkrieges. Hinzu kam die Sorge
vor einer neuen Massenbewegung. Eine solche Einschätzung ging an der
Differenziertheit des Täufertums vorbei, diente aber obrigkeitlichen Interessen, speziell der evangelisch gesinnten Reichsstände.

Bereits der Bauernkrieg hatte Reichsstände in ihrem früh erkennbaren
Bestreben bestärkt, evangelische Reformation unter Abkopplung gesell-
schaftsverändernder Implikationen als obrigkeitliche Maßnahme zu begreifen und durchzuführen. Seither, in der dritten Phase, verbanden sie in
zunehmendem Maße Restauration der traditionellen sozialen Ordnung
mit Bändigung und Kanalisierung reformatorischer Bewegungen durch
herrschaftliches Handeln und Bekenntnisbildung zur obrigkeitsgelenkten

oder sogar obrigkeitlichen kirchlich-religiösen evangelischen Reformation. Obrigkeitliches Mittel, evangelische Kirchen rechtlich einzuführen, waren vor allem Disputation und Visitation. Wohl erlosch mit der Zurückweisung der Mitsprache- und Mitwirkungsforderung des Gemeinen Mannes seine Beteiligung an den evangelischen Reformationen keineswegs völlig, blieb vielmehr noch über Jahre hinaus vor allem in den städtischen reformatorisch-evangelischen Bewegungen lebendig und vielfältig wirksam, aber sie wurde nicht mehr geschichtsmächtig. Die Reduktion der Reformation zu Lasten ihres religiös-sozialen Impetus während der Jahre reformatorischer Bewegungen, verbunden mit einer immer zwingender werdenden Unterordnung reformationsimmanenter Entscheidungen unter politisches Kalkül im Sinne von sich herausbildendem fixierten Bekenntnis und neuer Anstaltskirche geprägten Landeskirchenregiments, ,bürokratisierten' die evangelische Reformation, nahmen ihr den ursprünglichen Schwung und beeinflußten mit ihren Auswirkungen auf alle Lebensbereiche die deutsche Geschichte nachhaltiger als die reformatorischen Bewegungen.

Daß die latente Furcht vor dem Gemeinen Mann keine Leerformel darstellte, zeigte das Verhalten der Obrigkeiten zum Wormser Edikt während des Speyerer Reichstages von 1526. In Sorge um die Erhaltung des Landfriedens erhofften Reichsstände und Reichsstädte weiterhin, die ,Causa Lutheri' und ihr Reformverlangen gegenüber der Kirche auf gemeinsamem Wege durch ein Konzil lösen zu können. Reichsrechtlicher Ausdruck war die einstimmig angenommene Formulierung im Reichsabschied, daß sie bis zum allgemeinen Konzil oder einer Nationalversammlung zusammen mit ihren Untertanen ,,ein jeglicher in Sachen, so das [Wormser] Edikt ... belangen möchten, für sich also zu leben, zu regieren und zu halten [angehalten seien], wie ein jeder solches gegen Gott und Kaiserliche Majestät hofft und vertraut zu verantworten''.

Mit dieser Formulierung war keine reichsgesetzliche Ermächtigung ergangen, evangelische Reformationen einzuleiten. Unbeschadet davon bleibt die Frage, ob sich Obrigkeiten wegen des Ausbleibens von Konzil oder Nationalversammlung unter dem Druck reformatorischer Bewegungen mit einem übergesetzlichen Notstand konfrontiert hielten und dadurch für berechtigt, die Reichsabschiedsformulierung unter Aufgreifen des ihnen schon im 15. Jahrhundert eingeräumten ,ius reformandi' in einem entsprechend neuen, der Lage angepaßten, gewissermaßen überpositivistischen Sinne zu interpretieren. Jedenfalls sahen sich Reichsinstanzen und altgläubige Reichsstände nach 1526 der Tatsache gegenüber, daß einige evangelisch gesinnte Obrigkeiten die Lösung der Religionsfrage dem Reich entzogen und als Territorialsache behandelten. Sie eigneten sich die Auslegung an: ihnen sei in Speyer das Recht zuerkannt worden, legal evangelisch zu reformieren.

Zu ihnen zählten als bedeutendste Vertreter Kurfürst Johann von Sachsen (1468–1532), Landgraf Philipp von Hessen (1504–1567) und die Räte der Reichsstädte Nürnberg, Ulm und Straßburg. Ihre Maßnahmen resultierten aus einer unauflösbaren Mischung von subjektivem Glaubenserleben, religiös fundiertem objektiv verstandenem Verantwortungsbewußtsein gegenüber den Untertanen und politisch-ökonomischem Kalkül. Sie gipfelten in der Errichtung eines im Vergleich zum Spätmittelalter entscheidend umgestalteten, nunmehr evangelischen Landeskirchenregiments. Indem die Obrigkeiten reformatorischen Bewegungen und evangelischen Gemeinden, also einer Reformation von der Basis her, die Legitimation zu kirchlichen Veränderungen entzogen, beseitigten sie in ihrem Herrschaftsbereich zumeist eine reformatorische Vielfalt und begründeten andererseits jenen reichsständischen religiös-kirchlichen Pluralismus, der zu einem Element deutscher Geschichte wurde. Zunächst aber brachten sie die evangelischen Reformationen in Gegensatz zur Mehrheit der Reichsstände, die sich in Einstellung und Reaktion durch die sog. Pack'schen Händel bestärkt sah.

Die Pack'schen Händel von 1528, ein Symptom der Furcht evangelischer Reichsstände vor der gewaltsamen Durchführung des Wormser Edikts, waren ausgelöst durch Otto von Pack (~ 1480–1537), Rat des vorbehaltlosen Luthergegners Herzog Georg von Sachsen (1471–1539). Pack hatte Anfang 1528 dem hessischen Landgrafen mitgeteilt, im Mai 1527 sei zu Breslau ein Bündnis zwischen katholischen Fürsten abgeschlossen worden mit dem Ziel, die Religionsstreitigkeiten mit kriegerischen Mitteln zu beenden – anscheinend eine Enthüllung, die sich später als frei erfunden herausstellte. Sie führte aber fast zu einem Religionskrieg. Als diese Gefahr Ende 1528 auf dem Verhandlungswege abgewendet worden war, blieb nicht nur gegenseitiges Mißtrauen zurück, sondern die evangelischen Reichsstände sahen sich auch isoliert.

Ihre „Selbstisolierung" (Eike Wolgast) infolge der eigenwilligen Reichsabschiedsinterpretation und der Pack'schen Händel wurde offenkundig 1529 auf dem zweiten Speyerer Reichstag. Ferdinands Ziel, der evangelischen Reformation Einhalt zu gebieten, konnte sich hier auf eine Reichstagsmehrheit stützen. Gemäß Mehrheitsbeschluß sollten Obrigkeiten, die bisher das Wormser Edikt befolgt hatten, es bis zum künftigen Konzil beachten. Die Obrigkeiten dagegen, in deren Herrschaftsbereich sich die neue Lehre bereits durchgesetzt hatte und ohne Aufruhr und Gefahr für den Landfrieden nicht würde beseitigen lassen, sollten bis zu einem Konzil zumindest weitere Neuerungen „sovil muglich und mentschlich" verhüten. Neunzehn evangelische Obrigkeiten, darunter vierzehn Reichsstädte – keineswegs also alle Anhänger evangelischer Reformation oder die ihr zuneigenden – reagierten unter Führung von Kursachsen und Hessen mit Protestation und Appellation an Kaiser und Konzil. Für sie galt in der Situation von 1529 die eigene Auslegung der Reichsabschiedsformulierung von 1526 als die gemeingültige. Dieser bedienten sie sich, als sich die altgläubige Reichstagsmehrheit auf ihr seinerseitiges Verständnis des Beschlusses berief und nunmehr seine Einhaltung forderte. Ihr Verlangen interpretierten die Protestierenden nicht als Rückbezug der Reichstagsmehrheit auf 1526, sondern als Aufhebung jener einstimmig beschlossenen Reichsabschiedsformel.

Die mit dem Speyerer Reichstag von 1529 abschließende Phase hatte erwiesen, daß sich die evangelische Reformation in Deutschland mittels des Wormser Edikts nicht ersticken ließ. Auf beiden, sich gegenseitig bedingenden Konfliktebenen, der kirchlich-religiösen und der reichsrechtlich-politischen war das Edikt wirkungslos geblieben. Dies lag nicht allein am Widerstand der Reichsstände, die sich auf der Grundlage des schon älteren Interessenkonflikts zwischen den Ansprüchen der weltlichen Gewalten und des römischen Zentralismus früh zur evangelischen Lehre bekannten. Auch die Verhaltensunsicherheit des katholischen Klerus, insbesondere des Episkopats, und einzelner Reichsstände, die lange glaubten, Luther als Druckmittel gegen Rom verwenden zu können, hinderten die Bereitschaft, das Edikt durchzusetzen. Drittens endlich ist dem Kaiser eine gewisse Schuld am Scheitern des Edikts nicht abzusprechen. Karl V. hatte Deutschland unter einem schwachen Reichsregiment weitgehend sich selbst und damit den erstarkenden Territorialherren überlassen; abgesehen von den Aufgaben, die ihm sein Weltreich stellte, zwangen ihn die europäischen Verwicklungen, besonders mit Frankreich und einem Papsttum, das politische Interessen über Fragen der Kirche in Deutschland stellte, den deutschen Angelegenheiten nicht die notwendige Priorität einzuräumen. So machte Rücksichtnahme auf die Reichsstände den Einsatz eigener Machtmittel für die Durchsetzung des Wormser Edikts unmöglich. Als er seit Ende 1529 sich der europäischen Komplikationen durch die Friedensschlüsse von Barcelona und Cambrai bedingt entledigt und nach der großen Türkengefahr – Aufgabe der Belagerung von Wien – mit seiner Krönung zum Kaiser auf dem Höhepunkt seiner Macht sah, stand er in Deutschland einer neuen Situation gegenüber. Die evangelische Reformation war unter dem Zwang zur Behauptung und zugleich im Zug beginnender, den Zeitgenossen kaum erkennbarer und in ihrer Konsequenz noch nicht bewußter Konfessionsbildung bereits in eine neue Phase getreten.

Festigung und Behauptung der obrigkeitlich-evangelischen Reformation
und des Landeskirchenregiments (1529–1555)

Für die protestierenden Reichsstände hatten die Speyerer Vorgänge eine
Phase politischer Sicherung eingeleitet, der reichsrechtlichen Anerkennung ihrer obrigkeitsgelenkten bzw. obrigkeitlichen evangelischen Reformationen, die sich zugleich in einem allgemein erstarkenden Territo-
rialfürstentum ausprägte. Sie war in ihrem Anfangsstadium jedoch keineswegs geprägt durch evangelische Gemeinsamkeit, sondern stand im
Spannungsfeld von ‚Bündnis und Bekenntnis' (Hans von Schubert): Fragen des ‚rechten Glaubens' wurden höher gewertet als politische Zweck-
mäßigkeiten, wie das Scheitern des Marburger Religionsgesprächs von
1529 zwischen Luther und Zwingli ebenso erwies wie die Schwierigkeiten, aus der Gemeinschaft der ‚Protestations- und Appellationsverwand-
ten' ein politisches Bündnis zu formen. Der ursprünglich gemeinsame
Kampf gegen Papst und römische Kirche führte nicht zu der betonten
Gemeinsamkeit im Glauben, die durch die politische Protestation zu
Speyer demonstriert worden war.

Mit dem Versuch, die evangelische Reformation dadurch zu unterbin-
den, daß er die Glaubensfrage in Speyer in den Entscheidungsbereich des
Reiches zurückverlagerte, war Ferdinand gescheitert. Ein knappes Jahr
danach berief Karl V. vornehmlich anderer, höherwertig erachteter politischer Aufgaben wegen, darunter der Königswahl seines Bruders, seinen
zweiten Reichstag nach Augsburg ein. Als weiteres Problem sollte die
Glaubensfrage geklärt werden, aber nicht unter dem Aspekt, eine mögliche Kirchenspaltung zu verhindern, sondern um die überlieferte Einheit
im Glauben zu sichern. Auch die Sorge vor sozialen Umwälzungen stand
nicht mehr zur Diskussion. Sie war zurückgetreten hinter die Frage, wie
weit Obrigkeiten berechtigt seien, in Religionsfragen eigenverantwortlich
für sich und ihre Untertanen im Sinne einer Territorialsache zu entscheiden – unbeschadet weiterer argumentativer Berufung dieser Obrigkeiten
auf den Gemeinen Mann. Auf ihn bezogen sich in Augsburg evangelische
Obrigkeiten vornehmlich nur noch dann, wenn es galt, eigenes Verhalten
durch Verweis auf gesellschaftliche Zwänge zu rechtfertigen oder gar den
Anspruch zu erheben, im Interesse des Reichslandfriedens gehandelt zu
haben. Der Sorge um die Gefährdung des Reichslandfriedens wurde während der eigentlichen Augsburger Verhandlungen jedoch mindere Bedeutung zugemessen als der Frage nach dem ‚rechten Glauben' – ‚rechter
Glaube' geschichtswissenschaftlich heute analysiert und erklärt als Inbegriff der unauflösbaren Verquickung von echter Sorge um eigenes und

der Untertanen Seelenheil und Behauptung des Machtzuwachses, den evangelische Reformationen bereits erbracht hatten. ‚Rechter Glaube' wurde von evangelischen Obrigkeiten noch nicht im Sinne späterer Konfessionalisierung begriffen, aber die Berufung auf den ‚rechten Glauben' diente schon zur Legitimation des Verhaltens in obrigkeitlichen Handlungsbereichen. Dieses Verhalten versperrte den Weg zum Ausgleich und verwies Neu- und Altgläubige auf die Bahn der Konfessionalisierung.

Anfänge der Konfessionalisierung gingen von den Bekenntnisschriften aus, die evangelische Reichsstände und Reichsstädte 1530 in Augsburg auf kaiserliche Aufforderung hin vorlegten. Aufgrund ihrer Lehrunterschiede brachten sie zwei Vorlagen ein – die Mehrheit der Speyerer Protestierenden in öffentlicher Verkündigung vor Kaiser und Reich die ‚Confessio Augustana', vier oberdeutsche Städte ohne entsprechenden öffentlichen Akt die ‚Confessio Tetrapolitana'; außerdem übersandte Zwingli eine Bekenntnisschrift, die ‚Fidei Ratio ad Carolum Imperatorem'. Als Karl im anschließenden ersten Religionsgespräch zwischen Alt- und Neugläubigen eine Einigung nicht erreichte, erklärte er die ‚Confessio Augustana' durch die katholische ‚Confutatio Confessionis Augustanae' als widerlegt und wies erst recht die evangelische Replik, die ‚Apologia Confessionis Augustanae' als indiskutabel zurück. Indem er aber auf das Wormser Edikt zurückgriff, um die Religionssache entweder über ein Konzil oder durch kriegerische Mittel zu entscheiden, versuchte er sich einer Aushilfe zu bedienen, die keinen gangbaren Lösungsweg eröffnete. Die altgläubigen Reichsstände waren nicht bereit, eine Reichsexekution mitzutragen, die im Reichsabschied den Reichsständen angedroht wurde, die sich nicht bis zum 15. April 1531 dem Reichsabschied anschlössen. Seine Drohung bewirkte jedoch, daß sich nunmehr evangelische Reichsstände und Reichsstädte im Schmalkaldischen Bund politisch zusammenschlossen.

Die Schmalkaldische Bundesakte vom 27. Februar 1531 war über das politische Verteidigungsbündnis gegen jeden Angriff in Sachen des Glaubens hinaus auch Ausdruck eines sich wandelnden Rechts- und Reichsverständnisses. Daß der Zwiespalt im Glauben Recht und Verfassung nicht nur in den Kampf einbezog, sondern beide Begriffe auch spaltete, wurde am Verhältnis evangelischer Obrigkeiten zur Reichsverfassung sichtbar. Sie akzeptierten einen gewissermaßen aristokratischen Reichsbegriff, wie ihn Philipp von Hessen mit der Auffassung entwickelt hatte, den ‚erbangeborenen Fürsten' als echte Obrigkeiten stände gegenüber dem Kaiser als gewählter Obrigkeit ein Widerstandsrecht zu, wenn dieser seine Wahlkapitulation als Rechtsgrundlage seines Amtes verletzte. Damit wurde eine Auseinandersetzung um die Verfassung eröffnet, die sich zusätzlich zu Lasten der Reichsgewalt auswirkte. Nicht nur den evangelischen Obrigkeiten wuchsen durch Säkularisation von Kirchengut, eigenständiges Landeskirchenregiment und Steigerung des politischen Selbstverständnisses neue Herrschaftselemente zu, sondern der Kampf um die Reformation bot den katholisch verbleibenden Reichsständen ebenfalls Möglichkeiten, sich gerade durch Verbleiben unter der Obedienz des Papsttums eine Stärkung ihres Aufsichtsrechts gegenüber territorialen Institutionen der überlieferten Kirche und damit politisch-wirtschaftlichen Machtzuwachs zu verschaffen. Es gehörte also zu den Auswirkungen der Reformation, daß sich die Struktur des Heiligen Römischen Reiches weiter zugunsten der Territorialgewalten verschob.

Der Schmalkaldische Bund setzte Einheit im Bekenntnis voraus. Hatte schon der Augsburger Reichsabschied bewirkt, daß die noch auf dem Reichstag getrennt agierenden Anhänger der Confessio Augustana und der Tetrapolitana ihren Abendmahlsstreit zunächst überbrückten, so fanden sie 1536 in der ‚Wittenberger Konkordienformel‘ zu einem vorläufigen Ausgleich. Diese theologische Verständigung ermöglichte die Aufnahme oberdeutscher Städte in das Bündnis. Überhaupt erreichte der Bund auf der Basis dieser bekenntnismäßigen Einigung für mindestens ein Jahrzehnt eine bedeutende politische Effizienz, und zwar gerade zur gleichen Zeit, als sich der Schwäbische Bund, ein Machtinstrument der Habsburger, infolge der Glaubensfrage und unüberbrückbar erscheinender Divergenzen zwischen Habsburgern und Wittelsbachern auflöste. Mit dem Augsburger Bekenntnis und der Apologie von 1530, mit Luthers Schmalkaldischen Artikeln und seinem Kleinen und Großen Katechismus grenzten sich im übrigen die Bundesgenossen eindeutig gegenüber der zwinglischen Reformation, den Täufern und den Spiritualisten ab. Auch hier war eine politische Folge zu erkennen: Evangelische Fürsten waren daran beteiligt, das Täuferreich zu Münster 1534/35 zu beseitigen.

Akut bedroht fühlten sich durch die Augsburger Erneuerung des Wormser Edikts die evangelischen Obrigkeiten bis zum ‚Nürnberger Anstand‘ von 1532. Der ‚Anstand‘ war ein vornehmlich wegen der akuten Türkengefahr gleichzeitig zum Regensburger Reichstag abgeschlossener befristeter Religionsfrieden, der die evangelischen Reichsstände bis zu einem Konzil in den Reichslandfrieden einbezog. Obgleich allerseits nur als Provisorium verstanden, bedeutete dieser erste Vertrag des Kaisers mit evangelischen Reichsständen – und das hieß nach Reichskirchenrecht mit Häretikern –, daß er die evangelischen Neuerungen zum ersten Mal, wenn auch nur bedingt, anerkannte, das Wormser Edikt suspendierte und damit „das Reichsrecht in einem wesentlichen Punkte vom katholischen Kirchenrecht" löste (K. Repgen). Für die Zeitgenossen war damit allerdings noch nicht über die evangelischen Reformationen entschieden. Karl V., der 1531 die Wahl seines Bruders Ferdinand zum deutschen König durchgesetzt hatte, mußte sich im vierten Jahrzehnt wiederholt mit Zugeständnissen an die Evangelischen abfinden. Ferdinand erkannte 1534 im Frieden von Kaaden als rechtmäßig an, daß Philipp von Hessen den geächteten, 1519 aus Württemberg vertriebenen Herzog Ulrich (1487–1550) in sein angestammtes Herzogtum zurückgeführt hatte. Württemberg erschloß sich ebenso der evangelischen Reformation wie 1534 das Herzogtum Pommern, 1539 das Herzogtum Sachsen und das Kurfürstentum Brandenburg. Dieser laufenden Ausweitung versuchte der Kaiser dadurch zu begegnen, daß er Papst Paul III. (1468–1549) dazu bewog, endlich ein Universalkonzil auszuschreiben. Es trat 1545 zusammen, also erst sehr viel später und nunmehr während einer anderen innenpolitischen Konstellation. Zuvor erwies sich ein katholisches Gegenbündnis zum Schmalkaldischen Bund, 1538 zu Nürnberg als ‚Liga' abgeschlossen, als wirkungslos. Im ‚Frankfurter Anstand' von 1539 mußte Karl V. abermals in ein befristetes Stillhalteabkommen einwilligen. Erfolglos blieben ebenso Versuche, über neue Religionsgespräche 1540 zu Hagenau, 1540/41 zu Worms und Regensburg zu einem Ausgleich zu gelangen. Auf dem Regensburger Reichstag von 1541 mußte sich der Kaiser, durch außenpolitische Verwicklungen gebunden, sogar bereit finden, einen befristeten Religionsfrieden als interimistisch gültiges Reichsrecht anzuerkennen. Weitere Zugeständnisse gewährte er auf den Speyerer Reichstagen von 1542 und 1544.

Alle diese Entscheidungen fielen und mußten fallen, obwohl einerseits maßgebliche Ratgeber, insbesondere Ferdinands, unermüdlich betonten, daß bei allen Überlegungen unabdingbar auszugehen sei von der Bulle ‚Exsurge Domine' und dem Wormser Edikt. Andererseits sahen sich Kaiser und König mit einer inakzeptablen Inhaltsbestimmung von ‚Religionssache' durch die Häupter des Schmalkaldischen Bundes konfrontiert: Religionssache umfasse alle Fragen, welche die Art des Gottesdienstes, die Güter der im Herrschaftsgebiet evangelischer Reichsstände gelegenen Kirchen und deren Ordnungen sowie Besetzungen betreffen würden.

Seit 1541 war der Schmalkaldische Bund geschwächt, weil eines seiner maßgeblichen Häupter, Philipp von Hessen, sich in Sorge vor einem Prozeß wegen Bigamie dem Kaiser gegenüber verpflichtet hatte, auf aktive Bündnispolitik zu verzichten. Die Lähmung des Bundes ermöglichte es Karl V. seit 1543 sogar, eine sich anbahnende evangelische Reformation am Niederrhein, besonders in den Herzogtümern Cleve, Jülich und

Berg, wie auch in Kurköln abzufangen. Als weiteren Erfolg konnte er für sich verbuchen, daß sich König Franz I. (1494–1547) im Frieden von Crépy, der 1544 den vierten Krieg mit Frankreich beendete, eine gewaltsame Lösung der Religionssache in Deutschland zu unterstützen verpflichtete. Im Bündnis mit dem Papst, unterstützt von katholischen Reichsständen und vom evangelischen Herzog Moritz von Sachsen (1521–1553), errang der Kaiser 1546/47 im Schmalkaldischen Krieg einen glänzenden Sieg, der den Schmalkaldischen Bund zertrümmerte. Da er sich mit dem Papst überworfen hatte, versuchte er, auf dem ‚geharnischten‘ Reichstag von 1547/48 zu Augsburg, die Religionssache im Alleingang durch das bis zu einem Konzil befristete Augsburger ‚Interim‘ von 1548 zu lösen. Der Kaiser scheiterte letztlich, weil sich dieses Interim – Oktroyierung eines katholischen Glaubensverständnisses unter alleiniger Gewährung von Laienkelch und Priesterehe – nur dort durchsetzen ließ, wo kaiserliche Macht real präsent war, vornehmlich in den oberdeutschen Reichsstädten. Von den großen evangelischen Reichsständen wurde es höchstens widerwillig und formal, in Norddeutschland – Magdeburg als hervorragendes Beispiel – gar nicht akzeptiert, und die katholischen Reichsstände lehnten es kategorisch ab.

Offenkundig wurde die Isolierung und damit das Scheitern Karls V., als sich Moritz von Sachsen, vom Kaiser 1547 zum Kurfürsten erhoben, an die Spitze einer Widerstandsgruppe evangelischer Fürsten stellte. Seit 1551/52 durch den Vertrag von Chambord im Bündnis mit Frankreich zwang sie den Kaiser nach dem Fürstenaufstand von 1552, das Interim im Passauer Vertrag preiszugeben und einen Religionsfrieden zuzusagen. Die katholischen Reichsstände, die wegen kaiserlicher Reichsreformpläne und der sog. ‚Spanischen Sukzession‘ um ihre ‚Libertät‘ bangten, versagten Karl ihre Unterstützung. So kam es auf dem Augsburger Reichstag von 1555 mit Grundlage im Status quo von 1552 zu einem zeitlich unbefristeten Religionsfrieden durch Reichsgesetz. Er galt aber ausschließlich für die Reichsstände katholischer und augsburgischer Konfession, die hinfort das Glaubensbekenntnis ihrer Untertanen bestimmten. Allerdings wurde Abweichenden im Glauben das Recht eingeräumt auszuwandern. In Sonderbestimmungen waren jedoch schon neue Konflikte ‚vorprogrammiert‘: So nötigte das ‚reservatum ecclesiasticum‘ geistliche Reichsstände, beim Übertritt zum evangelischen Bekenntnis ihr Amt aufzugeben. Dennoch kann in diesem Vertragswerk ein Versuch gesehen werden, die Spannungen und Konflikte in einem Kompromiß rational zu bewältigen. Eines stand jedoch fest, die Reichsführung, d. h. der künftige Kaiser Ferdinand I. – Karl V. war nicht zur Verantwortung bereit – erkannte an, daß die überkommene Einheit der Kirche nicht mehr bestand.

Konfessionalisierung und Stabilisierung der Territorialherrschaft (1555 – Anfang 17. Jahrhundert)

Für die Reichsstände augsburgischer Konfession war der Augsburger Religionsfrieden nicht ein endgültiges Ziel, aber doch eine Wegemarke, nämlich die Bestätigung ihres jahrzehntelangen Bestrebens, das Wormser Edikt außer Kraft zu setzen. Im Schutze eines dauerhaften Reichslandfriedens konsolidierten sie ihre errungenen Positionen, ohne jedoch die Absicht preiszugeben, dem ‚Evangelium' weiter zum Siege zu verhelfen. Evangelische Reformation wurde unter starker Verknüpfung von Territorium und Kirche vollends als obrigkeitliches Recht und politische Maßnahme behandelt, denen sich die Untertanen zu beugen hatten. Diese Auffassung hinderte die Träger des ‚ius reformandi' nicht, sich gegebenenfalls evangelischer Bewegungen zu bedienen. Gefährdungen für den ‚rechten Glauben' gingen jedoch kaum von der Bevölkerung aus, sondern von theologischen Lehrstreitigkeiten und vor allem vom Einwirken des Calvinismus auf Deutschland.

Theologische Spannungen innerhalb der lutherischen Reformation ergaben sich bereits aus unterschiedlichen Auffassungen Luthers und Philipp Melanchthons (1497–1560), beispielsweise in der Abendmahlslehre. Sie wurden besonders hart in Kursachsen ausgetragen, wo sich Anhänger Melanchthons – die Philippisten – zusammen mit reformerischen Humanisten und reformtheologisch interessierten Laien eine Zeitlang zu behaupten verstanden. Diese gegenüber der herrschenden Orthodoxie vorsichtig auftretenden ‚Kryptophilippisten', von lutherischen Orthodoxen als ‚Kryptocalvinisten' eingestuft, wurden vom orthodox-lutherischen Kurfürsten August (1526–1586) 1574 gewaltsam ausgeschaltet. Im Konkordienbuch von 1580 gaben sich lutherische Reichsstände eine Bekenntnisformel, durch die nicht nur die Lehreinheit der evangelisch-lutherischen Kirchen gefestigt, sondern auch diese Konfession ausdrücklich von „Rotten und Sekten" und in der Abendmahlslehre außerdem gegenüber Katholizismus und Calvinismus klar abgegrenzt wurde. Die ‚rechte Lehre' wurde vielfältig abgesichert, u. a. durch Zensur und Kontrolle, die von den Obrigkeiten ausgeübt wurden und noch die Rechte verstärkten, die ihnen schon durch den Augsburger Religionsfrieden zugesprochen worden waren. Zu einer weiteren Stärkung der Territorialgewalten führte ihr enges Zusammengehen mit der lutherischen Orthodoxie, die sich ihrerseits festigte in ihrer Konfrontation mit dem Calvinismus in seiner spezifisch deutschen Spielart, dem reformierten Bekenntnis. Besonders in Kursachsen erlangte die Orthodoxie, gefährdet noch einmal infolge der

Annäherung an die Reformierten unter Kurfürst Christian I. (1560–1591), nach der abrupten Rückwendung zum Konkordienbekenntnis großen Einfluß. Diese verstärkte konservative Grundhaltung drückte sich politisch u. a. darin aus, daß Kursachsen sich mit katholischen Reichsständen leichter verständigen konnte als mit reformierten und gute Beziehungen zum Kaiser anstrebte. Auf die Dauer büßte es nicht zuletzt dadurch seine bisherige Führungsrolle im deutschen Protestantismus ein, die zunächst auf die Kurpfalz und später auf Kurbrandenburg überging.

Auf Deutschland strahlte also auch die Lehre von Jean Calvin (1509–1564) aus. Der humanistisch und juristisch gebildete gebürtige Franzose lernte die deutsche evangelische Reformation über Schriften der Reformatoren kennen. Lehrmäßig äußerte er sich erstmals 1536 in seiner ,Institutio Christianae Religionis' und baute danach sein Bekenntnis systematisch aus (s. Kap. Reformatorische evangelische Lehren). Er lehrte 1536/38 in Genf, von 1538 bis 1541 in Straßburg, von 1541 bis zu seinem Tod erneut in Genf und formte diese Stadt zum Modell einer christlichen Gemeinde seines Verständnisses. Sein Ziel war es, das menschliche Leben in allen Formen des sozialen Zusammenschlusses total zu verchristlichen, also auch die Obrigkeit der Kontrolle durch die Kirche zu unterwerfen, während die Kirche in allen Organen ihrer presbyterialen Verfassung von staatlicher Bevormundung frei sein sollte.

Nachdem er seine Lehre und Kirchenverfassung in Genf durchgesetzt und sich mit den Kirchen zwinglischer Reformation weitgehend verständigt hatte, begannen Calvin und in Genf ausgebildete Theologen mit höchster Aktivität auf zahlreiche Länder Europas einzuwirken. In Deutschland erschloß sich dieser neuen Lehre in einer modifizierten Form als erster Reichsstand 1560 Kurfürst Friedrich III. von der Pfalz (1515–1576); es folgten kleinere Territorialherrschaften wie die nassauischen und wetterauischen Grafschaften (ab 1574), das Fürstentum Anhalt (1596), die Landgrafschaft Hessen-Kassel (1604) und die Grafschaft Lippe (1605), sowie schon ab 1581 die Stadt Bremen. Reichspolitisch wurde es später bedeutsam, daß Kurfürst Johann Sigismund von Brandenburg (1572–1619), um das Jülich-Clevische Erbe zu sichern, 1613 zum reformierten Bekenntnis übertrat; innenpolitisch hat sich dieser Glaubenswechsel auf seine Untertanen nicht mehr direkt ausgewirkt: Bevölkerung und Landstände widersetzten sich erfolgreich dem Versuch einer ,reformierten Reformation' der kurfürstlichen Länder.

In Brandenburg verhinderte Widerstand einen möglichen landesherrlich verfügten Konfessionswechsel im Sinne der Formel ,cuius regio, eius religio' – eine Zwangsmaßnahme, die sich in zahlreichen deutschen Terri-

torien als ein immer drohendes Verhängnis weit über ein Jahrhundert
hin, fast einer Folge von Kriegen vergleichbar, zu einer nicht endenden
Plage auswirkte. So sind, um ein Beispiel zu nennen, in der Kurpfalz die
Untertanen wiederholt dazu gezwungen worden: Im Lande schon früh
verbreitet, wurde die lutherische Reformation formal erst unter Otthein-
rich (1502–1559) zum Bekenntnis erklärt; unter Friedrich III. wurde ein
reformiertes Kirchenwesen in Anlehnung an den Calvinismus durchgesetzt, dessen Glaubenssätze im Heidelberger Katechismus von 1563 zusammengefaßt waren. Mit dem Konfessionswechsel verbunden war unter
außenpolitischem Anschluß an die französischen Hugenotten und die
aufständischen Niederlande eine klar antikatholisch ausgerichtete, scharf
antihabsburgische Politik, die letztlich in die folgenreiche Niederlage
Friedrichs V. (1596–1632) im Kampf um sein böhmisches ,Winterkönig-
tum' in der Schlacht am Weißen Berg von 1620 einmündete. In der Zwi-
schenzeit aber mußten die Untertanen unter Ludwig VI. (1576–1583)
hinnehmen, daß die Kurpfalz mit Gewalt zum lutherischen Bekenntnis
unter Anschluß an die Konkordienformel zurückgeführt, von Johann
Kasimir (1543–1592) aber unter erneuter Gewaltanwendung wieder auf
den Heidelberger Katechismus verpflichtet wurde. Die pfälzischen Kurfürsten beanspruchten das ,ius reformandi', das ihnen von den lutherischen Reichsständen mit Verweis auf den Bekenntnisbezug des Augsburger Religionsfriedens bestritten wurde. Einen Höhepunkt der Auseinandersetzungen mit den Reformierten brachte der Augsburger Reichstag
von 1566. Hier wie auch weiterhin waren die Anhänger des reformierten
Bekenntnisses sowohl bemüht, ihre Übereinstimmung mit der Confessio
Augustana zu erweisen, als auch mit den Lutheranern zu politischer
Gemeinsamkeit zu gelangen. Beides wurde verwehrt, was bedeutete, daß
sie nicht unter dem Schutz des Augsburger Reichslandfriedens standen
und sich weiterhin vom Wormser Edikt bedroht fühlen konnten.

Evangelische Reformation war durch Glauben vermitteltes Instrument
der Politik geworden, die wesentlich zur Territorialstaatsfestigung mit
Abgrenzung nach außen beitrug, beispielsweise durch Ausbau einer spezifischen Landeskirchenverfassung und einer auf die Landesinteressen
ausgerichteten, konfessionell geprägten Universität. Als obrigkeitliche
politische Maßnahme wurde sie ohne Rücksichtnahme auf oder sogar
gegen den Willen von Untertanen – im Falle des reformierten Bekenntnisses gegen den größten Teil der Bevölkerung – durchgeführt. Ihr Widerstand konnte fast immer gebrochen werden, nur vereinzelt war ihm
Erfolg beschieden. Dagegen gelang es den evangelischen Bewegungen
augsburgischen oder reformierten Bekenntnisses selten, zu dauerhafter
Gemeindebildung zu gelangen, wenn sie sich gegen den Willen einer

Obrigkeit durchsetzen mußten. Das reformierte Bekenntnis fand dabei geringsten Widerhall und zugleich stärksten Widerstand offenbar bei Reichsritterschaft und vor allem landsässigem Adel, begründet nicht allein, aber vornehmlich in der presbyterialen Kirchenverfassung. Gemeindliche Kirchenordnung gefährdete die altständisch-feudale Grundherrschaft, denn sie eröffnete die Möglichkeit, daß sich Kirchenvorstand und landesherrliche Kirchenbehörde fanden bei der Zurückweisung überlieferter adliger Ansprüche. Wo eine derartige Gefahr nicht drohte, konnte sich der Adel leichter dem Calvinismus erschließen – wie die französischen Hugenotten.

Strenge calvinistische Presbyterialverfassung widersprach natürlicherweise der Struktur des Territorialfürstentums. Die landesherrlichen Modifikationen zeigten den zwischen Genfer und Wittenberger, zwischen Calvins und Melanchthons Auffassungen vermittelnden Charakter des deutschreformierten Kirchenwesens. Nach Jürgen Moltmann war Ziel der zu ihm führenden Bewegung „eine humanistische Wiedergeburt des Corpus Christianum in Kirche und Schule, in Theologie und Wissenschaft. Es lag im Geiste dieser Bewegung, daß man Luthers Reformation als den entscheidenden Einbruch in Papsttum und Scholastik begrüßte, ihm jedoch in dem jetzt zu vollziehenden Neubau von Kirche und Schule nicht folgte. Man erblickte die ‚Vollendung der Reformation' in einem neuen eigenständigen Reformwerk, wie es nach westeuropäischem Vorbild zuerst in der Pfalz ab 1560 als die ‚zweite Reformation' durchgeführt wurde ... Das reformerische Sendungsbewußtsein, das sich in dem Wort von der ‚zweiten Reformation' ausprägt, ist eine der gewichtigsten Wurzeln des deutschen landeskirchlichen Reformiertentums ... Inhaltlich wurde die ‚zweite Reformation' als eine ‚Reformation des Lebens' verstanden, ... das heißt, konsequente Formation von Kirche, Schule und Staat nach den Grundsätzen des neuentdeckten biblischen Evangeliums." Moltmann folgert, ließe sich „allgemein sagen, daß der Protestantismus nach 1555 aus seiner germinativen in seine formative Epoche geraten war und daß die Konsolidierung des Luthertums im Konkordienwerk seinen Niederschlag fand, so muß festgestellt werden, daß sich für die genannten reformierten Landeskirchen ein analoger Prozeß in der ‚zweiten Reformation' vollzog ..." (Moltmann, BDG 57564, 11–14).

Erfolgreich wurde diese geistig-geistliche Bewegung, indem sie von Obrigkeiten mit politischen Mitteln in herrschaftsgetragene gesellschaftliche Maßnahmen umgesetzt wurde. Hinter der ‚Zweiten Reformation' standen Glaubensüberzeugung und aktives berechnendes Verhalten, ein zielgerichteter Wille und politischer Führungsanspruch im Reich. Derartige Aktivität wurde beispielsweise verkörpert in Christian von Anhalt-

Bernburg (1568–1630), Staatsmann in kurpfälzischem Dienst und Motor antihabsburgischer, protestantischer Politik. Als diese Triebkräfte erloschen, endete die deutsche Reformation – Anfang des 17. Jahrhunderts. Der historische Prozeß, der unter Hoffnungen auf Reformation im umfassenden zeitgenössischen Begriffsverständnis begonnen hatte, war eingemündet in die Kirchenspaltung mit Konfessionen, die von der jeweiligen Orthodoxie bestimmt wurden.

Das Selbstbewußtsein der Reformierten bestimmte ebenfalls den scharfen Gegensatz zum römisch-katholischen Bekenntnis, so daß die reformierten Territorien – wie der Calivinismus generell – die Träger der aktiven Auseinandersetzung mit der ‚Gegenreformation‘ der sich selbstbesinnenden, sich stabilisierenden und erneuernden Papstkirche wurden. Eine ihrer Grundlagen und Ausdruck katholischer Reform waren die Beschlüsse des Trienter Konzils; eine ihrer Voraussetzungen, die nicht übersehen werden sollten, war das Entstehen neuer Orden.

Das Konzil von Trient (1545–1563), das folgenschwerste kirchliche Ereignis nach der Kirchenspaltung (Hubert Jedin) und die tridentinischen Reformen umschlossen innerkirchliche Erneuerungsbestrebungen, die seit dem 15. Jahrhundert auf eine Lösung warteten und zweifellos auch die Reaktion auf die evangelischen Reformationen waren. Sie sicherten das überlieferte Glaubensgut durch Dogmen in klarer Abgrenzung und betonter Abwehr der evangelischen Lehren und sie beseitigten zahlreiche Mißstände, besonders in den Bereichen der theologischen Ausbildung, des pastoralen Amtes unter Einschluß der Bischöfe und der Liturgie. Gestärkt ging auch der römische Zentralismus daraus hervor. Er wurde vorbehaltlos im Sinne uneingeschränkten Gehorsams gegenüber dem Papst anerkannt von der ‚Gesellschaft Jesu‘, gegründet von dem spanischen Basken Iñigo (Ignatius) López de Loyola (1491–1556). Dieser neue Orden sah eine seiner Hauptaufgaben in jener Gegenreformation, die Jedin definiert als die Aufgabe, die ,,vorhandenen religiösen Kräfte und politischen Machtmittel zum Gegenstoß gegen die Neuerung" zu bringen. Ihre Tätigkeit, die sich u. a. besonders der Jugenderziehung in den sozialen Führungsgruppen der Ober- und Mittelschichten zuwandte, aktivierte noch im 16. Jahrhundert den Widerstand und sogar Gegenangriff katholischer Reichsstände; am stärksten unterstützt vom Herzogtum Bayern, genossen die Jesuiten außerdem Rückhalt bei den Habsburgern.

In dem halben Jahrhundert nach dem Augsburger Reichstag von 1555 erlebte Deutschland keine größeren gewaltsamen Konflikte, insbesondere nicht zu Lebzeiten der Generation, die am Religionsfrieden mitgewirkt hatte – also unter den Kaisern Ferdinand I. und Maximilian II.

(1527–1576). Sie war auf friedliches Nebeneinander ausgerichtet, auch wenn sich der evangelische Glauben weiter auf Kosten der katholischen Kirche verbreitete und neue Positionen errang. Diese Haltung änderte sich zumindest an der Reichsspitze mit Kaiser Rudolf II. (1552–1612), jedoch waren er und die seit 1564 in drei Linien aufgeteilten Habsburger stark gefordert durch evangelische Ständeopposition in den meisten ihrer Erblande. Gegenreformatorische Bestrebungen beschränkten sich daher zunächst auf das Beharren in Rechtspositionen und auf juristische Auseinandersetzungen, etwa die Interpretation strittiger Klauseln des Reichsabschieds. Gelegentliche akute Konfliktfälle konnte die katholische Seite bereits zu ihren Gunsten bereinigen. Aus dem Beharren auf eigenen Rechtstiteln resultierten jedoch dauerhafte Störungen, die ein Reichsorgan nach dem anderen lähmten, zuletzt sogar den Reichstag. Anfang des 17. Jahrhunderts befand sich das Reich in einer mit normalem Instrumentarium nicht mehr lösbaren Verfassungskrise.

Als eine Folge der Krisensituation wurde 1608 unter Führung der reformierten Kurpfalz ein evangelischer Schutzbund abgeschlossen – die ‚Union‘, der das lutherische Kursachsen allerdings nicht beitrat. Im Gegenzug gründete 1609 Herzog Maximilian I. von Bayern (1573–1651) die katholische ‚Liga‘, der sich wiederum die Habsburger nicht anschlossen. Beide konfessionellen Parteien stießen seit 1609 im Streit um die Nachfolge in den Herzogtümern Jülich-Cleve-Berg politisch hart aufeinander, beide gewannen Rückhalt bei ausländischen Mächten; ein 1610 drohender Krieg brach nur nicht aus, weil der französische König Heinrich IV. (1553–1610), Verbündeter der Union, unmittelbar vor Feldzugsbeginn ermordet wurde. Die angestauten Spannungen entluden sich erst ab 1618 im ‚Dreißigjährigen Krieg‘ – ein umfassender Begriff für eine Abfolge von Kriegen mit wirkungslosen Friedensschlüssen –, durch den das Reich in die großen europäischen Machtkämpfe verwickelt wurde, die vom Ende des 16. Jahrhunderts bis über die Mitte des 17. hinaus die politische Landkarte erheblich veränderten. Während des 30jährigen ‚Deutschen Krieges‘ trat das konfessionelle Moment zunehmend zurück, auch wenn Kaiser Ferdinand II. (1578–1637) mit dem Restitutionsedikt von 1629 noch einmal versucht hatte, alle evangelischen Erfolge aufzuheben, die über den Status quo des Augsburger Religionsfriedens hinaus erreicht worden waren.

Im Friedenswerk von 1648 zu Münster und Osnabrück wurde der Augsburger Religionsfriede erneuert und zugleich wurden in ihn die Anhänger des reformierten Bekenntnisses eingeschlossen. Außer diesen drei Konfessionen wurde jedoch kein anderes Bekenntnis geduldet. Bestätigt wurden die Rekatholisierungserfolge, die im Laufe der letzten Jahrzehnte

vor allem die Habsburger in ihren Erblanden und Bayern in der Ober-
pfalz erzielt hatten, generell wurde als Stichjahr für die Begründung von
Bekenntnis- und kirchlichem Besitzstand 1624 angesetzt. Alle Reichsbe-
hörden wurden zukünftig paritätisch besetzt, in Religionsfragen konnte
der Reichstag nicht mehr durch Mehrheitsentscheidungen die Minderheit
majorisieren, sondern trat zu ihrer Beratung in ein Corpus catholicorum
und ein Corpus evangelicorum auseinander (,Itio in partes‘). Nur wenn
beide Corpora übereinstimmten, erlangte ein Reichsschluß Gesetzes-
kraft. Das Recht jedes Reichsstandes, nur sein Bekenntnis in seinem Territorium als Konfession zu dulden, blieb weiterhin bestehen, ebenso das
Auswanderungsrecht andersgläubiger Untertanen. Grundsätzlich aber
entschied das sog. Normaljahr 1624 über den Bekenntnisstand der Bevölkerung eines Landes, so daß es ihr erspart bleiben sollte, jeden Religions-
wechsel ihrer Obrigkeit nachvollziehen zu müssen. Mit den kirchlichen
Regelungen des Friedenswerkes war reichsrechtlich der Prozeß der Kirchenspaltung abgeschlossen.

Gegen diese politische und verfassungsrechtliche Bewältigung der
evangelischen Reformation protestierte der Papst öffentlich, aber erfolglos. Seine Erfolgslosigkeit bestätigte, daß nach dem Bruch zwischen Rom
und Byzanz im 12. Jahrhundert nunmehr die ,abendländische‘ christliche
Kirche ebenfalls ihre äußere Einheit verloren hatte. Aufspaltung in diver-
gierende Kirchen und Konfessionalisierung waren jedoch nur ein Ausdruck des historischen Erschütterungs- und Neuordnungsprozesses, in
dessen Verlauf sich die europäische spätmittelalterliche ,respublica christiana‘ zum neuzeitlichen ,Mächte-Europa‘ wandelte – ein Wandel, zu
dem Renaissance und Humanismus, Erfindungen und Entdeckungen,
Veränderungen in Wirtschaft und Staat, in Gesellschaft und Bewußtsein
ebenso beitrugen wie die evangelische Reformation.

BEGRIFFLICHKEIT – TERMINOLOGIE – ERKENNTNISWEGE

Reformation – Gegenreformation – Zweite Reformation

Die Bezeichnung ‚Reformation‘ zählt zu den historischen Grundbegriffen, die geschichtswissenschaftlich unverzichtbar, zugleich aber interpretationsbedürftig sind. Ihrer wirklichen Bedeutungsfülle ist sich offenbar besonders die Literatur nicht bewußt, die sie benutzt, ohne ihr Begriffsverständnis darzulegen. Ein Offenlegen – zumindest im Sinne einer konkreten historischen Inhaltsbestimmung – ist jedoch zu fordern angesichts der Spannweite von Bedeutungsinhalten: Diese erstreckt sich von der Reduktion des Wortsinns im 15./16. Jahrhundert zur eschatologisch-heilsgeschichtlichen Grundaussage im 17. Jahrhundert, reicht weiter über eine der Theologie verpflichtete oder kirchengeschichtlich orientierte Epochenbezeichnung und schließt auch eine geschichtstheoretisch reflektierte Übernahme des Bedeutungsgehalts des Quellenbegriffs ein in Form einer analytisch verwendeten Kategorie oder des Gebrauchs als Strukturbegriff mit unterschiedlicher Komplexität. Mit dem jeweiligen Begriffsverständnis war und ist verknüpft eine bewußte oder unbewußte generelle Aussage über das Wesen von Geschichte einschließlich einer Entscheidung darüber, wie eine vergangene historische Wirklichkeit geschichtswissenschaftlich erschlossen und erkannt werden kann. Aus der geschichtstheoretisch bedingten grundsätzlichen Verschiedenartigkeit einzelner Erkenntnisansätze folgert, daß eine möglichst umfassende und erschöpfende Definition des Reformationsbegriffs durch komparatives Verfahren im Sinne einer pluralistischen Zusammenschau der unterschiedlichen Erklärungsmuster ausgeschlossen ist.

Weil einerseits der Reformationsbegriff dem Wandel von Bewußtseinsstrukturen unterworfen war und ihm andererseits gegenwärtig sowohl rezeptionsgeschichtlich als auch geschichtstheoretisch bedingt unterschiedliche Bedeutungsinhalte zugeschrieben werden, erscheint es geboten, der kritischen Behandlung heutiger Begriffsbenutzung einen knappen Abriß der Begriffsgeschichte vorauszuschicken. Zahlreiche Kriterien zur Beschreibung und für prüfende Analysen bieten sich an. Es sei zum Beispiel hingewiesen auf die Möglichkeit ideologiekritischer Untersuchung des Reformationsverständnisses einzelner Historiker, weil sie deren Abhängigkeit von der gesellschaftlichen Einbindung und von einem meist unausgesprochen angewandten Verstehens- oder Erklärungsmuster historischer Prozesse – beispielsweise heilsgeschichtlicher oder personalistischer, evolutionärer oder revolutionärer und anderweitiger Orientierung – erweisen würde. Eine andere Diskussion eröffnet die Frage, welche Rolle jeweils der Reformation in der Diskussion um den Beginn der Neuzeit zuerkannt wurde. Zum Maßstab ließe sich ebenso das Problem wählen, ob und inwieweit jeweils die Geschichtlichkeit und damit zugleich Bedingtheit der reformatorischen Theologie erkannt, reflektiert und bei geschichtswissenschaftlicher Wertung berücksichtigt wurde. Das Fehlen theologischer Grundkenntnisse versperrt im übrigen dem Historiker nicht nur den Zugang zu einem Jahrhundert, in dem die Religion das Leben weitestgehend bestimmte, sondern auch zur zeitgenössischen Terminologie, die zur begrifflichen Erfassung gesellschaftlicher Phänomene von der Theologie bereitgestellt wurde. Zu berücksichtigen ist weiterhin, daß bis heute theologisch eingebundene Wertvorstellungen die Reformationsforschung durchziehen, zumal sich die Reformation zu allen Zeiten als besonders ,dankbares' Arbeitsfeld für die Kirchengeschichte anbot.

Die folgende Analyse geht schlicht von Sachverhalten aus, die entsprechend meinem sozialgeschichtlich orientierten Reformationsbegriff (s. S. 72 f.) als wesentliche Komponenten jener vergangenen Wirklichkeit qualifiziert werden können. Da die Reformation in Ablauf und Verwirklichung wesentlich bedingt wurde vom gesellschaftlichen Umfeld ebenso wie vom Spannungsverhältnis zwischen ,Persönlichkeiten – Lehren – Bewegungen' werden unter bewußtem Verzicht auf die gut erforschte und stets berücksichtigte Rolle der ,Reformatoren' vornehmlich ,Lehren' (Kap. Reformatorisch evangelische Lehren) und ,Bewegungen' (s. Kap. Reformatorische Bewegungen) behandelt. Als ergänzende Kriterien dienen die ,Wirkungen' der Reformation und die Funktion, die dem Begriff im Rahmen von historischer Erklärung und Deutung des mit seiner Hilfe ermittelten und geordneten geschichtlichen Geschehens jeweils zukam. Eingeleitet wird der Abriß mit einer gerafften Darstellung der Stadien der Bedeutungsgeschichte des Wortes ,Reformation', die seiner geschichtswissenschaftlichen Verwendung als Epochen- bzw. Periodenbezeichnung vorangingen – also das Begriffsverständnis im 15. Jahrhundert und dessen Entfaltung bis ins 17. Jahrhundert sowie die Einengung des Begriffs auf kirchliche Vorgänge des 16. Jahrhunderts. In der gegenwärtigen Diskussion konkurrieren vor allem der theologisch-kirchengeschichtlich, politisch, juristisch, marxistisch-leninistisch und sozialgeschichtlich orientierte Bedeutungsgehalt des Begriffs, sie geht jedoch auch auf die Quellensprache zurück.

Der Reformationsbegriff des 15./16. Jahrhunderts

Nach der begriffsgeschichtlichen Studie von Wolgast ist davon auszugehen, daß der mittelalterliche Mensch bei der Verwendung des lateinischen Wortes ,reformatio' mit Einschluß seiner Synonyme (Nomina und Verben) von der Überzeugung bestimmt wurde, Gott habe die Welt vollkommen erschaffen, jede Veränderung stelle daher eine Auflehnung gegen die gottgewollte Ordnung dar. Dennoch war die Erneuerungsbedürftigkeit von Kirche und Reich nicht mehr zu übersehen, bereits zu Beginn des 14. Jahrhunderts nachweisbar in der Forderung nach einer Reform an Haupt und Gliedern – verstanden im Sinne einer Beseitigung von Mißständen und Wiederherstellung ursprünglicher, der Vergessenheit anheimgefallener Normen.

Im 15. Jahrhundert wurde der Reformationsbegriff einschließlich seiner Übertragungen ins Deutsche zum gängigen, unbestimmte Hoffnungen und weitgespannte Erwartungen auslösenden Schlagwort. Geschichtswissenschaftlich ist er sehr differenziert charakterisiert worden als „die große Hoffnung" (Lortz), als „Schlüsselwort" und „Wiedergeburtsbewegung mit einem umfassenden Anspruch" (Will-Erich Peukert), als gesellschaftlicher Inbegriff derjenigen Vorstellungen, die in kritischer Auseinandersetzung mit den Zeitumständen entwickelt wurden, um anstehende Probleme zu bewältigen, ja sogar als „ambivalent" benutztes „Modewort", als „gefährlich zündende Parole im Munde der Unzufriedenen, wie beschwichtigende Floskel im Munde der Obrigkeiten, die jede, oft herzlich unbedeutende Änderung bestehender Verhältnisse beflissen als ,Reformation' anbieten" (Wolfgang Leiser). Zusammenfassend gesagt bot er seinem Sinngehalt nach die Vorstellung von einer Erneuerung der verschiedensten Lebensbereiche, begründet in der unauflösbar gedachten Einheit und wechselseitigen Bedingtheit von geistlichem und weltlichem Leben und im Glauben an göttliche Gerechtigkeit. Enthusiastisch-apokalyptisch-utopische Bedeutung als Alternative zum drohenden Weltende durch Besinnung, Reinigung und Umkehr gewann der Begriff vor allem in der Volksfrömmigkeit – reaktiviert im 16. Jahrhundert durch Richtungen der radikalen Reformation. Für die Kirche drückte dagegen Reformation Rückkehr zum Urchristentum aus, für das Reich eine Restitution des alten Kaisertums.

Zeitgenössische Forderungen nach Reformation lassen also den Willen zur Erneuerung einer „willentlich oder unwillentlich" durch menschliche

Schuld und infolge der Zeit verfallenen oder als verfallen bewerteten Ordnung in zwei Richtungen erkennen. Einerseits und vornehmlich wird lediglich die Wiederherstellung des ursprünglichen, gottgewollten, altrechtlichen Zustands der Gesellschaft ersehnt, also die Restauration des Alten als Verwirklichung einer ursprunghaft vorgegebenen, für die Kirche durch das Gesetz Christi oder der Apostel, für die Welt durch das Naturgesetz gesetzten Norm, andererseits ist aber auch schon das Bemühen um Anpassung ‚alten Herkommens‘ und ‚guter Gewohnheiten‘ an die Anforderungen der Zeit zu spüren. Der letzte Aspekt war theoretisch auf zukunftsorientierte Veränderungen zwar nicht ausgerichtet, schloß sie aber praktisch auch nicht aus. Neues bewirkender Sinngehalt von Reformation zeigte sich besonders in der Verwendung des Begriffs im Rechtsleben, in Verwaltung und Universität. Im juristischen Bereich beispielsweise wurde er zuerst als ‚Ordnung‘ und ‚Festsetzung‘, dann als ‚Rechtsbuch‘ verstanden. Mit der Rezeption des römischen Rechts wurde eine Modernisierung des Rechts verbunden, faßbar in zahlreichen Stadtrechts-Reformationen und in ebenfalls als Reformation bezeichneten Gesetzen auf dem Gebiet des heutigen ‚Zivilrechts‘. Dementsprechend folgert Wolgast: ‚‚Die Anwendungsbereiche des Rechtslebens, der Verwaltung und der Universität lassen eine Akzentverschiebung und den Ansatz zu einem partiellen Bedeutungswandel erkennen, der sich im 15. Jahrhundert mit dem Begriff ‚reformatio‘/‚Reformation‘ vollzieht. Während für den kirchlichen Bereich nicht nur keine Modifizierung des tradierten Verständnisses zu verzeichnen ist, im Gegenteil die Autoren des 15. Jahrhunderts die Notwendigkeit der Ausrichtung auf Vorbild und Maßstab der alten Kirche schärfer als je ins Bewußtsein heben, verliert im profanen Sprachgebrauch die Orientierung an früheren Normen und der Rückgriff auf sie mindestens andeutungsweise an Priorität. Demgegenüber zeichnet sich eine Tendenz zur Verlagerung des Begriffsbezugs vom Vergangenheitsmodell auf die Veränderung, die zugleich eine innovatorische Verbesserung ist und ansatzweise vom Kriterium der Zweckrationalität, nicht mehr von der Restitution des Alten bestimmt wird, ab.‘‘

Mit weltlichem Sinngehalt blieb der Begriff Reformation bis tief ins 19. Jahrhundert hinein gebraucht, seit dem Ende des 18. Jahrhunderts allerdings zunehmend abgelöst durch ‚Reform‘. Seine juristische Bedeutung trat dabei allmählich zurück hinter eine allgemein gehaltene Vorstellung von Beseitigung der Mißstände und von Veränderung durch Eingehen auf gewandelte Verhältnisse, also Orientierung auf zukunftsausgerichtete Neuordnung, wobei der Bezug auf Normen idealisierter Vergangenheit fortfiel.

Die Trennung sowohl vom Rückbezug auf alte Normen als auch vom kirchenbezogenen Begriffsverständnis vollzog sich nur langsam. In den Jahren der reformatorischen Bewegungen mit Höhepunkt im Bauernkrieg trat nebeneinander die vergangenheits- wie auch die zukunftsorientierte Bezug- und Sinnkomplexität des Wortes hervor – bis hin zu radikalem Verständnis. Sich wechselseitig durchdringenden Bedeutungsgehalt bewahrte der Begriff noch lange, belegt beispielsweise im Titel ,,Christliche Reformation/ Das ist/ Inn Gottes wort/ vnnd der Heyligen Vättern Schrifften/wolgegründter Bericht/ von Gottseliger Reformation der Kirchen/vñ Pollicei/ vnd weß sich alle Gottliebende Oberkeyten zů auff bauwung/ pflantzung/ vnd beförderung des Reichs Christi/ verhalten sollen', einer Schrift von 1568 (Israel Achacius).

Schon im 15. Jahrhundert hatten also konkrete Forderungen auf Verbesserungen in fast allen Lebensbereichen abgezielt, darunter seit dem Konzil von Vienne (1311/12) besonders auf eine ,Reformation der Kirche an Haupt und Gliedern' durch geistliche und weltliche Obrigkeiten. Reformation bedeutete kirchlich und theologisch auch im 16. Jahrhundert weiterhin institutionelle Verbesserung im Sinne von Wiederherstellung der alten Kirche durch Rückkehr zum Urchristentum. Beseitigung der Mißstände, nicht aber die Aufhebung der überlieferten kirchlichen Gemeinschaft sollte eine Reformation bewirken – und die eigentliche innere Erneuerung der Kirche Christi blieb vollends Gott vorbehalten.

Vom heilsgeschichtlichen zum kirchengeschichtlichen Begriffsverständnis

Zur begrifflichen Erfassung eines historischen Ereigniskomplexes im 16. Jahrhundert dient der Ausdruck Reformation seit dem 17. Jahrhundert. Die Begriffsverengung begann mit der Fixierung der Bezeichnung auf die kirchlichen Ereignisse während des 16. Jahrhunderts. Literarisch ist sie bezeugt anläßlich des Jubiläumsjahres 1617 sowohl aus calvinistischer als auch aus lutherischer Sicht. Mit der Verwendung dieses Reformationsbegriffs verbanden jedoch Calvinisten und Lutheraner unterschiedliche Vorstellungen. Im Titel der Kirchengeschichte von 1618 des calvinistischen Heidelberger Hofpredigers Abraham Scultetus (1566–1624) ,,Historischer Bericht. Wie die Kirchenreformation in Teutschland vor hundert jahren angegangen" (BDG 41007) steht Reformation für einen Vorgang, der mit Zwinglis Predigten von 1516 in Glarus begann. Er würdigte zwar Luthers Wirken, deutete die Vorgänge insgesamt aber apologetisch vom eindeutig calvinistischen Standpunkt dahingehend, daß Lutheraner *und* Calvinisten die Kirche wiederhergestellt hätten. Diese theologisch-heilsgeschichtlich orientierte Interpretation war funktional geprägt von dem gleichzeitigen Versuch der Pfalz, Calvinisten und Lutheraner politisch zusammenzuschließen. Eine derartige Funktionalisierung lag 1617 dem lutherischen Verständnis von Reformation als einem abgeschlossenen, vornehmlich auf Luthers Wirken eingegrenzten religiös-kirchlichen Ereignis fern. Historisch fixiert, heilsgeschichtlich begriffen als notwendiges, zugleich aber einmaliges Eingreifen Gottes zur Rettung seiner Kirche und Wiederherstellung der reinen Lehre, deren Ergebnisse es dauerhaft und demnach unverändert zu bewahren galt, hieß Reformation, den Vorwurf zu entkräften, Luther habe eine neue Lehre verkündet. Dieser über ein Jahrhundert nachwirkende Sinngehalt des Begriffs war funktionell getragen vom Bestreben der lutherischen Orthodoxie, ,,innerhalb eines geschlossenen Welt- und Geschichtsbildes seine theologische und historische Legitimität gegenüber der altgläubigen Kirche darzutun und so die faktische Spaltung der mittelalterlichen Kircheneinheit überzeugend zu rechtfertigen'' (Hans-Jürgen Schönstädt, 307). Den reformatorischen Bewegungen gestanden derartige heilsgeschichtlich-personalistische Gehaltsverständnisse keine Bedeutung zu.

Der gegenwärtige kirchengeschichtliche Begriff Reformation basiert auf der Übernahme des Wortes in die Historiographie (BDG 41012, 41014, 41016) durch Veit Ludwig von Seckendorf (1626–1692). Er thematisierte die kirchengeschichtlichen Vorgänge des 16. Jahrhunderts in kontroverstheologischer Absicht gegen die ,Histoire du Luthéranisme' (1680, BDG 41010) des Jesuiten Louis Maimbourg (1610–1686) und deutete dabei die Reformation, die er bewußt im Sinne lutherischer Orthodoxie auf die Lebenszeit Luthers einschränkte, als ,,Schlüsselwort zur Erklärung des Geschehens in Deutschland'' (Wolgast). Unter Reformation verstand Seckendorf Luthers Kirchenkritik, sein Handeln und die Ausbildung einer neuen Kirche, angereichert um politische Geschichte, aber ohne Berücksichtigung reformatorischer Bewegungen und unter Ausschluß des Calvinismus.

Reformation als geschichtswissenschaftliche Epochenbezeichnung

Auf dieser Sinnverengung bei gleichzeitiger Weiterentwicklung des Wechselverhältnisses zwischen kirchengeschichtlichem Geschehen und politischer Geschichte ist auch die heutige Epochen- bzw. Periodenbezeichnung aufgebaut. Sie bildete sich im 18. Jahrhundert heraus als Bezeichnung für den Zeitraum von 1517 bis 1555 und wurde geschichtswissenschaftlich festgeschrieben als ,Zeitalter der Reformation' durch Leopold von Ranke (1795–1886). In seiner ,Deutschen Geschichte im Zeitalter der Reformation', veröffentlicht zwischen 1839 und 1847 (BDG

34180, 34254), interpretierte er als ‚Profanhistoriker' politisches und kirchengeschichtliches Geschehen als sich bedingende Vorgänge innerhalb
einer übergreifenden unauflösbaren Einheit, als Wechselwirkung von gei-
stigem und staatlichem Leben in einem dynamischen historischen Prozeß. Mit ihm wurde die Reformation vornehmlich als eine Epoche der
deutschen Geschichte begriffen, bei deren Deutung aber auch der europäische Kontext im Blickfeld blieb: Im weltgeschichtlichen Aufstieg Europas wurde der deutschen Reformation mit ihrer Läuterung des Christentums das Gewicht einer wesentlichen Epoche verliehen. Damit war
das einseitig theologisch-kirchengeschichtliche Verständnis von Reformation aus der Aera vor Seckendorf aufgegeben, das Wesen des Zeitalters
wurde im Spannungsverhältnis von Kirche und Reich, d. h. in der ,,Pola-
rität von kirchlicher *und* politischer Geschichte" (Ernst-Wilhelm Kohls)
erfaßt. Diese Zusammenschau bot Raum, sich eingehend mit den Lehren
und auch mit reformatorischen Bewegungen zu befassen, im ersten Fall
eindringlich in geistiger Nähe zu Luther, im zweiten auf der sehr begrenzten Grundlage eines territorialstaatlich-obrigkeitlichen Standpunkts
unter deutlicher Ausklammerung der Untertanen, also der Masse der
Bevölkerung und sogar in klarer Ablehnung der Beschreibung sozialre-
volutionärer Tendenzen und Ansätze. Die Ursache dafür lag nicht in
seinem Konservativismus allein, sondern auch darin, daß seine Auffassung offensichtlich unterstützt wurde durch die Materie selbst, nämlich
durch das eigentümlich stark gebrochene Verhältnis, das fast alle Reformatoren gegenüber gesellschaftsbezogener Ausweitung ihrer kirchlich-
religiösen Reformvorstellungen bestimmt hatte und bis in die Gegenwart
hinein noch Ausformungen des kirchengeschichtlichen Reformationsverständnisses zu bedingen scheint. Tiefgehende Reflexionen über Nach-
Wirkungen der Reformation lagen Ranke aufgrund seiner Geschichtsauffassung und Ablehnung jeder ‚philosophisch-theoretischen Konstruktion' der Geschichte fern, was indessen nicht verhinderte, daß seine
Deutung funktional zur Stärkung der politischen Restauration beitrug. Nachgewirkt hat seine Konzeption jedoch außerordentlich stark
auf die Reformationshistoriographie. Sie ist beispielsweise spürbar als
Vorbild im methodischen Ansatz und in der Interpretation bei
Paul Joachimsen (1867–1930, BDG 34260, 62080) und bei Stephan Skalweit.

Die Epochenbezeichnung übernahmen im übrigen auch Autoren zeit-
genössischer Gegenkonzeptionen zu Ranke, wie beispielsweise Karl Hagen (1810–1868, BDG 34181). Als Radikalliberaler stellte er weder Reformatoren noch Staats- und Kirchenhandlungen in den Vordergrund, sondern die allgemeinen Zustände mit starker Berücksichtigung sozialge-

schichtlicher Ereignisse. Interesse brachte er auch für die reformatorischen Bewegungen auf, zumal für ihre ‚Außenseiter‘ (s. Kap. Radikale Reformation). Hagen wurde wie andere Autoren benutzt, prägte jedoch kaum das Geschichtsbild.

Stärkeren Widerhall und größere Nachwirkung gewann dagegen der zweite bedeutende ‚profanhistorische‘ Reformationshistoriker des 19. Jahrhunderts, Friedrich von Bezold (1848–1928, BDG 34222). Er schrieb nicht mehr primär unter kirchengeschichtlich-theologischem Reformationsverständnis, sondern aus dem erkenntnisleitenden Interesse eines Nationalliberalen und beeinflußt vom Kulturprotestantismus. Das Werk, erschienen 1890, schloß sozial-, wirtschafts- und kulturgeschichtliche Fragestellungen ebenso ein wie das politische und kirchliche Geschehen. Die Lehren wurden als gewissermaßen selbstverständlich behandelt, aber in seiner breiten Gesellschafts- und Kulturschilderung gewannen auch die reformatorischen Bewegungen ihren historischen Ort, gezeichnet voller Sympathie für das ‚Volk‘. Er spürte den Wirkungen bis in seine Generation hinein unter mancherlei Themen nach, beispielsweise mit der These, ohne Luther hätte sich kein preußischer Staat entwickelt und gäbe es kein Deutsches Kaiserreich.

Der klassifikatorischen Festschreibung des Begriffs im Sinne einer epochenbezeichnenden Funktion entsprach demnach keine einheitliche Auffassung über die Reformation. Ihre Bedeutung wurde vielmehr interpretiert in Bindung an die Vorverständnisse der jeweiligen Zeit bzw. der einzelnen Theologen und Historiker. So hatten im 18. Jahrhundert Pietisten in Ablehnung des überlieferten heilsgeschichtlich-statischen Verständnisses der lutherischen Orthodoxie die Reformation nicht mehr als einmaliges Ereignis, sondern als fortwährende Aufgabe zur Verbesserung von persönlicher Frömmigkeit, Kirche und generell menschlichem Leben gedeutet. Zu Rankes Zeit wirkte noch die aufklärerische Auffassung nach, die in Luther einen Streiter für Vernunft und geistige Freiheit, sogar den Vorkämpfer der eigenen religiösen Emanzipation, in der Reformation Vorbereitung und Grundlage eigener Vorstellungen gesehen hatte. Dagegen hatte das 18. Jahrhundert für Auseinandersetzungen auf dem Felde der Lehren kein Verständnis und auch den reformatorischen Bewegungen wenig Interesse entgegengebracht. Die ‚Funktion‘ der Reformation wurde als eine zwar hervorragende, aber keineswegs einzigartige Stufe auf der Bahn des geschichtlichen Fortschritts erklärt.

Die aufklärerische Deutung ersetzte das theologisch-kirchengeschichtliche Verständnis von Reformation durch ein moralphilosophisch-rationalistisches in weitgefaßtem geistesgeschichtlichen Sinn: Die Reformation war ihrem eigentlichen Inhalt nach ein Wendepunkt in der Geistesgeschichte, es ging daher nicht um Erkenntnis des christlichen Wesens, sondern um das Problem der Entfaltung neuzeitlichen Denkens und aufklärerischer Prinzipien. Ihren Höhepunkt erreichte diese ideengeschichtliche Konstruktion im deutschen Idealismus mit Georg Wilhelm Friedrich Hegel (1770–1831). Reformation wurde zu einem entscheidenden Schritt in der Entwicklung des menschlichen Geistes bei der Verwirklichung der Freiheit als Ziel der Geschichte; sie mündete ein in das neuprotestantische Reformationsverständnis.

Der neuprotestantische Reformationsbegriff

Der Neu- oder auch Kulturprotestantismus als eine u. a. im Spiritualismus der Reformation (s. Kap. Reformatorische evangelische Lehren) und in der Aufklärung verwurzelte und vorbereitete sowie durch Idealismus und religiösen Liberalismus des 19. Jahrhunderts beeinflußte Richtung mit Forderung nach individueller Glaubensfreiheit und historisch-kritischer Haltung zu Dogmen wie zur Bibel distanzierte sich von einem neu auflebenden neolutherischen bzw. eng kirchengeschichtlichen Reformationsbegriff. Er interpretierte unter Weiterentwicklung des aufklärerischen Ansatzes das 16. Jahrhundert im geistes- bzw. kulturgeschichtlichen Sinne als epochalen Einschnitt in der Geschichte des Christentums, das nach der extremen These von Richard Rothe (1799–1867) dabei seine kirchliche Form hinter sich gelassen habe. Die Reformation erbrachte nach Adolf von Harnack (1851–1930, BDG 41108) das prinzipielle Ende des ‚dogmatischen Christentums‘.

Mit der These, die Reformation habe das Mittelalter mit der Autoritätsgläubigkeit des einzelnen und seiner Entmündigung durch die Kirche überwunden und den Durchbruch zur Neuzeit vollzogen, verband sich die Überzeugung, daß die in der Reformation eingeleitete religiös-geistige Entwicklung jetzt ihrer Vollendung entgegengehe und der Neu- und Kulturprotestantismus mit den fortschrittlichen Tendenzen des Geisteslebens übereinstimme, dazu aufgerufen, die ‚katholischen Reste‘ im Protestantismus zu überwinden und an der Höherentwicklung der Menschheit in möglichst allen Lebensbereichen mitzuarbeiten. Reformatorische Bewegungen interessierten kaum; die Befassung mit den Lehren diente eigentlich nur dazu, das ‚Zukunftsträchtige‘ herauszuarbeiten, um die Reformation endgültig zu vollenden; auf den Wirkungen in die Gegenwart lag dementsprechend die Bedeutung der Reformation. Nach neuprotestantisch-theologischer und geistesgeschichtlicher Begriffsauslegung erhielt also die Reformation die Funktion, das eigene Selbstverständnis zu bestätigen, basierend auf der These von Ursprung, Voraussetzung und Beginn der Neuzeit mit der Reformation. Diese Deutung wurde jedoch schon von den letzten Vertretern der neuprotestantisch-geistesgeschichtlichen Interpretation in Frage gestellt und im Rahmen einer auf die Entwicklung der europäischen Kultur gerichteten Sicht zuletzt hart bestritten von einem so bedeutenden Kirchengeschichtler wie Ernst Troeltsch (1865–1923, BDG 11492, 40919, 42573 u. a.).

Troeltsch begründete die Erweiterung des geistes- und theologiegeschichtlichen Verständnisses durch eine religionssoziologisch und verfassungsgeschichtlich orientierte, sich als bahnbrechend erweisende Betrachtungsweise. Er befaßte sich intensiv mit den reformatorischen Bewegungen, insbesondere mit ihren Außenseitern – deren Lehren und Ethik – und erkannte in ihnen die Vorstufen der entstehenden modernen Welt. Aus diesen Nebenströmungen sah er erst die Reformation und ihr ganzes Wesen sich entwickeln, auf sie war der Neuprotestantismus zurückzuführen: „Der Protestantismus ist zunächst in seinen wesentlichen Grundzügen und Ausprägungen eine Umformung der mittelalterlichen Idee, und das Unmittelalterliche, Moderne, das in ihm unleugbar bedeutsam enthalten ist, kommt als Modernes erst voll in Betracht, nachdem die erste und klassische Form des Protestantismus zerbrochen oder zerfallen war" (BDG 40921, 435). Erst mit der Aufklärung begann die ‚Moderne‘. Die Reformation war also ‚doppelgesichtig‘, Luther wirkte sowohl auf seine als auch auf die nachfolgende Zeit nur begrenzt ein, Luthers Lehre selbst und das Luthertum waren nicht identisch. Insgesamt wurde die Reformation nicht als ein Epochenbeginn, sondern als historische Übergangszeit klassifiziert.

Troeltschs Widerspruch gegen die These von der Reformation als Beginn der Neuzeit problematisierte das liberal-geistesgeschichtliche Begriffsverständnis. Das gleiche galt für die bereits darin enthaltene nationale Deutung, von Johann Gottfried Herder (1744–1803) inauguriert, offenkundig geworden im Jubiläumsjahr 1817 in der säkularisierten Apotheose Luthers als Vorkämpfer geistiger und politischer Freiheit, der Reformation als ureigenem wesenhaften Ereignis deutscher Nationalgeschichte. Diese übersteigerte Verfälschung wurde im Ersten Weltkrieg und besonders im Jubiläumsjahr 1917 aktualisiert und während der nationalsozialistischen Herrschaft vollends pervertiert. Verbunden war die ‚Nationalisierung‘ der Reformation mit einer Heroisierung Luthers, die sich unter dem Einfluß von klassischem Humanitätsideal und deutschem Idealismus am Reformator als genialer Persönlichkeit entzündete, die volkstümliche Vorstellung von der Reformation weitgehend bestimmte, sich stark in der bildenden Kunst niederschlug und sich letztlich mit der Vorstellung, daß das Verstehen der Reformation vom Verstehen *des* Reformators abhänge, auch in der ‚Luther-Renaissance' des 20. Jahrhunderts manifestierte.

Von der ‚Luther-Renaissance' zum theologisch-kirchengeschichtlichen Begriffsverständnis der Gegenwart

Auch die ‚Luther-Renaissance' war Ausdruck der gesellschaftlichen Einbindung der Reformationshistoriker. Die politisch-ideologische Abgrenzung gegenüber den Westmächten als Gegnern des Ersten Weltkrieges verstärkte die bereits eingeleitete Verwerfung des neuprotestantischen Reformationsdenkens, das aus der Dominanz der liberalen Ideologie zu verfälschenden Interpretationen geführt hatte. Die Luther-Renaissance brachte mit der zentralen Forderung, Luther dürfe nur unter den Bedingungen seiner Zeit analysiert und auch allein in diesem Kontext gedeutet werden, die Rückkehr zu einem verengten theologisch-kirchengeschichtlichen Begriff von Reformation – ein Verständnis, das allerdings niemals völlig aufgegeben worden war. Einer ihrer wichtigen Vertreter, Karl Holl (1866–1926, BDG 55653), widmete sich in Auseinandersetzung mit Troeltsch auch den reformatorischen Bewegungen. Im Mittelpunkt der Luther-Renaissance stand jedoch das Bemühen um die Lehre – einerseits wissenschaftlich-theologisch, andererseits aber in dem pastoralen Bestreben, durch Rückkehr zum historischen Luther das evangelische Christentum zu erneuern.

Die Luther-Renaissance hat einen gewaltigen Ertrag an Forschungen zu Luther eingebracht, bedingt die Diskussion des Begriffs Reformation gefördert, zugleich aber dazu beigetragen, daß sich heute die Spanne des kirchengeschichtlichen Begriffsgehalts erweitert hat. Sie erstreckt sich von einer lutherzentrisch-personalistisch-theologischen Deutung, bei der das Wort Reformation als Periodenbegriff eine Epoche kennzeichnet, die auf die Glaubenserfahrung Luthers und den ‚reformatorischen Gedanken' als deren theologisches Ergebnis beschränkt bleibt, bis hin zum umfassenden Inbegriff im deutschen und angelsächsischen Sprachgebrauch für alle jene Vorgänge, „durch die sich in der Zeit von 1517 bis etwa 1560 in Europa solche Kirchen und religiösen Gruppen gebildet haben, die von der Hierarchie der römisch-katholischen Kirche getrennt sind, einerlei, ob es sich um die von Wittenberg oder Zürich oder Genf ausgegangene Reformation handelt oder um die Täuferbewegung und die Spiritualisten oder um den Anglikanismus" (Peter Brunner, 464). Das gegenwärtig erreichte Erklärungsniveau erfaßt die Reformation als einen „Vorgang der Kirchengeschichte ... eingebettet in Bedingungs- und Wirkungszusammenhänge vieler Art" (Moeller, 183), bzw. als „eine Wechselbeziehung zwischen religiöser und politisch-sozialer Veränderung, die bis zum Ende des Dreißigjährigen Krieges (1648) andauerte" (Abraham Friesen, 562), oder arbeitet die Kirche als zentrale zeitgenössische Kategorie heraus, da „sich vom Staat her das Ganze jener geschichtlichen Welt [von 1300-1600] nicht in dem Grade erfassen läßt wie von der Kirche her" (Erich Hassinger, XVI).

Enges theologisch-kirchengeschichtliches Verständnis steht in gewisser Korrelation zu kirchlicher Bedrängnis. In der ‚Bekennenden Kirche' unter der nationalsozialistischen Diktatur wurde bei betonter Distanzierung von neuprotestantisch-kulturgeschichtlichen, nationalen und heroischen Inhalten Reformation begriffen als „die Erneuerung der Kirche durch die Wiederentdeckung und erneute Verkündigung der reinen Lehre des Evangeliums von der Vergebung der Sünden" (Hermann Sasse, 1895–1976, BDG 39791, 71). Reformation wurde also verstanden „ganz allein . . . von der Wirklichkeit der Kirche" her als „ein kirchengeschichtliches Ereignis im strengen Sinne des Wortes, ein Ereignis, das die Kirche Christi in ihrer Geschichte erlebt hat. Denn die Kirche Christi, die eine, heilige, katholische und apostolische Kirche, ist eine Wirklichkeit in dieser Welt" (60). Ein solches Glaubens- und Lehrbekenntnis ist zu respektieren, einem historischen Grundbegriff entspricht es nicht.

Zu eng gefaßt, um für geschichtswissenschaftliches Erklären und Verstehen als heuristisches Prinzip zu dienen, erscheint eine lutherzentrisch-personalistische Unterscheidung zwischen Reformation im engeren und im weiteren Sinne, wie sie Wilhelm Maurer trifft: „Die R. im engeren Sinne ist die innere Geschichte Luthers selbst und seiner Theologie. Die Ergebnisse jenes Ringens machen die R. im weiteren Sinne aus", wobei als Ergebnisse die „Konfessionen und religiösen Gruppen des Protestantismus" sowie vornehmlich evangelisches Landeskirchentum und Kulturbedeutung einschließlich ihres europäischen Zusammenhangs gemeint sind (RGG, Bd 5, 864). Prägnant wurde derartige kirchengeschichtlich orientierte Wesensbestimmung durch Leonhard von Muralt (1900–1970) formuliert: „Mit dem Wort Reformation pflegen wir drei oder vier verschiedene, aber konzentrische Lebenskreise zu umschreiben. Der innerste Kreis ist das persönliche Glaubenserlebnis, die Wiederentdeckung des evangelischen Glaubens als psychologischer und theologisch-wissenschaftlicher Vorgang. Der zweite Kreis ist die durch den ersten unvermeidlich gewordene innere und äußere Wandlung der Kirche. Die reformatorische Erneuerung des evangelischen Glaubens hob die Kirche in ihrer bisherigen Gestalt aus den Angeln, sie veränderte ihren Grundbegriff, ihren Kultus, ihre Organisation und ihren gesellschaftlichen Charakter. Dadurch erfaßte die Reformation einen weitern, einen dritten

Lebenskreis, nämlich Staat und Gesellschaft, die Kultur ihres Zeitalters überhaupt, Kunst und Poesie, Wissenschaft und Geistesleben, die Volkswirtschaft und soziale Fragen. Wie nun der Begriff ‚Renaissance' ursprünglich nur Funktionsbegriff war, wie zum Beispiel ‚Renaissance der Wissenschaften und Künste', ‚Renaissance des Christentums' bei Erasmus, dann aber zur Bezeichnung für die Epoche wurde, in der sie sich vollzog, so weitete sich der Begriff der ‚Reformation des Glaubens, der Kirche und der Kultur' zum ‚Zeitalter der Reformation'. Da die drei ersten Lebenskreise im vierten insgesamt aufgehoben sind, unterscheidet die geschichtliche Sprache gar nicht immer scharf zwischen ihnen. Erst die der bunten Wirklichkeit ordnend nachfolgende Besinnung muß sich über den Kern der Dinge und die gegenseitigen Beeinflussungen im klaren sein" (431).

Im Kern resultiert der theologisch-kirchengeschichtliche Reformationsbegriff aus einem personalistischen Geschichtsverständnis – eingebunden nicht selten in die persönliche Glaubensüberzeugung vom Handeln Gottes in der Geschichte. Angesichts der Komplexität des historischen Prozesses erweist sich dieser Ansatz daher als nur begrenzt nutzbar für die Geschichtsforschung. Er berücksichtigt unzureichend die unmittelbaren reformerischen Implikationen jedweden reformatorischen Willens im gesellschaftlichen Bereich. Nicht selten werden zu kurzschlüssig Lehren und Wirkungen in einseitiger Weise als Kirchenreformation übersteigert, die soziale und politische Rolle der Bewegungen dagegen unterschätzt, speziell die über Glaubens- und Kirchenerneuerung hinausgehenden mannigfaltigen, bis hin zu einer Gesellschaftsreformation reichenden Bestrebungen. In dieser Verengung gegenüber dem Sinngehalt im 15./16. Jahrhundert einerseits wie auch in seiner kirchengeschichtlichen Ausweitung bis hin zur Bezeichnung für die Herausbildung der anglikanischen Staatskirche andererseits ist er außerdem zu schwammig. Selbst für das kirchengeschichtliche Geschehen stellt dieser Begriff ohne jeweilige Bedeutungsbestimmung oder Akzentsetzung nicht mehr dar als eine ,,konventionelle Sprachregelung" ohne Aussage ,,über den sachlichen, dogmatischen und ekklesialen Charakter" der theologisch-kirchengeschichtlichen Vorgänge (Brunner, 160). Eine derartige konventionelle Sprachregelung entbehrt sogar für einen aspekthaft eingegrenzten Sachverhalt wichtiger Elemente einer historischen Basiskategorie. Wissenschaftlich läßt sich daher der theologisch-kirchengeschichtliche Reformationsbegriff als bedingt sektorales Interpretationsmuster einstufen.

Politik- und strukturgeschichtliches Begriffsverständnis

Von der Kirchengeschichte wurde die Diskussion der vom Neuprotestantismus eingebrachten geistes- und theologiegeschichtlich begründeten Frage nach der epochenübergreifenden Stellenwertbestimmung der Reformation erneut aufgegriffen. Anknüpfend an Troeltsch wird heute abermals erörtert, ob die Reformation das Mittelalter überwunden und den Durchbruch zur Neuzeit vollzogen habe. Hanns Rückert (1901–1974, BDG 62103) lehnt die These von der Reformation als säkularer Wende ausdrücklich unter theologie- und geistesgeschichtlicher Argumentation mit der Feststellung ab, „die historische Gestalt der aus der Reformation hervorgegangenen Kirche ist um ein Stück mittelalterlicher als die Reformation selbst, wenn man unter Reformation den reformatorischen Ansatz in Luthers Theologie versteht" (52). Wenn das Problem des Staatsgedankens und der Staatsgestaltung in die Überlegungen einbezogen und berücksichtigt wird, „daß Luther in vielem mittelalterlicher war als das Spätmittelalter und die Auswirkung der spätmittelalterlichen Auflösungserscheinungen mehr gehemmt und verzögert als befördert und beschleunigt hat", dann sieht Rückert „viel für die Auffassung Troeltschs [sprechen], der der Reformation ganz allgemein die Rolle zuweist, daß sie einen spätmittelalterlichen Auflösungsprozeß, der in Renaissance und Humanismus unmittelbar vor dem Durchbruch stand und in dem sich der abendländische Geist bereits aus der Bindung an die christlich-kirchliche Autorität emanzipieren wollte, noch einmal aufgehalten und Europa noch einmal für nicht weniger als rund 200 Jahre unter die christliche Norm gebeugt habe" (50).

Diese Diskussion um den Zusammenhang von Reformation und Beginn der Neuzeit wird heute jedoch vor allem auf der Grundlage von Ansätzen geführt, die übergreifenden Strukturwandel im Rahmen europa- und weltgeschichtlicher Konzeptionen reflektieren. Wenn beispielsweise Josef Engel (1922–1979) „Reformation und Gegenreformation" in eine übergreifende Epoche einordnet, deren Einheit er „in der Umwandlung der spätmittelalterlichen respublica christiana zu dem neuzeitlichen Mächte-Europa" (25) erblickt, erhält der Reformationsbegriff politisch-strukturellen Bedeutungsinhalt, und zwar dadurch, daß innerhalb dieser ‚Umwandlung' die „deutsche Reformation … [als] nur eine besondere, nicht einmal die einzige deutsche Spielart der überall im Gange befindlichen abendländischen Reform" (107) gekennzeichnet wird. Gesehen wird sie im Rahmen der 1517 ausgelösten „Entwicklung von größter weltgeschichtlicher Bedeutung …, in der die innere Einheit der abendländischen Kirche für immer zerschlagen und zugleich auch noch die parzellierte Christenheit auf den Weg zu einer Umwandlung ihrer säkularen Verhältnisse gedrängt wurde. Am Ende dieser Entwicklung wurde die abendländische respublica christiana zum Mächte-Europa, für das die Christlichkeit nur noch Bedingung, aber nicht mehr konstitutiv war" (109f.).

Lehren und Bewegungen erhalten im Vergleich zu den politischen Wirkungen nur untergeordnete Bedeutung. Kirchengeschichtlicher Kritik erscheint solche Konzeption von Geschichte als ‚Staatsgeschichte‘, die Reformation deutet – pointiert formuliert durch Heiko A. Oberman – „als moralische Begleiterscheinung einer zunehmenden staatlichen Reglementierung, welche als realer Unterbau den Zuschnitt der Epoche bestimmt" (71). Noch zugespitzt wurde die Sicht von Engel durch Walter Zimmermann, der das Wesen der Reformation in folgende „Kurzformel" faßt: „Die Reformation (reformatorische Bewegung) als Teil der schon länger aufgeworfenen Kirchenfrage wirkte mobilisierend auf die verfassungs- und sozialpolitischen Auseinandersetzungen des Reiches und ist gerade deshalb als ein politisch-sozialer wie geistig-religiöser Zielkonflikt anzusehen, der eine – zugleich späte – Reaktion auf die Krise und krisenhafte Beziehung von mittelalterlicher Kirche und Herrschaft darstellt und der gelöst wurde zugunsten der Durchsetzung der modernen Staatlichkeit in ihrer monarchisch-absolutistischen oder aristokratisch-absolutistischen Form, mit der eine nur innerhalb bestimmter Grenzen variable Sozialstruktur korrespondierte und zu der eine Staatskirche bis zur Mitte des 17. Jahrhunderts notwendigerweise gehören mußte" (157). Auch hier wird den Wirkungen besonderes Interesse zugewandt, jedoch bestimmt von Zurückhaltung gegenüber Thesen von epochenübergreifenden Folgen: „Will man über die Mitte des 17. Jahrhunderts hinausreichende Wirkungen von allgemeiner Bedeutung der Reformation zuschreiben, so kann das nur mit Einschränkungen geschehen, d. h., es ist zu fragen, ob diese Wirkungen nicht auch Folge absolutistischer Umformungen oder auch von Neuansätzen sind, zu denen die in der allgemeinen Kirchenfrage eingebettete Reformation und weitere kirchliche Reformbewegungen ihre mehr oder weniger starken Beiträge geleistet haben" (157).

Eine besondere Rolle spielt für strukturgeschichtlich orientierte Historiker, die allerdings nur vereinzelt Reformationshistoriker sind, die Frage nach der säkularen Bedeutung der Reformation: War sie Beginn der Neuzeit oder ist sie unter übergreifende Zusammenhänge zu subsumieren? Im Rahmen der gesellschaftlichen Entwicklung kann der Reformation nicht zugeschrieben werden, die Neuzeit unmittelbar eingeleitet zu haben, lautet die Antwort. Sie ordne sich vielmehr ein in einen übergreifenden evolutionären sozialen Wandel mit „fließenden Übergängen sogenannter spätmittelalterlicher Entwicklungen zu den Verfestigungen des neuen Konfessionalismus, der neuen Fürstenmacht und einer neuen Untertänigkeit im gesellschaftspolitischen Raum" (Ferdinand Seibt). Auf derartige Überlegungen wird im Zusammenhang mit dem Reformationsbegriff der marxistisch-leninistischen Geschichtswissenschaft und der sozialgeschichtlichen Betrachtungsweise noch einmal eingegangen werden, zumal im ersteren Fall Probleme einer Bewertung der Reformation als Revolution wie der Periodisierung überhaupt von grundsätzlicher Bedeutung sind.

Die Reformation in katholischer Sicht

Die katholische Reformationshistoriographie war und ist weitgehend dem theologisch-kirchengeschichtlichen Denken verpflichtet. Sie wurde von ihren Anfängen bis in das 20. Jahrhundert hinein von dem Bemühen bestimmt, die Reformation nicht einmal als Begriff anzuerkennen, versteifte sich also auf eine dogmatisch vorgegebene Verurteilung evangelischer Lehren jedweder Provenienz. Außerdem verharrte sie, zentriert auf die Person Luthers, stark im Banne der zeitgenössischen polemischen Auseinandersetzungen, geprägt vor allem durch die Lutherkommentare des Theologen Johann Cochlaeus (1479–1552, BDG 10956, mit Adolf Herre, BDG 55611). Ansätze zu einem Abbau derartig konfessionellpolemischer Interpretationen aus der Zeit der Aufklärung wurden im 19. Jahrhundert wieder weggewischt durch verschärfte Diskussionen auf betont wissenschaftlicher Grundlage, beispielhaft faßbar in der Reaktion auf Ranke, auf die politische Interpretation der Schule ‚kleindeutscher Geschichtsschreibung‘ von dessen Schüler Heinrich von Sybel (1817–1895), aber auch auf den Kulturkampf. So ist bei Johannes Janssen (1829–1891, BDG 34199) zu lesen, daß infolge der „politisch-kirchlichen Revolution" Luthers jene destruktiven Kräfte zur Herrschaft gelangten, die sich zwar im Spätmittelalter herausgebildet, aber ohne die Reformation kaum durchgesetzt hätten – die Fürsten und Territorialherrschaften. Nicht nur Kirche und Glaube wurden gespalten, sondern auch spätmittelalterliche religiöse und kulturelle Blüte sowie mittelalterliche Freiheit zerstört, der Niedergang des Heiligen Römischen Reiches durch allgemeinen Verfall aller Lebensbereiche verschuldet. Lehren, Bewegungen und Wirkungen wurden in Janssens von sozialgeschichtlichen Daten und Bezügen sowie von kulturhistorischen Materialien und Aussagen getragenen Darstellung durchaus berücksichtigt, die integral katholische Deutung der Reformation spiegelt dabei eine apologetische und zugleich ‚großdeutsche‘ Geschichtsauffassung. In Übereinstimmung mit neuprotestantisch-liberalem Verständnis erschien die Reformation auch als Ende des – hierbei allerdings idealisiert verzeichneten – Mittelalters und als Beginn der Neuzeit, aber einer Neuzeit, in der mit der Reformation der verurteilte Weg in den modernen Unglauben beschritten wurde.

Der polemisch-apologetische Begriffsgehalt von einer verwerflichen Revolution schwand erst im 20. Jahrhundert, abgelöst durch eine rational begründete Sicht, die vor allem verkörpert wurde durch Lortz (1887–1975, BDG 62046) und Jedin (1900–1980, BDG 64494). Frei von Polemik und Verherrlichung der spätmittelalterlichen Kirche, unter klarer Offenlegung ihrer Reformbedürftigkeit in allen Bereichen wurde Luther von Lortz in seinem Ringen um das rechte Gottesverständnis sachlich gewürdigt, zugleich identifiziert in personalistischer Geschichtsauffassung mit der Reformation, zu begreifen als Vorkämpfer eines ursprünglich wesenhaft katholischen Bedürfnisses. In der tiefgründigen, ausführlichen Auseinandersetzung des katholischen Christen mit den evangelischen Lehren wurde Lortz diesem Sachverhalt gerecht. Den reformatorischen Bewegungen brachte er dagegen nur begrenztes und vornehmlich geistesgeschichtliches Interesse entgegen, den Wirkungen spürte er nicht allgemein, sondern vornehmlich im Bereich der römisch-katholischen Kirche nach. Lortz' Konzeption hat sich in Deutschland, gegenwärtig besonders vertreten durch Erwin Iserloh, aber auch in der außerdeutschen katholischen Geschichtsschreibung weitgehend durchgesetzt. Funktional erweist sich der neue katholisch-kirchengeschichtliche Reformationsbegriff als Ergebnis einer ökumenischen Neubesinnung und versöhnlichen Grundhaltung innerhalb der Kirche. Erst aus dieser Voraussetzung heraus wurde es der katholisch gebundenen Geschichtswissenschaft ermöglicht, den theologisch-kirchengeschichtlichen evangelischen Reformationsbegriff zu akzeptieren, allerdings unter Ergänzung der nachfolgenden Epochenbezeichnung durch Einbeziehung paralleler kirchengeschichtlich erfaßbarer Vorgänge im katholischen Bereich mit dem ineinandergreifende historische Prozesse kennzeichnenden Doppelbegriff ,Katholische Reform und Gegenreformation'.

Gegenreformation

Das Wort ,Gegen-Reformation' ist durch Wolgast erstmals für 1654 nachgewiesen worden, verstanden als Bezeichnung für die obrigkeitliche Änderung einer Konfession. Als geschichtswissenschaftlicher Begriff, in der Pluralform verwendet, wurde er offensichtlich 1776 durch den Staatsrechtslehrer Johann Stephan Pütter (1725–1807, BDG 34536) zur Bezeichnung einzelner Prozesse gewaltsamer Rekatholisierung eingebracht.

Seine Ausweitung zum Epochenbegriff im Anschluß an das Zeitalter der Reformation arbeitete Ranke heraus, als eigentliche Epochenbezeichnung scheint der Terminus jedoch erst seit 1889 durch Moriz Ritter (1840–1923, BDG 34221) allgemein verbreitet worden zu sein. Er fand fast einhelligen Widerspruch bei der katholischen Geschichtswissenschaft, weil er den Eindruck erwecken konnte, von katholischer Seite wäre auf die ‚Glaubensspaltung‘ nur re-agiert und zugleich gewaltsam verfahren worden, während eigenständige Formen vorangegangener Erneuerung nicht einbezogen wurden. In dem vielfältigen Bemühen um treffendere Benennung des Komplexes fand Jedin 1946 (BDG 62990, 63891) den Doppelbegriff ‚Katholische Reform und Gegenreformation‘. ‚Katholische Reform‘ erfaßt sowohl die Kontinuität kirchlicher Erneuerungsbestrebungen vom 15. bis ins 16. Jahrhundert als auch die Aufnahme von Folgerungen aus der Reformation, ‚Gegenreformation‘ die aktive Auseinandersetzung mit der theologisch-kirchengeschichtlich begriffenen evangelischen Reformation auf der Grundlage des ‚Tridentinums‘, d. h. der Beschlüsse des Konzils von Trient (1545–1563). Dieser Doppelbegriff ist relativ schnell und über Deutschland hinaus rezipiert worden, wird jedoch erneut diskutiert, speziell seine Anwendung auf historische Prozesse außerhalb des Heiligen Römischen Reiches und im Zusammenhang mit der Modernisierungsdebatte.

Zweite Reformation

Der Begriff ‚Zweite Reformation‘ ist offensichtlich der jüngste, obgleich er einen historischen Prozeß bezeichnet, der zumindest parallel zur Gegenreformation abgelaufen ist: die Absicht, die bislang als unvollendet geblieben eingestufte Reformation Luthers und Melanchthons nunmehr zu vollenden. Eingeführt 1958 von dem Theologen Jürgen Moltmann in seiner Pezel-Biographie (BDG 57564), nachhaltig aufgegriffen von dem Historiker Thomas Klein, hat er sich – nicht selten unreflektiert – in der Literatur behauptet. Allerdings distanzierte sich Ernst Walter Zeeden eindeutig davon und wandte gegen Klein ein, es sei ein „Fehlgriff“, den „Calvinismus als zweite Reformation (hinter der ersten des Luthertums) zu bezeichnen“, weil er „Dutzenden von Mißverständnissen Tür und Tor“ öffne. „Die Schweizer hätten demnach überhaupt nur eine zweite Reformation gehabt, desgleichen die Schotten, Franzosen usw. Skandinavien, Mittel- und Norddeutschland wären bei der ersten Reformation (und damit zurück?-)geblieben usw. usw. Sollte Kleins Beispiel Schule machen, müßte man, um Spiritualisten, Antitrinitarier, Nonconformisten und dgl. sauber unterzubringen, demnächst von einer dritten, vierten, fünften Reformation sprechen, vielleicht auch von einer sechsten des Pietismus und würde rasch beim baren Unsinn landen" (GWU, Jg 15, 1964, 186).

Zeedens Einwand scheint auf den ersten Blick nicht unberechtigt, beruht aber wohl auf einem Mißverständnis und wird weitgehend hinfällig, wenn der Begriff inhaltlich klar beschrieben und zugleich kontrolliert verwendet wird. Nach Moltmann begegnet „der Begriff der ‚zweiten Reformation' oder der ‚Reformation des Lebens' ... in der Kirchengeschichte des 17. Jhs. [!] immer wieder unter den Reformideen des Pietismus reformierter und lutherischer Prägung, die sich ... gegen den Laxismus ihrer Zeit wenden" (13, Anm. 10). Programmatisch sei er bereits seit 1560 im Reformwerk der Kurpfalz zu finden, wo durch Katechismus und Kirchenordnung die unvollendet gebliebene Reformation Luthers in einem neuen eigenständigen reformatorischen Anlauf zum Abschluß gebracht und zugleich innerlich gefestigt auf die Dauer gesichert werden sollte. Diese ‚Zweite Reformation' identifiziert Moltmann theologisch nicht mit dem Calvinismus, sondern analysiert sie im Anschluß an Heinrich Heppe (1820–1879, BDG 41243, 30775 u. a. Titel) als eine „deutschreformierte" Theologie – in die Anregungen und Elemente unterschiedlicher reformatorischer Ansätze einschließlich Calvins eingeflossen seien – in Auseinandersetzung mit dem orthodoxen ‚Konkordienluthertum' und zur Aktivierung der Abwehr erstarkender katholischer Restaurationsbestrebungen. Dieses Ziel war gemeinsam, wenn auch bei unterschiedlichen Ausgangspunkten. Die Fortführung der lutherisch-melanchthonischen Reformation diente inhaltlich nicht ausdrücklich nur der Theologie, sondern sollte neben der Kirchenordnung alle Lebensbereiche umfassen – basierend auf den Grundsätzen des biblischen Evangeliums. Ihre Träger waren keineswegs nur Theologen, sondern auch reformtheologisch interessierte Humanisten. So entstanden in der zweiten Hälfte des 16. Jahrhunderts ‚deutschreformierte Kirchen' über die ‚Zweite Reformation', zuerst 1560 in der Pfalz.

Der mit dem Begriff verbundene Anspruch wurde unter vornehmlich theologisch-kirchengeschichtlichem Aspekt von der lutherischen Kirche heftig bestritten, die Bezeichnung selbst bis heute kaum akzeptiert. Als Ausdruck herkunftsmäßig reformiert-calvinistischer Sicht verpflichtet, erscheint er beim Bedenken dieser Entstehung und des Selbstverständnisses der Handelnden dennoch geeignet, das Spezifische in Ansatz und Umfang nicht nur begrifflich zu erfassen, sondern auch einem umfassenden Reformationsverständnis zu subsumieren.

Juristischer Reformationsbegriff

Im Vergleich zu den bisher behandelten Reformationsvorstellungen erweist sich die juristisch orientierte erfaßt in einem Terminus technicus einer Disziplin. Allerdings findet sie sich selten, tritt aber durch klare Definition eines entsprechend begriffenen Sachverhalts hervor – beispielhaft in der Formulierung von Heinrich Steitz: ,,Reformation bezeichnet die Umwandlung eines Kirchenwesens in ein anderes. Der Begriff ist festgelegt für die geschichtlichen Vorgänge im 16. Jahrhundert, bei denen katholische Kirchen in evangelische umgewandelt wurden. Der Vorgang an sich ist rein rechtlicher Natur. Die Auswirkungen jedoch ergriffen das geistige, politische und wirtschaftliche Leben in einem solchen Umfange, daß Reformation zu einem Neuanfang wurde'' (Bd 1, 1). Indem Steitz die Fülle historischer Prozesse durch exakt definierte sektoral-perspektivische Ausrichtung reduziert auf ein weitestgehend objektiv meßbares Kriterium, das der Umwandlung von Institutionen im 16. Jahrhundert, verleiht er dem Begriff zwar analytische Qualität, kann aber durch seine Konzentration auf die Verwirklichungen einschließlich ihrer Wirkungen nur noch die Lehren einbeziehen, kaum aber die dem jeweiligen Rechtsakt vorangegangenen oder durch ihn gar nicht erfaßten Bewegungen.

Marxistisch-leninistischer Reformationsbegriff

Völlig anders strukturiert ist der Reformationsbegriff der marxistisch-leninistischen Geschichtswissenschaft. Neuere Beiträge zu seiner theoretischen und historisch-systematischen Aufarbeitung bieten Gerhard Brendler (1974), Siegfried Hoyer (1980) und Wolfgang Küttler (1980), die sich insgesamt auf Thesen der sog. Klassiker des Marxismus-Leninismus berufen – Thesen, die abgeleitet werden aus dem Historischen Materialismus, zusammengefaßt 1981 in ,Thesen über Martin Luther'.

Zur Bestimmung von Inhalt und geschichtlicher Bedeutung der Reformation geht die marxistisch-leninistische Geschichtswissenschaft von Verhältnis und Dialektik der drei Begriffe Reform, Reformation und Revolution aus. Der Reformation wird hierbei eine eigene Dimension zugeordnet. Während Reform und Revolution als Grundbegriffe mit gesamtgeschichtlichem Anwendungsbereich und aufeinander bezogen in Gegensatz und Beziehung verstanden werden, gilt Reformation als ein spezifisch zeitbezogener Begriff von vermittelnder Funktion.

Grundsätzlicher Ausgangspunkt aller einschlägigen Überlegungen zum Reformationsbegriff ist der Anspruch eines universalgeschichtlichen Maßstabs, der sich allerdings eurozentrisch erweist und darüber hinaus nicht selten zurücktritt hinter Reduktion auf nationalgeschichtliche Ebene. Nach Brendler wurde in den europäischen Reformationen „ein Strukturproblem der feudalen Herrschaftsverfassung und Gesellschaftsordnung ausgefochten, das das politische und ideologische Leben während des europäischen Mittelalters in wechselnden Konfliktsituationen beschäftigt hatte: das Verhältnis zwischen geistlicher und weltlicher Feudalität; die ökonomischen, politischen und ideologischen Beziehungen der feudalen Klassen und Schichten zur Ideologie-Institution des feudalen Überbaus, zur Kirche" (30).

Für Hoyer dagegen bildet die Reformation eine ‚Etappe‘, die zweite ‚Etappe‘ nach und neben der Renaissance in dem langwierigen Kampf gegen die geistige Herrschaft des Feudalismus, auf dem Wege der Herausbildung und Durchsetzung frühbürgerlicher Bewußtseinsentwicklung im Sinne einer dem Bürgertum gemäßen Ideologie. Reformation war also keine generelle weltliche, sondern eine antifeudale, speziell bürgerliche Bewegung. Als ihr zentrales Ziel sah sie nicht mehr die Säkularisation von Ideen und die weltliche Bildung, wie primär die Renaissance unter Einschluß des bürgerlichen Humanismus, sondern die Veränderung der überlieferten Kirche und ihrer Lehren. Während sich die Renaissance über den Zeitraum von etwa 1300 bis 1550 erstreckte, ist der Beginn der Reformation als universalgeschichtliches Phänomen nicht einstimmig und eindeutig festzulegen. Sie erreichte ihren Höhepunkt im 16. Jahrhundert, im 17. Jahrhundert lassen sich keine entsprechenden Prozesse mehr feststellen. Beide – Renaissance wie Reformation – bewirkten qualitative Veränderungen und sind daher ideologisch als revolutionäre Bewegungen einzustufen, beide wurden „*im wesentlichen* von den gleichen Klassenkräften" in der Epoche des Niedergangs des Feudalismus und beginnender manufakturkapitalistischer Entwicklung sozial getragen vom Bürgertum (15). Im Vergleich zur Renaissance verfügte die bürgerliche Bewegung der Reformation über eine Massenbasis in den mittleren und unteren Gesellschaftsschichten und wurde so zur antifeudalen religiösen, sozialen und politischen Massenbewegung. Die Funktion, alle oppositionellen Kräfte zum Angriff gegen die Monopolstellung der römischen Papstkirche im ideologischen System jener Gesellschaft zu einigen, übernahm als die „ideologische Verständigungsebene für die gesellschaftlichen Probleme" (Brendler, 52) die Religion in der Form der reformatorischen Theologie. Jedoch besaß die Reformation keine Revolutionsqualität an sich, sondern nur in Verbindung mit ‚Klassenkämpfen‘.

Die deutsche Reformation entsprach im Kampf um die Durchsetzung tiefgreifender Veränderungen in der Kirche wesenhaft städte- bzw. frühbürgerlichen, nach Küttler „bürgerlichen Interessen (im weitesten Sinne

der damaligen Übergangssituation von städtebürgerlichen zu bourgeois)"
(275), war aber zugleich ein Kampf, der in seiner ersten ,Etappe' von 1517
bis 1521 als einheitliche ,antirömische Bewegung' Angehörige aller sozialen Schichten und ,Klassen' vereinte. Luther stellt für sie und ihre ideologischen Auseinandersetzungen mit dem Feudalismus seine reformato-
risch-theologische Lehre bereit. Sie enthielt jedoch unter den Bedingungen der deutschen Reformation, also in Verbindung mit ökonomischen,
sozialen und politischen Faktoren, auch ,,Bausteine für eine Ideologie der
Revolution" – insofern wirkte Luther über den Bereich der intendierten
Kirchenreformation hinaus, ,,wobei die Reformation als eine Bewegung
der Gläubigen (d. h. der Volksmassen mit religiösen Zielen) die revolutionäre Ausweitung in soziale Dimensionen ungemein begünstigte" (Hoyer,
16). Als Luther dieser Dimension gegenüber auf einer ,bürgerlich-gemä-
ßigten' Reformation beharrte, differenzierte sich die antifeudale Massenbewegung. Neben einer ,bürgerlich-radikalen' Reformation um Zwingli
entfaltete sich die Reformation als Volksbewegung mit revolutionären
Emanzipationsbestrebungen. Sie verwirklichte sich in der ,Volksreforma-
tion', die ihr Zentrum vor allem in Müntzer besaß. Unter diesem spezifisch marxistisch-leninistischen Begriff wird eine konsequente Weiterführung der Reformation als soziale Bewegung im Interesse des Volkes
durch das Volk mittels der sozialpolitischen Konzeption einer revolutio-
när-demokratischen Umgestaltung der Gesellschaft verstanden. Wenn sie
auch zum Teil utopische Ziele verfolgte, so lief sie doch ,objektiv' auf die
Bildung sog. frühbürgerlicher Verhältnisse hinaus.
Die reformatorische Theologie Luthers war als Ideologie damaligem
Denken gemäß; nur in dieser Form konnten antifeudale Bürger- und
Volksbewegungen ideologisch aufgerüstet und zu aktivem Tätigwerden
angereizt werden. Luthers Initiative wird daher nicht die Bedeutung einer
aus christlichem Glauben und persönlicher Frömmigkeit resultierenden
genuin religiösen Entscheidung zuerkannt, sein Ansatz wird vielmehr
letztlich abgeleitet aus gesellschaftlichen Bedürfnissen, die sozioökonomisch bedingt waren in der Krise der Feudalordnung, die den Übergang
vom Feudalismus zum Kapitalismus einleitete. Schon in den Ablaßthesen
von 1517 war die lutherische Lehre weder inhaltlich noch erst recht
wirkungsmäßig nur theologisch-religiös geprägt, sondern bereits funda-
mental bestimmt durch Probleme in Kirche, Staat und Gesellschaft.
Revolution war die deutsche Reformation in ihrer Verbindung mit
dem Bauernkrieg. Dieser innerlich zusammenhängende, als unauflösbare
Einheit verstandene revolutionäre Prozeß wird als ,deutsche frühbürgerliche Revolution' qualifiziert (s. Kap. Reformation – Revolution). Ihr
,Hegemon', die geschichtlich berufene Führungskraft, war das Bürger-

tum, ihre entscheidenden Triebkräfte besaß sie in den ‚Volksmassen‘ (s. Kap. Reformatorische Bewegungen). Als die ‚deutsche frühbürgerliche Revolution‘ infolge der Niederlage der Aufständischen im Bauernkrieg scheiterte, war auch der Versuch gescheitert, die Kirche in Verbindung mit einer sozialen Revolution entsprechend ihren Zielen zu verändern. Von zwei „grundsätzlich verschiedenen … Varianten“ der Reformation war jene abgeschlossen, „die mit der revolutionären Bewegung und als revolutionäre Kraft systemsprengende Dynamik“ gewonnen hatte, zum Zuge gelangte nunmehr die andere, „die Instrument der Reform der alten Machtverhältnisse“ wurde (Küttler, 277).

Mit dem zunehmenden Verlust an „sozialer Sprengkraft“ entfaltete sich die ‚Fürstenreformation‘. Dieser Ausdruck umfaßt die Bemühungen von Landesherren und städtischen Obrigkeiten, Ergebnisse der lutherischen Kirchenreformation in ihrem Interesse zu nutzen. Eine kirchliche Reformation ‚von oben‘ in Verbindung mit einer religiösen Lehre, die orthodoxe Formen anzunehmen und zu erstarren begann, kam ihrem Bemühen um landesherrliche Profilierung sehr entgegen: Ausschaltung der Hierokratie der überlieferten Kirche, Einziehung von Kirchengut und Ausbildung einer landeseigenen neuen Kirche mit Spitze im landesfürstlichen Summepiskopat – damit wurde die Herrschaft im frühabsolutistischen Sinne konsolidiert und konnte neuen revolutionären Bewegungen vorgebeugt werden. So wurde die Reformation „zum Instrumentarium der Anpassung des späten Feudalismus“, ‚Fürstenreformation‘ dieser Art war Reform, die sich in ihren Folgen der katholischen Reform annäherte, nach Küttler „gleicht“ sogar „in *dieser* Funktion … die obrigkeitlich gesteuerte Reformation am Ende der katholischen Reform, den reformerischen Versuchen der Gegenreformation“ (277).

Entsprechend der marxistisch-leninistischen Geschichtstheorie wird über eine ‚Einschätzung‘ der deutschen Reformation als revolutionäre Veränderung jener vergangenen Wirklichkeit hinaus versucht, durch qualifizierende Einordnung in die einleitend angesprochene Dialektik von Reform, Reformation und Revolution bzw. frühbürgerlicher Revolution ihren weltgeschichtlichen Stellenwert zu bestimmen. Brendler geht von der These aus, diese drei Begriffe bezeichneten zwar verschiedenwertige, aber historisch miteinander verbundene Stufen der Veränderung gesellschaftlicher Institutionen. Umfang der bezweckten Veränderungen und soziale Trägerschaft sind die wesentlichen Unterscheidungsmerkmale in der Dreiheit, als deren zentrales Mittelglied im Prozeß der ‚Klassenkämpfe‘ während der Anfangsphase des Übergangs vom Feudalismus zum Kapitalismus die Reformation bestimmt wird. Reform als „systemstabilisierende Anpassung (der Kirche) an neue Gegebenheiten im Interesse der herrschenden Klasse" (51) ging in Reformation über, als sich die gesamte Gesellschaft der Lösung innerkirchlicher Fragen annahm und diese Aufgabe mit ihren weltlichen Problemen verband. Damit aber werden der Reformation nicht nur ideologisch-ideengeschichtliche, sondern auch gesamtgesellschaftliche Auswirkungen zugesprochen, sie wird „als notwendige erste Stufe der Emanzipation der Bourgeoisie von der Herrschaft des Feudalismus beurteilt" (Küttler, 271). Die Wirkungen erweisen sich demnach als funktionaler Angelpunkt dieser Interpretation der Reformation – zu diskutieren im Zusammenhang mit der These von der ‚frühbürgerlichen Revolution'.

Da gewisse Widersprüche in Inhalt und Bedeutungszuschreibung des Reformationsbegriffs nicht zu übersehen sind, wird für die spätere Diskussion der These einer ‚frühbürgerlichen Revolution' ausgegangen werden von einer jüngst vorgelegten Umschreibung. Adolf Laube erklärt als Reformation „jeden mit grundsätzlichen kirchlichen und gesellschaftlichen Reformvorstellungen und -forderungen verbundenen Angriff auf die bestehende kirchliche und weltliche Ordnung …, wenn er die bestehenden Zustände in Kirche und Gesellschaft am ‚göttlichen' Recht oder an biblischen Idealen mißt und in Frage stellt oder verwirft und unter den gesellschaftlichen Bedingungen des beginnenden Übergangs zu frühen kapitalistischen Verhältnissen systemverändernde, revolutionäre Konsequenzen zeitigt; d. h. kurz: die Reformation wird als konstitutiver Teil der frühbürgerlichen Revolution verstanden" (1981, 205). Derartiger instrumentaler Gebrauch kann sich bedingt auf Sinngehalte des Sprachgebrauchs im 15./16. Jahrhundert berufen. Ohne diesen wichtigen Bezug sind die geschichtswissenschaftlichen Termini, die benutzt werden zur Bezeichnung für die „einzelnen Ansätze und Ausprägungen" der Reformation: bürgerlich-gemäßigte Reformation, bürgerlich-radikale Reformation, Volksreformation, Fürstenreformation. Sie lassen sich bei Festlegung durch entsprechende Kriterien ebenfalls instrumental verwenden, zeigen zugleich aber auf, daß ihr Bezugssystem im geschichtstheoretischen Ansatz liegt. Gegen derartige Begriffsbildungen gibt es keinen grundsätzlichen Einwand, wer sich ihrer bedient, muß sich aber ihrer spezifischen Bedeutung stets bewußt sein. Unverzichtbar ist jedoch, daß ein geschichtstheoretisch konzipierter Begriff dem zugeordneten historischen Sachverhalt entspricht. Auch dieses Problem muß im Zusammenhang mit der These von einer frühbürgerlichen Revolution noch erörtert werden.

Zum Reformationsbegriff außerdeutscher Historiker

Während bis in das 20. Jahrhundert hinein reformationsgeschichtliche Forschung, Interpretation und Diskussion eindeutig im Zeichen der deutschsprachigen Geschichtswissenschaft gestanden hat, widmen sich ihr seit einigen Jahrzehnten in zunehmendem Maße auch außerdeutsche Historiker, vor allem aus dem anglo-amerikanischen Sprachbereich. Ohne Rezeption ihrer Ergebnisse und Thesen oder zumindest Auseinandersetzung mit ihnen bleibt Reformationsgeschichte hinfort unvollständig, auch das Spezialfach deutsche Reformation.

Für die Vereinigten Staaten von Amerika soll hier nur auf die Untersuchung von Ulrich Michael Kremer verwiesen werden. Voraussetzung und Anfänge der amerikanischen Reformationsgeschichtsschreibung einschließlich ihrer Problematik werden ebenso analysiert wie konfessionell eingebundene lutherische, reformierte und katholische Historiographie sowie sozialgeschichtliche Interpretationen. Diese Untersuchung müßte allerdings durch Analysen der jüngeren und jüngsten Zeit ergänzt werden, zumal sich einzelne dieser Forschergeneration intensiv um die Einbeziehung sozialwissenschaftlicher Methoden bemüht oder wichtige Studien vorgelegt bzw. angeregt haben, wie die an anderen Stellen der Einführung genannten Historiker oder Hans J. Hillerbrand, Robert M. Kingdon, John C. Stalnaker, David C. Steinmetz, Gerald Strauss, John H. Yoder und Robert C. Walton.

Für die englische Geschichtswissenschaft liegt eine derartige Untersuchung nicht vor, so daß über sie hier, wenn auch in äußerster Kürze referiert werden muß, zumal speziell von ihren marxistisch beeinflußten Vertretern, die sich aus einem sozialgeschichtlichen Geschichtsverständnis heraus bewußt gegen die nordamerikanische wie auch gegen die deutsche ,traditionelle' Reformationsgeschichtsinterpretation einerseits und gegen die marxistisch-leninistische andererseits abgrenzen, Überlegungen eigener Art eingebracht werden.

Im Rahmen eines theologisch-kirchengeschichtlichen Reformationsbegriffs mit unterschiedlichem personalistischem Geschichtsverständnis und nicht selten gekoppelt mit offen bekanntem persönlichen Interesse an den Grundfragen werden die Lehren behandelt, begrenzt auch die Bewegungen einbezogen und Wirkungen reflektiert. Insgesamt jedoch wird der Reformation als einem Ereignis der Kirchengeschichte zwar unter Umständen noch politische und geistesgeschichtliche – beispielsweise durch Geoffrey Rudolph Elton (BDG 62117) in einer an Ranke erinnernden Verbindung von kirchengeschichtlichem und politischem Ansatz oder durch Vivien Hubert

Howard Green (BDG 63989) –, aber nur eine bedingt soziale Bedeutung zuerkannt.

Neben diesen ‚konservativen‘, weiterhin überwiegenden Deutungskonzeptionen gab es jedoch schon vor der Neubelebung der Diskussion um die marxistische Interpretation der Reformation durch die marxistisch-leninistische Geschichtswissenschaft mit ihrem gegenwärtigen Schwerpunkt in der DDR auch marxistische Deutungsalternativen. So stellte beispielsweise Roy Pascal (BDG 11551b, 47973) die Frage nach der sozialen Wirkung der lutherischen ‚Ideologie‘. In Abgrenzung zu ihm und zugleich auch gegenüber der marxistisch-leninistischen Interpretation beschreibt Christopher Hill in gewissermaßen unorthodoxer Konzentration auf ‚Überbau‘-Veränderungen Reformation als ein „verändertes Verständnis der Menschen von sich und ihrer Umwelt", das spätestens bei den Lollarden einsetzte und „nicht abgeschlossen [war], bevor der Protestantismus nicht die führende Rolle im religiösen Leben Englands eingenommen hatte (irgendwann im 17. Jh.)", sowie eigentlich erst abgeschlossen sein wird, wenn es keine englische Staatskirche mehr gibt (11). Überlegungen dieser Art und Studien, wie sie beispielsweise Gordon Rupp (BDG 56521 u.a.), der bis zu Ansätzen strukturgeschichtlicher Deutung vorstieß, vorgelegt hat, dürften den Neuansatz mitangeregt haben, der gegenwärtig in den Arbeiten von Arthur Geoffrey Dickens und vor allem von Robert William Scribner zum Tragen kommt. Dickens begreift Reformation nicht als ein unterschiedlich interpretierbares, in sich aber einheitliches Geschehen oder gar Ereignis, sondern als einen historischen Prozeß, der verschiedene Formen annehmen oder unterschiedlichste Verbindungen eingehen konnte. Damit erhalten die Bewegungen ihren zentralen Platz bei Analyse und Deutung, die Wirkung wird als Beitrag zur langsamen Emanzipation der europäischen Gesellschaft von geistlicher Vorherrschaft eingeordnet.

Wirklich diskussionsanregend sind vor allem die Thesen Scribners, der Reformation als eine Bewegung interpretiert, die sich in Abhängigkeit vom jeweiligen gesellschaftlichen Zustand einer sozialen Einheit in einer Vielzahl von Formen, und das heißt reformatorische Bewegungen konkretisierte (s. S. 96ff.). Reformation ist also für ihn ein gesellschaftlicher Prozeß, ein „social event, and to investigate it is to investigate the nature of social reality and of social processes" (502), in den die religiöse Frage integriert war. Glaubensüberzeugung wurde nicht individuell, sondern als Form kollektiven Denkens, Verhaltens und Handelns wirksam, erfaßt in Realitäten wie lutherische, zwinglische oder radikale Reformation.

Einen aspekthaften Einstieg in die französische Geschichtsschreibung zur deutschen Reformation hat Philipp Wolf mit seiner Studie über das neuere französische Lutherbild vorgelegt.

Sozialgeschichtlicher Reformationsbegriff

Angesichts der Vielfalt in Inhalt, Verständnis, Bedeutungszuschreibung und methodischer Verwendung des Begriffs Reformation hat der Historiker die Erwartungen und damit auch das Ziel zu reflektieren, denen er mit dem Begriff gerecht werden will. Auszugehen ist dabei einerseits davon, daß eine allgemein anerkannte Realdefinition dessen, was Reformation war, ausgeschlossen erscheint, andererseits zu erwägen, daß sich bei der Anwendung des Begriffs im gegenwärtigen wissenschaftlichen Sprachgebrauch drei Ebenen von historischer Relevanz ermitteln lassen – quellennahe Bezeichnungen für ‚Veränderungen' aller Art im 15./ 16. Jahrhundert, Sachwort im Sinne eines Terminus technicus und Strukturbegriff.

Der Quellenbegriff liegt dem marxistisch-leninistischen Verständnis zugrunde, erweist sich jedoch instrumentalisiert als konstitutiv im Rahmen des geschichtstheoretisch begründeten Erklärungsmodells von einer frühbürgerlichen Revolution und daher nur anwendbar bei geschichtswissenschaftlichem Arbeiten auf der Grundlage des Historischen Materialismus.

Als beispielhaft für die Verwendung im Sinne eines Sachworts läßt sich auf die juristische Begriffsverwendung verweisen; sie erscheint gegenüber der historischen Vielfalt und Komplexität unzureichend. Ihnen wird auch struktureller Begriffsgebrauch nur unterschiedlich gerecht.

Auf der Ebene eines Strukturbegriffs ist das gegenwärtige kirchengeschichtlich orientierte Verständnis angesiedelt, in dem sich aus theologie- und kirchengeschichtlicher Sicht abgeleitetes sektorwissenschaftliches Denken mit politischer Ereignisgeschichte sowie nicht selten personalistischer Geschichtsauffassung verbindet. Der Verwendung eines derartig begrenzten Terminus geht eine Vorentscheidung über das Wesen der Reformation und ihre Bedeutung voraus, wodurch nicht alle wichtigen Sachverhalte ausreichend erfaßt werden. Ein politisch ausgerichteter Strukturbegriff wirft die Frage auf, ob die Reformation den Übergang von der traditionalen in die neuzeitliche Welt erleichtert, beschleunigt, verlangsamt oder gar behindert hat, d. h. in einen historischen Prozeß ‚eingriff', der ohne sie anders verlaufen wäre, aber sie zu beantworten reicht er vom Ansatz her nicht aus. Ein Reformationsverständnis, das der historischen Komplexität entspricht, muß außerdem historisch erklären können, in welcher Weise Individuen oder soziale Gruppen sich verändernden Lebensbedingungen stellten und wie sie diese bewältigten. Solche geschichtswissenschaftlichen Probleme aufzugreifen, liegt einem Geschichtsverständnis nahe, das für strukturgeschichtliche Überlegungen so offen ist, wie es sich in meinem Verständnis von sozialgeschichtlicher Betrachtungsweise manifestiert.

Sozialgeschichte basiert als integrale Aspektwissenschaft auf der Annahme einer Kategorie ‚Gesellschaft‘, in der sich historisches Geschehen vermittelt. Von dieser Annahme ausgehend strebt sie an, eine vergangene Wirklichkeit im Sinne von Gesamtgeschichte zu gliedern, historisch zu erklären und zu interpretieren auf dem Wege der Analyse des wechselseitigen Bedingungs- und Abhängigkeitsverhältnisses von Gesellschaft, Herrschaft und Kultur, d. h. die konstituierenden Faktoren und kausalen Zusammenhänge nicht allein in Voraussetzungen, Bedingungen, Ablauf und Wirkungen zu ermitteln, sondern sowohl in ihrer ‚nationalen‘ gesellschaftlichen als auch europäisch-weltgeschichtlichen Bedeutung zu gewichten. Dementsprechend beruht der strukturgeschichtliche Reformationsbegriff sozialgeschichtlicher Betrachtungsweise weder auf der überlieferten ‚konventionellen Sprachregelung‘ (s. S. 56) noch auf geschichtstheoretisch bedingter und reflektierter Übernahme von Bedeutungsgehalten der Quellensprache, sondern ist ein Mittel zur Gewinnung wissenschaftlicher Erkenntnis durch Problematisierung, Untersuchung und Einordnung des reformatorischen als eines gesellschaftlichen Geschehens in einen übergreifenden komplexen historischen Prozeß.

Problematisierung, Untersuchung und Einordnung des reformatorischen Geschehens gehen aus von dem ‚Vor‘-Wissen, daß im Zentrum des gesellschaftlichen Bedingungsfeldes offenbar kirchliche Fragen standen, zumindest aber durch die historische Überlieferung ein derartiger Eindruck vermittelt wird. Für die Aufgabe, sie zu analysieren und in einem Zusammenhang mit geistigen und politischen, sozialen, wirtschaftlichen und anderen Vorgängen zu bringen, innerhalb der dabei angenommenen komplexen Wechselwirkung aber zugleich einerseits jene Faktoren zu bestimmen, denen sich eine Maßgeblichkeit zuschreiben läßt, und andererseits eventuelle Strukturveränderungen in Religion und Kirche, Staat, Sozialverhältnissen und Wirtschaft zu ermitteln, stellt die sozialgeschichtliche Betrachtungsweise zum Gewichten und Begreifen ihr theoretisch verortetes Verständnis vom Wesen der Geschichte als Erkenntnisvorgabe bereit. Ein vom ‚Vor‘-Wissen zwar vorgegebenes, in Gehalt und Bedeutung aber erst über Untersuchungsergebnisse erarbeitetes und geformtes Verständnis von Reformation ist auch tragfähig für Aussagen zu übergreifenden strukturellen Veränderungen, in der Periodisierungsfrage oder im vergleichenden übernationalen Ansatz. Die analytische Tragfähigkeit dieses Begriffsverständnisses resultiert aus der Verwendung erklärungsmusterbezogener Erkenntnismittel – beispielsweise reformatorische evangelische Lehren und reformatorische Bewegungen.

Sozialgeschichtlicher Betrachtungsweise stellt sich die deutsche Reformation in ihrem zentralen Geschehen dar als eine zeitlich bedingt fixierbare vergangene gesellschaftliche Wirklichkeit, an deren Anfang Luthers öffentlich gewordene Bekundung persönlicher Sorge um das Seelenheil des Menschen stand in einer Gesellschaft, die sich mit seiner existentiellen Frage umgehend solidarisierte. Die Diskussion seiner Thesen mündete in eine verstärkte und zugleich neu legitimierte Forderung nach tiefgreifender Veränderung in der Kirche und in das Verlangen nach grundlegender Erneuerung des Glaubens – zwei Komponenten, die zur evangelischen Reformation mit ihrem neuen Verständnis des Verhältnisses zwischen Gott und dem Menschen, aber auch von Gott und vom Menschen führten. Ihr Erfolg resultierte einerseits aus Luthers zentralem Thema, der Rechtfertigungslehre, andererseits aus der religiös begründet ergriffenen Entlastung von den sozialökonomischen und psychischen Anforderungen des überlieferten kirchlichen Systems.

Mit dem genuin religiösen Anstoß Luthers zur Erneuerung des Christentums verband sich unmittelbar aus der religiösen und geistigen, sozialen und wirtschaftlichen, rechtlichen und politischen Desorientiertheit in einer von Interessengegensätzen gezeichneten Gesellschaft die Vorstellung vom Beginn der lange erhofften Erneuerung des christlichen Lebens in seiner gesellschaftlichen Breite durch das ‚Evangelium'. Das hieß konkret, zu seiner Regeneration sollten die Heilige Schrift bzw. das ‚Göttliche Recht' als Maßstab verwendet werden in der Hoffnung auf soziale Folgerungen. Luthers kirchliche Reformation entband also unabhängig von seinem religiös-theologischen Wollen von Anfang an ein mannigfaltiges historisches Geschehen mit selbständigen und eigenmächtigen Wirkungen auf viele Lebensbereiche. Diese Wechselbeziehung von religiöser und sozialer Erneuerung entsprach mittelalterlicher Tradition und war Ausdruck der überlieferten Einheit von Geistlichem und Weltlichem.

Unter Einschluß ihrer vor- und gegenläufigen Bewegungen ordnete sich die Reformation zugleich ein in die Umwandlung der alteuropäisch-altständischen zur frühmodernen-protoindustriellen Gesellschaft, spürbar zunächst in einer Veränderung im Verständnis des Menschen von sich und seiner Umwelt oder am Prozeß sozialer Umschichtungen in den Städten im Zeitraum zwischen dem 15. und der Mitte des 17. Jahrhunderts. Offenkundig wurde die Bewußtseinsveränderung in einer verstärkten, bereits durch Renaissance und Humanismus eingeleiteten Herauslösung des Denkens aus seiner überlieferten Bindung an dogmatische Vorgaben der Kirche. In diesem Bezug läßt sich die Reformation weder als ‚Ereignis‘ noch als ‚Neuanfang‘ oder ‚säkulare Wende‘ erklären, sondern als spezifisches Phänomen innerhalb eines übergreifenden evolutionären europäischen historischen Transformationsprozesses.

Die deutsche Reformation war also ein mannigfaltig und tief mit der Fülle und Breite geschichtlicher Prozesse in Wechselwirkung verflochtenes Geschehen, das sowohl in seinen Voraussetzungen und Bedingungen als auch in seinem Ablauf sowie in seinen Ergebnissen und Wirkungen im europäischen Zusammenhang eingebunden war in eine Krise der alteuropäisch-altständischen Gesellschaft. Spezifisch deutsch war die Reformation insofern, als sie ausging von jenem Römischen Reich deutscher Nation, das infolge des strukturellen Wandels in zentralen europäischen Ländern besonders stark von Krisen und sozialen Auseinandersetzungen betroffen war. Ursprünglich deutsch war sie wegen Martin Luther, der sie nicht nur auslöste, sondern als Kirchenreformation vorantrieb und in dessen Persönlichkeit sie eine äußerst aktive und geschichtlich wirksame Kraft besaß. Doch war Luther weder Revolutionär noch folgte etwa die Reformation als historischer Prozeß zwangsläufig auf die Thesenverkündigung von 1517 oder hat es gar unumgänglich, gewissermaßen gesetzmäßig zur Reformation kommen müssen. Sie war außerdem auch keine soziale Revolution. Allerdings legte sie unter den Bedingungen einer Zeit, in der überlieferte Autoritäten in ihrer unbedingten Geltung bestritten wurden oder gar an sich selbst zweifelten, während ihrer ersten zwei Phasen gesellschaftliche Bedürfnisse frei und entband Bestrebungen bis hin zu utopisch anmutenden Sehnsüchten, deren Verwirklichung zur revolutionären Umgestaltung der politisch-sozialen Verhältnisse hätte führen können. Die deutsche Reformation spitzte die Problematik Deutschlands zu einer gesamtgesellschaftlich wirksamen Krise zu, führte aber auch wiederum ihren Wendepunkt herbei. Nach Eindämmung und Reduktion der Reformation auf ihre religiös-kirchliche Komponente trug sie nämlich entscheidend dazu bei, die Krise zu entschärfen.

Die deutsche Reformation wurde außerdem dadurch bestimmt, daß sich einerseits Kaiser und Reich unfähig erwiesen, die aufgeworfenen Fragen zu lösen, andererseits sich Städte und Territorialherren nicht nur mit Forderungen nach Reformation identifizierten, sondern auch evangelische Reformationen durchführten und deren Ergebnisse zugunsten ihrer frühmodernen Staatlichkeit zu instrumentalisieren verstanden. Durch diese evangelischen Reformationen verlor Deutschland nicht nur die Einheit in der Kirche – eine Aufspaltung, die langfristig auf der Grundlage von Konfessionen zu verschiedenartiger soziokultureller Entwicklung führte –, sondern auch die dem Heiligen Römischen Reich zugrunde liegende Staatsidee – die in der Gemeinsamkeit der lateinischen Christenheit begründete Vorstellung von der Funktion dieses Reiches und seines Kaisertums.

Ausgelöst durch Luther, entscheidend mitgeprägt durch Zwingli und Calvin sowie gestaltend mitgetragen durch zahlreiche Männer und Frauen, wurde die Reformation infolge Luthers theologischer Erkenntnis von der ‚Rechtfertigung‘ des sündigen Menschen aus Gottes Gnade allein und allein durch den Glauben, von der Klarheit des Wortes Gottes mit der Folgerung des radikal traditionskritischen evangelisch-reformatorischen Schriftverständnisses als eines Prinzips von revolutionärer Kraft und der sich aus ihm ableitenden Lehre vom allgemeinen Priestertum zu einem entscheidenden Anstoß für die Aufsprengung der Kirche und der Entstehung von Konfessionen und neuen Kirchengemeinschaften mit ihren Einwirkungen auf Politik und Gesellschaft, Bildung und Kultur. Diese Entwicklung vollzog sich ebenso weitgehend unabhängig vom Wollen Luthers, wie ihm und anderen Reformatoren wohl niemals voll bewußt war, welche generelle Sprengkraft im Schriftprinzip lag. Ähnlich waren die Auswirkungen und Folgen von Luthers genuin-religiöser Intention nach Erneuerung und Vertiefung christlichen Glaubens. Mit dem soziale Privilegierungen ‚egalisierenden‘ sola fide-Prinzip (Gottfried Seebaß) und der Aufhebung des geistlichen Standes als Folgerung des Prinzips vom allgemeinen Priestertum erschütterte die Reformation trotz Luthers Bemühen, christliche Obrigkeiten auf der Grundlage eines neuen Verständnisses von weltlicher Ordnung zu stärken, die überkommene Gesellschaftsvorstellung und das Autoritäten- und Normensystem so grundsätzlich, daß die sich dadurch wandelnden kirchlichen Verhältnisse zu Änderungen überlieferter sinnhaft orientierter Institutionen führten und zugleich neue Institutionen entstehen ließen. Veränderte und neue Institutionen beeinflußten wiederum den Wandlungsprozeß. Derartige Zusammenhänge, etwa die Ambivalenz reformatorischer evangelischer Lehren im Zusammenspiel mit dem Wirken reformatorischer Bewegungen und der Tätigkeit der Reformatoren, erklären bei Einbeziehung anderer historischer Voraussetzungen und Bedingungen weitgehend die trotz einer prinzipiell konservativen Grundhaltung im religiösen Bereich historisch wohl einmalig schnellen Erfolge der religiös-kirchlichen Reformation. Dennoch hat die evangelische Reformation ihr Ziel der Erneuerung und Verlebendigung einer einheitlichen Kirche nicht erreicht. Indirekt erneuerte sie zwar das Christentum in allen sich infolge der Kirchenspaltung ausbildenden Konfessionen, aber sie sprengte jene Klammer einer einheitlichen Religion und Kirche, die Deutschland ebenso wie Europa jahrhundertelang prägend umschlossen hatte.

Die Spannung zwischen der die Menschen quälenden Frage nach einem sicheren Weg zur Erlangung individuellen Heils, den Lösungsangeboten der Reformatoren und den reformatorischen Bewegungen reflektiert sozialgeschichtliches Begriffsverständnis von Reformation ebenso wie die historischen Bedingungen reformatorischer Theologie einschließlich ihrer zeitbedingten Erkenntnisgrenzen. Dazu zählt auch die Problematik, gesellschaftsbezogene Diskussion zu erkennen, zu analysieren und zu verorten angesichts einer noch vornehmlich theologisch geprägten wissenschaftlich-politischen Sprache mit der daraus resultierenden Spannweite von theologisch legitimiert zu begreifenden gesellschaftsrelevanten Antworten bis hin zur Möglichkeit der Verwendung religiös-geistlichen Bezugs bereits entleerter Begrifflichkeit. Allerdings nur langsam sich vollziehende Wandlungen in der Sprache gehörten ebenfalls zu den historischen Wirkungen der Reformation, denn durch die theologieverbundene Terminologie als Ausdruck ursprünglichen Anspruchs und realisierter Wahrnahme der Reflexion gesellschaftlicher Vorgänge seitens der Theologie waren hauptsächlich auch die Begriffe zur Erfassung gesellschaftlicher Phänomene entwickelt worden. Die Reformation war eine Phase der durch Renaissance und Humanismus bereits eingeleiteten Verselbständigung des Menschen gegenüber der christlichen Religion und dem Anspruch der Kirche, in allen Fragen der Gesellschaft die letztgültige Antwort bereitzustellen. Die Reformation war keineswegs der Ursprung der neuzeitlichen Säkularisierung, jedoch ein wesentlicher Abschnitt mit innovatorischen Wirkungen im Bereich von Bildung und Kultur bis hin zu Bewußtseins- und Verhaltensänderungen im Zeichen einer sich wandelnden Welt und Zeitauffassung. Aus diesem Verständnis von Reformation folgt, daß der sozialgeschichtliche Begriff jene Vorgänge einschließt, die vor allem unter theologisch-kirchengeschichtlichem Begriffsverständnis mit konfessionellem Wertbezug vom ‚Zeitalter der Reformation‘ abgetrennt und als ‚Gegenreformation‘ sowie als ‚Zweite Reformation‘ gesondert behandelt werden.

Abgeleitete Terminologie

Der Quellenbegriff ‚reformatio‘ und entsprechende Wörter sollten mit Reformation ‚übersetzt‘ werden, wenn sie dem Anspruch genügen, einen gesellschaftlichen Sachverhalt als Folge, Auswirkung oder Ergebnis des durch Luther initiierten unmittelbaren Rückgriffs auf die Bibel als einzige Norm zu erfassen. Liegt ein derartiger Zusammenhang nachweislich nicht vor, müßte von ‚Reform‘ gesprochen werden. Mit dem Ausdruck ‚Reformator‘ verbindet sich heute weitgehend die Vorstellung von einer

Person, die im Dienste der evangelischen Reformation tätig war. Im religiös-kirchlichen Bereich ist Reformation jeweils näher zu bestimmen durch qualifizierende Beiworte aus dem Bereich der Lehren (s. Kap. Reformatorische evangelische Lehren), also allgemein evangelisch, bzw. spezifisch lutherisch, zwinglisch, calvinisch, deutschreformiert, radikal usw., während reformatorisch bezogen bleibt auf den Begriff Reformation. Daß derartige Qualifikation allerdings keineswegs stets eindeutig ist, offenbart gerade in den Anfangsjahren der Reformation die zeitgenössische Verwendung des Ausdrucks ‚lutherisch‘. Als lutherisch konnten Personen und reformatorische Bewegungen eingestuft werden, die in ihren Auffassungen nicht mit Luthers Lehre übereinstimmten, denn diese war anfänglich keineswegs durch starke Systematik gekennzeichnet und wies keine klaren Abgrenzungskriterien auf.

Breiten Interpretationsspielraum besitzt der Ausdruck ‚radikale Reformation‘ sowohl in seiner Spanne von eng religiös-kirchlichem bis zu gesamtgesellschaftlich orientiertem Verständnis (s. Kap. Radikale Reformation) als auch infolge seiner unterschiedlichen Verwendung als beschreibender, analytisch benutzter oder wertend eingebrachter Begriff. Ähnlich verhält es sich mit Benennungen wie ‚Früh‘-, ‚Stadt‘-, ‚Rats‘- oder ‚Fürstenreformation‘, zumal letztere durch die marxistisch-leninistische Geschichtswissenschaft ebenso eindeutig qualifiziert worden ist wie ‚Volksreformation‘ (s. S. 65 f.). Zu differenzierender Bezeichnung reformatorischen Geschehens können sie nützliche Dienste leisten, bedürfen jedoch einer Offenlegung des jeweiligen Verständnisses.

Zu Begrifflichkeit und Terminologie

Es würde den Rahmen dieser ‚Einführung‘ sprengen, die Überlegungen analog auf die gesamte reformationsgeschichtliche Begrifflichkeit auszuweiten. Generell gilt natürlich, daß Bedeutungsfülle und Vieldeutigkeit wesentliche Eigenschaften von Begriffen sind. Von ihrem Benutzer muß daher erwartet werden, daß er – will er mit klaren Begriffen arbeiten – mit einer Interpretation seines Begriffsverständnisses zumindest um eine Verständigung bemüht ist. Hinzu kommt das wissenschaftliche Gebot, mit einer gegenstands- bzw. sachverhaltsentsprechenden und auch geschichtstheoretisch reflektierten geschichtswissenschaftlichen Terminologie den Inhalt der einen historischen Prozeß vieldeutig beschreibenden Wörter sachbezogen eindeutig zu bestimmen. Dieses gilt sowohl für die Übernahme zeitgebundener, veralteter als auch für die unumgänglich notwendige Verwendung moderner Begrifflichkeit unter Berücksichtigung ihres Bedeutungswandels. Die Problematik soll nachfolgend mit einigen, wenn auch nur knappen Überlegungen verdeutlicht und belegt werden.

Problematisch erscheint es, parallel zum zentralen historischen Grundbegriff Reformation den Ausdruck ‚Protestantismus' als gleichartigen Grundbegriff zu verwenden, und noch dazu etwa im Sinne von ,,Leitbegriff zur Erfassung aller theologischen, geistesgeschichtlichen, politischen und sozialen Phänomene der Reformation" (J. P. Michael). Das Wort hat seinen Ursprung aus der Bezeichnung der Reichsstände und -städte, die 1529 auf dem Reichstag zu Speyer gegen einen Mehrheitsbeschluß zu Glaubensfragen im Reichsabschied mit dem reichsrechtlich geläufigen Rechtsmittel der ‚protestatio' Widerspruch eingelegt hatten und daher ‚Protestierende' genannt wurden. Der Ausdruck bezog sich also zunächst nur auf die protestierenden Obrigkeiten, keineswegs aber auf ihre Untertanen. Im Wortstamm handelte es sich um einen politisch-reichsrechtlichen Terminus, der zunächst vor allem von Gegnern verwendet wurde. Das von ihm abgeleitete Wort ‚Protestanten' wurde besonders im romanischen Sprachbereich als Bezeichnung für die von der römisch-katholischen Kirche durch die evangelischen Reformationen als theologisch-kirchengeschichtlichem Vorgang getrennten Glaubensgemeinschaften benutzt. Protestant und protestantisch waren demnach ursprünglich keine Eigenbezeichnung evangelischer Christen in Deutschland. Zur Selbstbenennung in bewußtem antirömischen Gegensatz, jedoch ohne klare Aussage über interne Abgrenzung der Zugehörigkeit, wurden die Ausdrücke vornehmlich in Westeuropa gebraucht, mit Schwerpunkt im englischen Bereich während des 17. Jahrhunderts. Der Engländer John Milton (1608–1674) fand die Formulierung ‚protestantism'. Seither war der Protestantismus als historische Erscheinung und auch als Begriff einer kaum übersehbaren Fülle von geistigen Strömungen, philosophischen Einflüssen und historischen Wandlungen unterschiedlichster und auch widersprüchlicher Art ausgesetzt. Im Zusammenhang mit der unmittelbaren Geschichte der Reformation ist es nicht nötig, diese Metamorphose, die sich in Bezeichnungen wie Neu-, Kultur- und liberaler Protestantismus widerspiegeln, weiter zu verfolgen. Reformationsgeschichtlich sollte der Begriff aber nur in streng reflektiertem Sinne verwendet werden, beispielsweise als Sammelbezeichnung für alle von der evangelischen Reformation in späterer Zeit maßgeblich geprägten theologischen Richtungen und evangelischen Bewegungen.

Derartige Bedenken erheben sich nicht gegen die Termini ‚Calvinismus', ‚Calvinisten' und ‚calvinistisch' bzw. ihre eingedeutschten Schreibformen. Calvinismus findet sich analog zu ‚Luthertum' erstmals 1548;

Calvinist als Parteibezeichnung für die Anhänger Calvins wurde 1553 in Basel benutzt, zunächst wertneutral für den Zugehörigen einer christlichen Glaubensrichtung neben ‚Lutheraner‘, ‚Zwinglianer‘, ‚Anabaptist‘, ‚Adiaphorist‘ und ‚Papist‘, dann aber auch und zeitweise vorwiegend polemisch mit negativer Qualifizierung. Unbeschadet dieses früheren differierenden und des heutigen Gebrauchs als Bezeichnung gegenwärtiger ‚reformierter‘ Kirchlichkeit benennen die Ausdrücke geschichtswissenschaftlich Lehre, Anhänger und Konfession, die in enger Verbindung zu Calvin standen, Ausdruck einer Glaubensgemeinschaft, die sich verstand als „nach der Ordnung des Evangeliums erneuerte“, „nach Gottes Wort reformierte Kirche“. Reformation war daher nach calvinistischem Verständnis die Erneuerung der Kirche durch Rückgriff auf die Heilige Schrift.

Den gleichen Inhalt haben die Wörter ‚reformiert‘ und ‚Reformierte‘. Sie wurden bereits seit dem späten 16. Jahrhundert gebraucht, zunächst wohl als evangelisch-reformiert, als Konfessionsbegriff offiziell jedoch erst 1648 im Friedensvertrag von Osnabrück anerkannt. Gegen ihre Verwendung als geschichtswissenschaftliche Fachwörter bestehen keine Einwände.

Aus derselben Zeit stammt ebenfalls der Ausdruck ‚Kryptocalvinismus‘ (= verborgener Calvinismus) als polemische Bezeichnung für einen von der lutherischen Reformation herkommenden Glauben melanchthonischer Prägung. Seine Anhänger spielten in der Zweiten Reformation eine Rolle, nahmen in dieser Phase Elemente calvinischen und anderen evangelischen Glaubensverständnisses in sich auf. Historiographisch wurde diese Richtung unterschiedlich erfaßt bis hin zu dem von Heppe geprägten Wort ‚deutschreformiert‘.

Zu unterscheiden von calvinistisch ist ‚calvinisch‘ als Ausdruck eines unmittelbaren Bezugs auf Calvin. Analog zu calvinisch kann ‚zwinglisch‘ von Zwingli abgeleitet werden. Zusammen mit lutherisch von Luther werden alle drei Ableitungen dem Terminus ‚evangelisch‘ untergeordnet als dem von Luther bewußt benutzten Begriff für eine theologisch-religiöse Lehre, die von der Berufung auf die Bibel, insbesondere auf das Evangelium des Neuen Testaments als Norm des Glaubens ausging und sich als dem Evangelium entsprechend verstand. Zur Bezeichnung spezifischer Lehrweisen können lutherisch, zwinglisch oder calvinisch dem Begriff reformatorisch subsumiert, keinesfalls aber als dessen Synonyme benutzt werden. Unabhängig vom jeweiligen Wortgehalt ist jedoch bei ihrer geschichtswissenschaftlichen Verwendung zu bedenken, daß sich im Zeitalter der Reformation mit dem Wort evangelisch und lutherisch im Wortschatz von Anhängern evangelischer Reformation grundsätzlich keine konfessionellen Vorstellungen im heutigen Sinne verbanden. Gleiches gilt für katholisch im Sprachgebrauch der Verteidiger der überlieferten Kirche. In ihrer Begriffswahl klang dagegen im Wort evangelisch schon früh bei relativ seltener Verwendung der Gedanke an eine konfessionelle Spaltung an. Häufiger benutzten sie zunächst die Ausdrücke ‚Martinianer' und ‚martinisch', dann in steigendem Maße lutherisch – ein Wort gegen dessen Gebrauch Luther noch 1522 heftig protestierte, besonders wenn es als Selbstbezeichnung von seinen Anhängern verwendet wurde. So wie die ‚Altgläubigen' den ‚Neugläubigen' das Recht absprachen, sich als evangelisch zu bezeichnen, verweigerten ihnen die Neugläubigen die Bezeichnung Katholiken, weil sie selbst sich als die wahren Gläubigen der einen katholischen Kirche verstanden. Sie redeten beispielsweise mit Vorliebe von den ‚Papisten' und ‚Römlingen'. Beim Gebrauch dieser Termini darf übrigens nicht übersehen werden, in welcher Absicht sie verwendet werden – beschreibend, analytisch oder wertend.

Reflektierte Terminologie bezieht außerdem bei ihrer Artikulation Metaphern ein, denn bildhafte Sprache steht auch wissenschaftlichen Veröffentlichungen gut an, besonders historischen Darstellungen. Jedoch muß bei der Beschreibung eines historischen Phänomens durch Worte aus einem anderen Vorstellungsbereich die Funktion einer geschichtswissenschaftlichen Aussage berücksichtigt werden. Worte, die zwar gedanklich Ähnlichkeit oder dieselbe Bildstruktur aufweisen, werden vor allem im Bereich bewußter Metaphern nur sinnvoll eingebracht, wenn sie zur Erklärung beitragen. Wie wenig Metaphern sachverhaltserhellend sein können, offenbaren beispielsweise Ausdrücke wie ‚Aufbruch', ‚Durchbruch', ‚Durchsetzung' und auch ‚Einführung' der Reformation; daß sie nützliche Dienste leisten, läßt sich am Ausdruck reformatorische Bewegungen verdeutlichen (s. Kap. Reformatorische Bewegungen).

Reformatorische evangelische Lehren

Als wichtige und zugleich epochenspezifische Erkenntnismittel mit analytischer Qualität stehen die christlichen Lehren zur Verfügung. ‚Lehren' werden im reformationsgeschichtlichen Bezugsfeld generell verstanden als mehr oder weniger systematische Aussagen über christliche Glaubenswahrheiten. Im strengen Begriffsverständnis läßt sich der Ausdruck im Bereich der Reformation erst auf ausgebildete, orthodox verfestigte evangelische Kirchen und Glaubensgemeinschaften anwenden. Dennoch wird er benutzt – im Sinne von theologischen Vorstellungen und Anschauungen. Sie wurden von ihren Begründern, Verfechtern und Rezipienten genuin religiös begriffen, dagegen bezieht die Geschichtswissenschaft ihr allgemeines gesellschaftliches Umfeld und ihre besondere soziale Einbindung ein, wenn sie Entstehung, Wesen und Wirkung analysieren, historisch erklären und interpretieren will.

Die analytische Verwendung von Lehren setzt allgemein Kenntnis der Grundpositionen des christlichen Glaubens und speziell der entscheidenden Unterschiede zwischen den Glaubensgrundlagen und -sätzen der katholischen Kirche um 1500 und den theologischen Grundauffassungen in den evangelisch-reformatorischen Bekenntnissen voraus. Für analytische Zwecke ohne Relevanz ist die ,,metahistorische Frage", ,,ob die Reformation gemäß der Absicht der Reformatoren das ursprüngliche Gotteswort wirklich wieder rein und unverfälscht hergestellt hat" (Winfried Becker, 111).

Früh faßbar erweisen sich die Theologien Luthers und Zwinglis. Sie bildeten wesentliche lehrmäßige Grundlagen jener zwei evangelischen Glaubens- und Reformationsmuster, die seit etwa der Mitte des dritten Jahrzehnts konkurrierten: lutherisches und schweizerisch-oberdeutsches. Auch die radikale Reformation (s. Kap. Radikale Reformation), die trotz aller inneren Differenzierungen einen gemeinsamen fundamentalen Gegensatz zur überlieferten katholischen Lehre und gleichzeitig einen dritten Weg eigenständig reformatorischer Einzelgänger und Bewegungen (s. Kap. Reformatorische Bewegungen) darstellte, setzte, trotz der so unterschiedlichen späteren Begründung, theologische Erkenntnisse von Luther und Zwingli – beispielsweise das Schriftprinzip – als Ausgang voraus; durch Auseinandersetzung mit diesen unterschied sie sich jedoch klar erfaßbar von deren Lehren. Faßbarkeit und Klarheit zeichnete später ebenfalls die Lehre Calvins aus.

Die Auseinandersetzungen um die rechte Lehre waren kein akademischer Disput, in dem theologische Schulen ihre Auffassungen vertraten – wie in starkem Maße vor 1517; sie waren vielmehr bestimmt von der Frage nach dem richtigen Weg zum Heil des Menschen. Ihr eignete höchste existentielle Bedeutung, und entsprechend hart und kompromißlos wurde dieser Kampf in der Verfechtung der eigenen Erkenntnis oder übernommener bzw. überkommener Lehren geführt. Aus dieser zentralen Frage leitete sich seit jeher die Rolle der Theologie ab. Ihr damals noch ungebrochener und weithin unangefochtener Anspruch, zu allen Problemen über eine letztgültige Antwort zu verfügen, hatte zur Folge, daß sie für Streit- und Zeitfragen im sozial-politischen Bezugsfeld nicht nur in bedeutendem Ausmaß Terminologie und Begrifflichkeit, sondern auch die Theorie bereitstellte. Unter den Bedingungen eines Zeitalters, das kein säkularisiertes Bewußtsein besaß und in dem sich politisches

Denken nicht in religionsfreiem Bezugsrahmen vollzog, wurden gesellschaftliche Angelegenheiten mit theologischen Ausdrücken, in theologischer Sprache und im Spannungs- und Bedingungszusammenhang von
theologischer Theorie und sozial-politischer Praxis diskutiert sowie politische oder soziale Ziele in theologischen Begriffen formuliert. Dieses ist
ein historisches Phänomen, das einerseits nicht selten zu wenig beachtet
wird und andererseits der Geschichtswissenschaft einen so wichtigen Zugriff zum Geschehen nur über die Beschäftigung mit der Theologie vermittelt. Theologische Begriffe und die argumentative Benutzung theologischer Traditionselemente im zeitgenössischen gesellschaftlichen Kontext bedürfen jedoch nicht nur sorgfältiger Analyse hinsichtlich anzuneh-
mender sozialer und politischer Aussagen, sie bedürfen vielmehr auch
stetiger kritischer Reflexion auf zeitimmanente und -bedingte Denkkate-
gorien – besonders bei ihrer ‚Übersetzung‘ in die Sprache moderner Terminologie und politisch-sozialer Leitvorstellungen sowie bei ihrer Verwendung im Rahmen rationaler geschichtswissenschaftlicher Erklärungs-
modelle.

Katholische Kirche um 1500

Die Theologie der gegenwärtigen römisch-katholischen Kirche und die
dogmatische Klarheit dieses christlichen Glaubens beruhen zu einem wesentlichen Teil auf dem Tridentinum, den Dekreten des Konzils von
Trient (1545–1563). In dieser 19. ‚Allgemeinen Kirchenversammlung‘
wurden zur Sicherstellung der Glaubenslehren, die von den Reformatoren angegriffen worden waren, und zugleich in bewußter, harter Abgrenzung zu den evangelisch-reformatorischen Ansätzen die ihnen entgegen-
stehenden lehrmäßigen Unterschiede genau bestimmt, ihr Kern als Glaubenssätze dogmatisiert. Klarheit forderten vor allem die Lehren von
Schrift und Tradition, von Erbsünde und Rechtfertigung, von den sieben
Sakramenten und der Heiligen Messe als liturgischer Feier der Eucharistie, von Heiligenverehrung und Ablaß. Theologische Offenheit und
Vielfalt, teilweise Unklarheit waren Kennzeichen der römisch-katholischen Kirche um 1500 gewesen und hatten einerseits eine wesentliche
Voraussetzung für den ursprünglichen Ansatz Luthers zur ,,Wiederge-
winnung der Grundlagen der Theologie'' (Remigius Bäumer) innerhalb
der Kirche gebildet, waren andererseits aber auch eine Bedingung für den
großen Widerhall und zugleich Erfolg von Luthers Kritik an überlieferten Lehren, als sich die Kirche seinem Anstoß verschloß. Luther erhob
den Vorwurf, diese Lehren stimmten ebensowenig mehr überein mit der
Heiligen Schrift wie die kirchliche Praxis und deren Begründungen.

Um 1500 – wie heute – verstand sich die katholische Kirche als von Jesus Christus gestiftete Heilsanstalt der Gemeinschaft der Gläubigen, die im römischen Bischof als Papst ihr irdisches Oberhaupt besaß und als einzige Kirche Christi für alle Menschen heilsnotwendig war, und zwar vor allem dadurch, daß sie die heilsnotwendigen ‚Gnadenmittel‘, die ‚Sakramente‘ verwaltete. Instanz hierfür war das hierarchisierte Priestertum, das aus der Heilsvermittlung die Besonderheit und den Vorrang des geistlichen Standes gegenüber dem weltlichen, den Laien, herleitete. Merkmale, die die Kirche als Kirche Christi auswiesen, waren gemäß ihrem Selbstverständnis – das sich freilich erst im Widerstand gegen die evangelische Reformation als nunmehr geltend gemachter Anspruch zu voller Präzision durchbildete, während die Kirche um 1500 von einem selbstverständlichen, unproblematischen und daher auch nicht kritisch reflektierten Allgemeinbewußtsein bestimmt war –

– ihre Einheit im Glauben, in den Sakramenten, in den Gliedern und in der Leitung
– ihre Heiligkeit infolge ihrer göttlichen Stiftung und ihres Zieles, auf Christus hin zu wirken
– ihre Katholizität im Sinne räumlich und zeitlich universaler Sendung, Kirche der ganzen Welt zu sein
– und ihre Apostolizität, d. h. stete Wesensidentität mit der Kirche der Apostel.

Selbstverständnis und Lehre wurzelten im Glauben an Jesus Christus als Sohn und Repräsentanten Gottes, der als Vater aller Menschen in der Person Jesu Christi seine eigene, dem Menschen ansonsten wesenhaft verborgene Herrlichkeit und zugleich seinen ewigen Heilswillen sowie sein Heilshandeln für die Menschheit offenbart hat. Christi mündliche Botschaft von der kommenden, mit seinem Auftreten bereits angebrochenen Herrschaft Gottes als Ruf zu Entscheidung über Heil oder Gericht und die Erlösung der Menschen von der Sünde durch seinen Opfertod am Kreuz und seine Auferstehung wurden über seinen Sendungs- und Lehrauftrag an die Apostel, die geschichtlich ergangene Wortoffenbarung Gottes zu verkündigen, den Urchristen als erster kirchlicher Gemeinschaft durch das Evangelium oder die ‚Frohbotschaft‘ vermittelt. Ihr ursprünglicher Kult, die Verherrlichung Gottes zum menschlichen Heil in Form von Gebets-, Lese- und Lehrgottesdienst und neutestamentlich begründetes Gedächtnis an die Passion Christi in der Eucharistie, wurde im Ablauf der Jahrhunderte ebenso mit neuen Elementen angereichert wie die Glaubenslehre. Dabei trat in den Vordergrund die Liturgie mit ihrem Zentrum im Meßopfer – die Heilige Messe als die nach Jesu Christi

Befehl stattfindende Feier seines Opfertodes als echter Vergegenwärtigung eines verbürgten, ein für allemal geschehenen geschichtlichen Ereignisses. Heiligenverehrung und Reliquienkult kamen hinzu, überwucherten im Lauf der Jahrhunderte faktisch nicht selten die Liturgie, ohne doch im *theologischen* Verständnis deren einzigartigen Rang zu beeinträchtigen. Zugleich entwickelten sich auf der ursprünglichen Grundlage einfacher Verkündigung der christlichen Offenbarung über mündliche Tradition und deren schriftlichen Niederschlag im Neuen Testament, das schon seit dem zweiten Jahrhundert als ‚Heilige Schrift‘ neben das Alte Testament trat, das Lehramt der Kirche und ihre Theologie, die Tradition und Bibel als zunächst ungleichgewichtige Grundlagen des Glaubens verstanden. Beim systematischen Ausbau der Glaubenslehre gewann aber die Tradition unter Erweiterung ihres Begriffsinhalts zunehmend an Bedeutung, insbesondere unter dem Einfluß der Scholastik.

Studium der Bibel und Befassung mit zentralen theologischen Problemen – Fragen wie die nach der Erlösung des Menschen durch Christus, nach dem Verhältnis von Gnade, Glauben und Rechtfertigung oder nach dem Wesen der Sakramente – wichen besonders im späten Mittelalter unter dem Einfluß schulmäßig erstarrender Theologie einer zunehmenden Verdinglichung der Frömmigkeit, besonders im Bereich des Sakramentsverständnisses, und ließen Ansichten wie die aufkommen, daß ‚Verdienste‘ bei Gott durch gute Werke zentrale Bedeutung für das Heil besäßen. Derartige Fehlentwicklung führte zu Erscheinungen wie der, daß sogar die Eucharistiefeier als ein ‚gutes Werk‘ neben anderen erschien, oder hatte die Verformung des Bußsakraments durch die Handhabung des Ablasses zur Folge. Der Ablaß als „ein von der Kirche ausgesprochener und vor Gott gültiger Nachlaß zeitlicher Sündenstrafen" (Iserloh) hatte sich um 1500 durch ‚Ablaßhandel‘ stark veräußerlicht. Seine Attraktivität beruhte einerseits darauf, daß gegen Vorweisen eines käuflich erworbenen ‚Ablaßbriefes‘ jeder Beichtvater auch von Sünden freisprechen konnte, deren Absolution sonst dem Bischof oder einer besonderen kirchlichen Institution ‚reserviert‘ war. Andererseits und vor allem aber konnten derartige Ablaßbriefe Toten zugewendet werden, wodurch der ursprüngliche Zusammenhang mit dem Bußsakrament vollends undeutlich wurde. Derartiger Wildwuchs vortridentinischer Glaubensformen und Lehrmeinungen sowie diese Vielfalt an Erscheinungen in Kult und Volksfrömmigkeit lassen sich heute – je nach Wertungsansatz – als Offenheit, Unklarheit, Unsicherheit oder Fehlentwicklungen von Kirche und Theologie interpretieren, wirkten aber unbestreitbar als Quelle von Verwirrungen und Orientierungslosigkeit in Grundfragen des Glaubens.

Eine Auswirkung dieser Unklarheit über das, was als verbindliche Glaubenswahrheit zu verstehen war, offenbarten die Anfangsjahre der Reformation. Die Zeitgenossen identifizierten die entstehenden unterschiedlichen Bekenntnisse nicht so sehr an Lehrunterschieden als an äußerlichen Ausdrucksformen wie Riten, Gebräuchen und Zeremonien. Bei vielfach kultischen Mischformen war für sie sicherstes Zeichen, wie die Messe gefeiert wurde: lateinisch, teilweise flüsternd (Kanon) und mit Kommunion unter einer Gestalt – oder deutsch, für alle hörbar und mit Kelchkommunion. Besonders die Einführung des Abendmahls unter beiderlei Gestalt wirkte überzeugender als Berufung auf ‚Rechtfertigungslehre‘ oder ‚Schriftprinzip‘.

Zur Klarheit in Grundfragen des Glaubens hatten bereits die ‚biblischen Humanisten‘ (s. Kap. Humanismus – Reformation – Stadt) zurückführen wollen. Dieses Ziel strebten sie u. a. an, indem sie in der Theologie das scholastische Denken dadurch ersetzen wollten, daß sie dem Glauben Bibel *und* altchristliche Literatur mit ihrer editorisch-philologischen Methode neu erschlossen. Ihr Rückgriff auf Quellen bedeutete daher nicht, daß die Heilige Schrift als einzige Glaubensgrundlage verstanden wurde. Indem sie also Bibel *und* Kirchenväter als gleichwertig einstuften, verblieben der ‚biblische Humanismus‘ und seine Ausläufer in der ‚Via media‘ als reformerische Erneuerungsbewegung infolge ihrer Anerkennung der ‚Tradition‘ letztlich ebenso auf dem Boden der überlieferten Theologie wie jene spätmittelalterliche Bibelbewegung unter Laien, die zu einer der Reformation förderlichen Bibelkenntnis beigetragen hatte.

Lutherische Reformation

Von der herkömmlichen Lehre mit ihrer Mannigfaltigkeit theologischer Berufungsinstanzen unterschieden sich fast alle evangelischen Lehren grundsätzlich durch die unbedingte Anerkennung der Bibel als *der* Autorität und zugleich „Inbegriff der reformatorischen Erneuerung" (Moeller) und damit des evangelisch-reformatorischen ‚Schriftprinzips‘ – die Auffassung, daß die Heilige Schrift als ausschließliche Quelle und Norm des Glaubens aus sich selbst heraus klar sprach und das Heil vermittelte, also als ‚Wort Gottes‘ unmittelbar wirkte und zugleich unbedingt ernst zu nehmen war. Historisch eingeordnet wird das Schriftprinzip von Moeller als „die vielleicht wirksamste geistige Waffe der Reformation . . ., die vielleicht durchschlagkräftigste unter den neuen Lehren" (ThLZ, Jg 100, 1975, Sp. 647). Eine historische Beurteilung der Bibel lag dabei ebenso außerhalb der Vorstellungswelt der Reformatoren wie etwa eine Einsicht, daß jedwede Auslegung der Heiligen Schrift auf dem jeweils eigenen Vorverständnis beruhte. Diese Bindung an ein Vor-Urteil verstärkte noch die Tendenz zur Verselbständigung der Schriftauslegung, wie sie dort gegeben war, wo Luther weniger durch eigene Schriften als durch ‚Hörensagen‘ bekannt wurde.

Das Schriftprinzip trat in schroffen Widerspruch zur überlieferten Auffassung, nach der Kirche, höchstes Lehramt und Tradition die Autoritäten der Schriftauslegung waren. Indem die Bibel die christliche Wahrheit durch ihren offenliegenden Wortsinn gläubigem Verstehen verständlich offenbarte und zugleich die Reformatoren jedem Christen in religiösen Fragen eigene Urteilsfähigkeit auf der Grundlage des Bibelstudiums zusprachen, benötigte die Bibel keine Vermittlung, sondern höchstens eine sprachliche und exegetische Erschließung, wofür ein bestallter ‚Lehrer der Heiligen Schrift‘ – wie Luther – zuständig war. Lehr- und Schlüsselgewalt des Papstes entbehrten daher ebenso biblischer Legitimation wie die Qualifikation des Priesters durch Verleihung der Weihegewalt. Diese Lehre von der unmittelbaren Heilsbedeutung und Klarheit der Schrift sowie ihre ekklesiologische Folgerung in der Lehre vom allgemeinen Priestertum aller Gläubigen waren Gemeingut, das in den Anfangsjahren der Reformation bei aller bald einsetzenden theologischen Differenzierung einerseits den Eindruck einer gewissen Geschlossenheit in den evangelischen Lehren vermittelte, andererseits auch eine lehrmäßig eindeutige Abgrenzung zur katholischen Glaubensgrundlage darstellte.

Luthers Theologie war nach mühevoller und studienintensiver Auseinandersetzung mit der spätmittelalterlichen Schultheologie eines Gabriel Biel (um 1418–1495) im Suchen nach dem eigenen Heil gebunden an sein Verständnis der Heiligen Schrift als jeweils gegenwarts- und zugleich unmittelbar personenbezogenes reines ‚Wort Gottes‘. Durch dieses und seine glaubensbegründende Bedeutung im Bereich des Heilsgeschehens fühlte er sich zu stetiger Reflexion herausgefordert. In diesem, das in Predigt und Glaubensunterweisung verkündet und damit nicht nur bekannt, sondern gegenwärtig und wirksam wurde, sah Luther Christus als den Urheber und die Verkörperung der Heilstat Gottes unmittelbar im Leben der Kirche anwesend und tätig. Kirche war nur dort, wo ‚Gottes Wort‘ unbehindert waltete. Das ‚Evangelium‘, die ‚Frohbotschaft‘ von der Menschwerdung Gottes in Jesus Christus als entscheidendem Zeugnis von Christus und das durch ihn gewährleistete Heil des Menschen war aber nicht nur das Unterpfand der Rechtfertigung des Sünders durch den Glauben allein, sondern begründete vor allem auch die einzigartigeinmalige inhaltliche Autorität der Bibel. Sie bedurfte keiner Bestätigung oder Auslegung durch ein autoritatives kirchliches Lehramt und die Tradition als normative Größen des Glaubens. Derartigem Verständnis der Bibel und der theologischen Aufgabe, ihren ursprünglichen Sinn aufzuspüren, war nach Luthers Auffassung die überlieferte Schriftauslegung nicht gerecht geworden. Die Berufung auf die Bibel als einzige Autorität im Sinne dessen, daß sich die Heilige Schrift unter dem Walten des Geistes Gottes selbst auslegt – das Prinzip ‚sola scriptura‘ und die Auffassung ‚scriptura sui ipsius interpres‘ – bedeutete also im Verständnis Luthers, daß die Bibel nicht aus formalen Gründen, sondern inhaltlich insofern die verbürgte, göttliche Norm war, als und insoweit in ihr Christus sprach.

Zu seiner präzisen Auffassung vom Wesen der Heiligen Schrift war Luther über seine Rechtfertigungserkenntnis gelangt. Die ‚Rechtfertigungslehre‘ stand im Mittelpunkt seiner christozentrischen Theologie, hervorgegangen aus neuen inhaltlichen Einsichten, bezogen auf seine Auffassung von der Erbsünde und der sich aus ihr ableitenden Lehre von der radikalen Sündhaftigkeit des natürlichen Menschen. Der ‚Radikalität‘ seines Rechtfertigungsverständnisses entsprach eine andere anthropologische Auffassung als die spätmittelalterliche. Zu jedem Heilsakt aus eigener Kraft völlig unfähig mußte sich die menschliche Heilsgewinnung vollkommen unabhängig von Wollen und Tun des Menschen, etwa durch ‚gute Werke‘ und damit durch ‚Werk‘-Gerechtigkeit, sowie von menschlicher Leistungsfähigkeit vollziehen: Der sündige Mensch konnte sein Heil nur durch die Allwirksamkeit der Gnade Gottes – ‚sola gratia‘ – geschenkt erhalten. In diesem spezifischen Sinne, daß die Gerechtigkeit Gottes die Gerechtigkeit war, die Gott dem Menschen schenkte und in welcher der Gerechte durch Gottes Gnade aus dem Glauben lebte, jede Mitwirkung des Menschen und alles Menschliche an der Gewinnung des Heils also ausgeschlossen war, lag allen wesentlichen evangelischen Lehren das ‚sola gratia‘-Prinzip in der Vorstellung zugrunde, daß allein die Gnade wirkte, die im Glauben empfangen wird. Gerechtfertigt wurde der Sünder durch sein absolutes Vertrauen auf die Gerechtigkeit Christi, d. h. durch seinen Glauben an Jesus Christus. Dieses ‚sola fide‘-Prinzip – die Heiligung des Menschen als alleiniges Werk des Glaubens im Vertrauen auf die Verheißung Gottes in der Heiligen Schrift – war jene theologische Erkenntnis Luthers, die als „reformatorische Wende“ bezeichnet wird, in ihrer zeitlichen und sachlichen Bestimmung aber wissenschaftlich ebenso umstritten ist wie die Frage, ob seine Grunderfahrung vom rechtfertigenden ‚Wort Gottes‘ zwangsläufig zur Kirchenspaltung führen mußte.

Luthers Rechtfertigungslehre wurde keineswegs von allen Reformatoren und späteren evangelischen Glaubensgemeinschaften uneingeschränkt akzeptiert, jedoch lassen sich im Rahmen dieser Einführung jene

Differenzierungen in Nachfolge und Auseinandersetzung mit Luther nicht im einzelnen vorstellen, die charakteristisch wurden für die unterschiedlichen Lehren. Ihre jeweilig exakte theologische Bestimmung erweist sich allerdings als notwendig bei analytischer Verwendung der Lehren.

Nicht ihrer analytischen Qualität halber, sondern weil sie in der wissenschaftlichen Diskussion der letzten Jahrzehnte als gewissermaßen ,retrospektive' Kategorie wohl mit am stärksten aufgegriffen und dabei unterschiedlich interpretiert wurde, sei noch knapp hingewiesen auf Luthers sog. ,Zwei-Reiche-Lehre'. Diese Lehre, auf den systematisierenden Begriff offensichtlich erst um 1930 gebracht, ist am deutlichsten faßbar in Luthers Schrift ,Von weltlicher Obrigkeit, wie weit man ihr Gehorsam schuldig sei' (1523). Im Bestreben, dem Christen aufzuzeigen, wie weit er einer Obrigkeit zu gehorchen habe, ging Luther davon aus, daß es ein Reich Gottes und ein Reich der Welt gebe. Zum Reiche Gottes gehörten die Christen, die weder weltliches Recht noch das Schwert benötigen würden. Im Reich der Welt würden alle Nichtchristen leben, regiert vom Gesetz. Beiden Reichen entsprächen zwei ,Regimenter Gottes', denn auch das weltliche Regiment sei von Gott eingerichtet, um im Wissen um menschliche Boshaftigkeit äußerlichen Frieden zu gewährleisten. Beide Reiche seien ihrer Natur nach geschieden und dürften ihrer unterschiedlichen Aufgaben wegen nicht vermischt werden. Aber sie seien zugleich auch einander zugeordnet, und so schuldeten die Menschen um der äußeren Ordnung und Ruhe wegen den Obrigkeiten solange Gehorsam, wie diese nicht in den Bereich von Evangelium und Heilssicherung eingreifen würden. Damit hatte Luther die überlieferte Vorstellung von den zwei Gewalten im Sinne seiner Theologie neu formuliert. Daß von dieser Lehre eine unkritische Haltung und Gehorsamspflicht gegenüber den Obrigkeiten abgeleitet, durch sie der Obrigkeitsstaat legitimiert werden konnte, sind wirkungsgeschichtliche Thesen, die hier nicht weiter diskutiert werden können. Reformationsgeschichtlich bleibt wichtig, daß die ,Zwei-Reiche-Lehre' die lutherische Reformation zwar konkret wenig beeinflußte – vor allem wohl deshalb, weil ,,Luther selber die Zwei-Reiche-Lehre nicht stärker zur Grundlage für das Verhältnis von Staat und Kirche gemacht hat" (Gerhard Müller, 68) –, aber zugleich belegt, daß die Rechtfertigungslehre nicht nur eine innertheologische Kategorie war, sondern Weiterungen zeitigte bis hinein in den politisch-gesellschaftlichen Bereich.

Schweizerisch-oberdeutsche Reformation: Zwingli

Eine deutlich erkennbare Wechselwirkung von ‚öffentlich-staatlichem‘ Leben und Theologie bestimmte die besondere Eigenart der schweizerisch-oberdeutschen Reformation. Stärker ausgeprägt als in der lutherischen Reformation war der Wille, das gesamte Leben nach Gottes Gebot zu erneuern – also auch den weltlichen Bereich. Während man mit Luther im wesentlichen bei der Grundauffassung vom Menschen und seinem Verhältnis zu Gott sowie im ‚Schriftprinzip‘ übereinstimmte, maß man in der ‚Rechtfertigungslehre‘ der sog. Heiligung größere Bedeutung zu. Besonders Zwingli – humanistisch gebildet und von Erasmus geprägt, als Reformator eigenständig und zugleich von Luther angeregt –, dessen reformatorische Vorstellungen sich allerdings dauerhaft nur im schweizerischen Raum durchsetzten, vertrat in seiner Theologie andere Schwerpunkte. Er gestand der Rechtfertigungslehre nicht die gleiche zentrale theologische Bedeutung zu. Wenn von einer ,,theozentrischen Wendung“ (Moeller) der reformatorischen Theologie durch Zwingli gesprochen wird, ist darunter u. a. zu verstehen, daß einen Schwerpunkt die Forderung bildete, der Mensch müsse seinen Glauben verwirklichen und zur Verherrlichung Gottes dessen Willen befolgen, bekundet nicht zuletzt durch praktisches Wirken, vor allem in geistlicher Umformung weltlicher Verhältnisse. Aber nicht diese theologischen Differenzierungen mündeten in einen unüberbrückbaren Lehrunterschied ein, sondern Folgerungen aus Zwinglis starker Betonung der Geistigkeit Gottes und der menschlichen Gottesbeziehungen. Sein geistiges Gottesverständnis führte Zwingli zur eindeutigen Ablehnung jedweder materiellen Elemente, die für ihn zwischen Gott und Menschen eingeschoben waren. Derartige Elemente sah Zwingli nicht nur in der katholischen Kirche mit ihren Institutionen und in ihrer Lehre, sondern auch bei Luther in dessen Verständnis des Abendmahls.

Der vergegenwärtigende Nachvollzug des Abendmahls Jesu und des blutigen Opfers Christi am Kreuz in der Feier der Eucharistie zählte gemäß katholischer Lehre zu jenen sieben Sakramenten (Taufe, Firmung, Buße, Eucharistie, Krankensalbung, Priesterweihe, Ehe), die nach überlieferter christlicher Auffassung von Christus eingesetzte sichtbare Zeichen darstellten, die dem Menschen die in der Erlösungstat Jesu vermittelte Gnade Gottes weitergaben. Entsprechend katholischer Lehre war und ist die Eucharistie das Sakrament, in dem der wahre Leib und das Blut Jesu unter der Gestalt von Brot und Wein wirklich gegenwärtig sind, wobei die Gegenwärtigsetzung durch die Konsekration des Priesters im Meßopfer der Kirche geschieht. Die Konsekration wird verstan-

den als eine echte Wandlung der ‚Substanzen' von Brot und Wein, als
Wesensverwandlung oder Transsubstantiation, obgleich die ‚Akziden-
tien', die äußeren Erscheinungsformen, sich nicht ändern. Bei der Kommunion werden demnach Leib und Blut Jesu als Speise genossen und
damit das Gnadenangebot Gottes der personalen Teilhabe an Christus
verwirklicht. Die wirkliche Gegenwart Christi wird als ‚Realpräsenz'
bezeichnet.

Realpräsenz war in Brot und Wein des Abendmahls für Luther ebenfalls gegeben; er lehnte zwar die Verdinglichung und die bildhaften Elemente in der überlieferten Lehre ab, vertrat aber nicht jene antisakramen-
tale Schroffheit, die gelegentlich einige Anhänger forderten und die
Zwingli verfocht. Realpräsenz bedeutete für Luther, daß Christus im
unverwandelten Brot und Wein gegenwärtig war und dem Gläubigen
beim Genuß des Abendmahls durch seinen Leib und sein Blut das Heils-
geschehen im Sinne von Verkündigung zur Gewißheit brachte. Auch für
Luther bediente sich also Gott eines faßbaren Zeichens – eine Vorstellung, die für Zwingli einer Gotteslästerung gleichkam. In scharfem Gegensatz zu katholischem und lutherischem Verständnis *erinnerten* nach
Zwingli Brot und Wein des Abendmahls nur geistig an die Heilstat Christi – eine Erinnerung durch ein geistiges Zeichen, das beim Abendmahls-
empfang den Gläubigen im Glauben stärkte. In der Abendmahlsauffas-
sung traten damit deutlich Differenzen zwischen lutherischer und zwin-
glianisch-oberdeutscher Lehre hervor, – Unterschiede, die auf dem Augsburger Reichstag von 1530 zur Vorlage von drei evangelischen Bekenntnissen führten, danach zwischen oberdeutschen und Wittenberger Theologen überbrückt und 1536 in der Wittenberger Konkordienformel in
einem vorläufigen Ausgleich aufgefangen werden konnten. Lehrstreitigkeiten über das Abendmahl durchlebte die Reformation später noch einmal im zweiten Abendmahlsstreit. Nach Luthers Tod offenbarten sich in
harten Auseinandersetzungen über Lehrfragen vor allem theologische
Differenzierungen zwischen Luther und Melanchthon, die von ihren
Schülern verabsolutiert wurden. Erst mit dem Konkordienbuch von 1580
gelangte das Luthertum zu einer Form lehrmäßiger Einheit, die in der
Abendmahlsfrage ebenso die katholische Lehre wie die Lehren Zwinglis
und Calvins verwarf. Für das Verhältnis zur zwinglisch-schweizerischen
Reformation war diese Entscheidung bereits 1529 gefallen, nachdem der
Versuch, den seit 1525 aufgeflammten Abendmahlsstreit zwischen
Zwingli und Luther zu überwinden, im Marburger Religionsgespräch
gescheitert war.

Schon zu Beginn des Abendmahlsstreits hatte sich außerdem angedeu-
tet, daß es nicht nur zum konkurrierenden Nebeneinander zweier diver-

gierender Theologien unter Einschluß verschiedener Nuancen und Varianten kommen konnte, sondern sich außerdem in Auseinandersetzung mit ihnen andere Verständnisse des reformatorisch-evangelischen Ansatzes entwickelten. Ihre theologische Vielgestaltigkeit läßt sich nur an wenigen Beispielen sehr knapp ausführen, auf die sozialgeschichtliche Komponente wird gesondert eingegangen werden (s. Kap. Radikale Reformation). Die Divergenz besaß einen Zentralpunkt im Problem der Bedeutung des ‚Heiligen Geistes'.

Radikale Reformation

Knapp darzustellen sind vor allem neben spiritualistischen Lehraussagen die lehrmäßigen Anschauungen *Thomas Müntzers* und der konsequente Biblizismus einiger *Täufer*. Diese Vorstellungen sind nicht systematisiert worden, was nicht ausschließt, daß bei radikalen Reformatoren eine *innere* systematische Kraft wirkte. Gemeinsam war Müntzer und den religiösen *Spiritualisten* mit der Bewertung aller Äußerlichkeiten als schlechthin belanglos und mit der Annahme eines Widerspruchs zwischen Geist und allem Sichtbaren die Ablehnung von Kirchen als rechtlich verfaßten Heilsanstalten, besonders ihrer überpersönlichen Zwangsformen, wie Ordnungen, Lehren und Kirchenzucht. Während die Spiritualisten aber jedwede Form einer Reformation verwarfen, die auf eine neue Art der überlieferten obrigkeitlich sanktionierten Volkskirche hinführte, dachte Müntzer grundsätzlich in volkskirchlichen Bahnen und erachtete liturgische Formen als notwendig, allerdings in einem neuen Verständnis, wie seine Allstedter Liturgiereform aufzeigt. Gemeinsamkeit bestand auch im Protest gegen die Vorstellung von einer ausschließlichen Gnadenvermittlung durch die Heilsmittel Wort und Sakramente, gegen die Verdinglichung der Worttheologie, gegen den sog. Buchstabenglauben – jenes Schriftprinzip, das der Bibel die Bedeutung der einzigen Quelle und Norm des Glaubens zusprach. Müntzer warf anderen Reformatoren vor, sich mittels ihres Auslegungsanspruchs als neue ‚Schriftgelehrte' zwischen Gott und den Menschen zu stellen. In Ergänzung zum ‚geschriebenen Wort' bis hin zu dessen Verdrängung betonten diese radikalen Reformatoren die Bedeutung des ‚inneren Wortes'. Nicht zuletzt protestierten sie dagegen, daß die Reformatoren darauf verzichtet hätten, die Welt zu verchristlichen.

Differenziert bis disparat waren die spiritualistischen Vorstellungen von einer geistigen und zugleich vollkommenen Gottesbeziehung. Kirche konnte nach derartigem Verständnis allenfalls die Gemeinschaft der wahrhaft Glaubenden sein; die Spiritualisten suchten die unmittelbare

Gottesgemeinschaft, begriffen die Heilige Schrift symbolisch, verehrten Christus als Vorbild des religiösen und ethischen Verhaltens und lehnten Halbheiten und Kompromisse gegenüber hergebrachter Gesellschaft, Obrigkeit und Kirche ab.

Müntzer hat keine Lehre im engeren Sinne des Begriffs oder gar einen systematischen Aufriß seiner Theologie hinterlassen. Theologisch war für ihn die Heilige Schrift unverzichtbar, aber er lehnte jedweden formalen Biblizismus schroff ab und wies Luthers Verständnis der Schrift als ‚erdichteten‘ Glauben zurück. Nicht etwa den Glauben selber vermittle sie, sondern sie gebe ‚Zeugnis‘ vom Glauben. Auf der Grundlage eines anderen Schriftverständnisses als Luther sprach Gott für Müntzer durch die Bibel, wenn der Gläubige auf sein Wort hörte, das ihn als lebendiges Zeugnis durch den Geist erreichte. Diese Geisttheologie verband sich mit einer Leidenstheologie, beruhend auf der Aussage, Gott lasse durch den Geist den Menschen seine absolute Sündhaftigkeit begreifen und sein Heil durch volles Einlassen auf Gott erhoffen. Nur durch Nachfolge in Kreuz und Leiden Christi könne der Mensch jene ‚Armgeistigkeit‘ erlangen, die ihm den Weg zum Heil vermittle; Gott gehe ein in den Menschen und werde gewissermaßen zu seinem ‚Besitztum‘, wenn er durch Leid geläutert sei. Im Gegensatz zu Luthers Rechtfertigungslehre gelange der Gläubige nur durch Kreuz und Leid zu einem ‚bewährten‘ Glauben. ‚Bewährten‘ Glauben als Gewißheit des Glaubens erlangten vor allem die Armen, weil sie bereits das Kreuz trügen und daher bereit wären zum Empfang des Geistes – doch nur, wenn sie sich in ihrer äußeren Armut nicht durch Kampf um Nahrung usw. ablenken ließen von Gott. Die Armen waren demnach lediglich die potentiell Erwählten. Wer nur auf den äußeren Buchstaben der Heiligen Schrift vertraue und aus diesem Glauben seine Heiligung ableite, verschließe sich also dem eigentlichen leidvollen Heilsprozeß.

Besondere gesellschaftliche Bedeutung erlangte Müntzers Obrigkeitslehre. Seine Obrigkeitsauffassung ging von der Annahme aus, daß die Menschen selbst Gott veranlaßt hätten, ihnen als seine ‚Rute‘ die Obrigkeiten zu verordnen, weil sie von ihm zu den ‚Kreaturen‘ abgefallen seien. Im Sinne des Heilsprozesses sei es deren Aufgabe, den menschlichen Fall aufzuheben. Derartigem funktionalen Obrigkeitsbegriff entsprach, daß jede Obrigkeit ihre Legitimation verlor, wenn sie dieser Obliegenheit nicht nachkam. Indem sie sich Gott verweigerte, verhinderte sie den Prozeß der Heiligung, darum mußte sie beseitigt werden. Eine gottlose Obrigkeit legitimierte also selbst den Widerstand gegen sich – unter den politisch-gesellschaftlichen Bedingungen jener Zeit bereits vom Ansatz her eine revolutionäre Theorie.

Hans Denck (um 1500–1527) lehnte die Sakramentenlehre derartig weitgehend ab, daß er Taufe und Abendmahl für überflüssig erachtete. Das reformatorische ‚sola fide‘-Prinzip verwarf er wegen dessen Bindung an die Heilige Schrift als äußerlichen, aus dem Buchstaben herbeigezwungenen Glauben, wodurch das evangelische Heilsverständnis von der Bibel ebenso wie das Schriftprinzip grundsätzlich bestritten war. Als Vermittler des Glaubens galt die Erleuchtung durch den Geist, für den die Bibel nur einen äußerlichen Anlaß darstellte. Glauben erwuchs nach Denck aus der Gnade, daß Gott ihn dem Menschen in den ‚Grund seiner Seele‘ pflanzte, wurde also individualistisch verstanden, gebunden an die Innerlichkeit des Menschen – wie bei Kaspar von Schwenckfeld (1489–1561). Gottes Geist wurde nicht vermittelt begriffen durch das geschriebene Wort, sondern der geisterfüllte Mensch „muß das göttliche Licht zur Schrift, den Geist zum Buchstaben, die Wahrheit zum Bilde und den Meister zu seinem Werk bringen". Wohl am deutlichsten sichtbar wurde der entschiedene Widerspruch zur lutherischen und zwinglianischen Lehre bei Sebastian Franck (1499–1542), einem noch konsequenteren Individualisten und Einzelgänger als Denck. Die Geschichte Christi hielt er für ebenso bedeutungslos wie das Wort in der Heiligen Schrift. Glauben beruhte nicht auf festen religiösen Inhalten und irgendwelchen äußerlichen Gegebenheiten, sondern auf der Zuwendung höchster geistiger Anspannung auf Gottes Licht, das jedem Menschen innewohnt, selbst wenn es durch Sünde verdunkelt war.

Das Täufertum besaß infolge seiner polygenetischen Entstehung ebenfalls keine einheitliche, allseits als verbindlich anerkannte Lehre. Unbeschadet der Differenzierungen lassen sich jedoch lehrhafte Aussagen ermitteln, die als gemeinsames Glaubensverständnis benannt werden können, wiederum unbeschadet voneinander abweichender Begründungen. Gemeinsam anerkannten die Täufer das ‚sola scriptura‘-Prinzip, verbunden mit dem Vorwurf gegenüber den Reformatoren, diese würden Gottes Wort mit menschlichem Wort vermischen. Aus ihrer schroffen Kritik folgerte, daß sich die Täufer nicht mit Verbesserungen oder Ergänzungen evangelischer Lehren begnügten, sondern diese durch eigene Vorstellungen ersetzten. Hierbei wichen sie in ihrem Schriftverständnis so stark voneinander ab, daß es sich nicht ‚auf einen Nenner bringen‘ läßt; wo sie nicht in der Gefolgschaft Müntzers standen (Hut'sches Täufertum), bekannten sie sich zu strengstem Ernstnehmen und unbedingtem Befolgen der Heiligen Schrift. Das Neue Testament war nicht nur Grundlage von Glaubens- und Heilsverständnis, sondern zugleich Richtschnur zur Regelung aller Lebensfragen.

Aus dem beharrlichen Biblizismus mit der Folgerung eines stetigen und bedingungslosen Gehorsams gegenüber Gott im Sinne strengster Nachfolge Christi, gebunden allein an Wort und Geist Jesu, ergab sich das Kirchenverständnis der Täufer. Es basierte auf grundsätzlicher und rigoroser Absonderung von der übrigen Welt in einer wiederaufgerichteten Urgemeinde als wahre, vollkommene Kirche der Auserwählten – der im Glauben verbundenen ,Gemeinde der Heiligen'. Der innere Zusammenhang zwischen Nachfolge und Absonderung war Folge ihrer Auffassung von einem grundsätzlichen Dualismus zwischen dem Reich Christi und dem Reich des Teufels. Ihre rechte Einsicht in die Bibel und ihr rechtes Verständnis des Wortes Gottes verbürgte für die Täufer das Wirken Gottes im Glauben. Aber nicht allein ihre lehrhaften Aussagen über die ,,Besserung des Lebens" (Hans-Jürgen Goertz) und die Heiligung der Christen sowie ihr Verständnis einer von staatlicher Einwirkung oder gar zwangfreien Kirche trennten die Täufer grundsätzlich von den entstehenden evangelischen Kirchen. Die Trennung wurde besonders offenkundig durch die Erwachsenentaufe. Als Glaubens- bzw. Bekenntnistaufe, zwar ganz unterschiedlich theologisch begründet und in ihrer kirchlichen Funktion untereinander abweichend erfaßt, stellt sie einen Akt bewußten Ernstnehmens der Bibel mit dem Ziel eines neuen religiösen Anfangs dar. Mit diesem Taufverständnis wurde zugleich die Aufnahme des Menschen in die christliche Kirche mittels eines Sakraments abgelehnt, das vom Säugling ohne einen bewußten Glauben empfangen wurde. Damit wurde die Glaubenstaufe ebensowenig sakramental begriffen wie das Abendmahl. Die Abendmahlsfeier stellte sich dar als Zusammentreffen zur Erinnerung an das Opfer Christi, also nur als Gedächtnis- und Liebesmahl, als Ausdruck christlich-brüderlicher Gemeinschaft.

In der Glaubenstaufe, vollzogen in den Anfangszeiten weitgehend als Taufe von Erwachsenen, sahen alle großen christlichen Lehren eine Wiedertaufe und damit eine Häresie. Aus dieser Bewertung resultierte für die Obrigkeiten in Verbindung damit, daß die Taufe der Täufer die Identifizierung von Aufnahme in die Kirche mit der Aufnahme in das Corpus Christianum als in die Gesellschaft aufkündigte, die Folgerung, bei den Täufern handle es sich um eine prinzipielle Gefährdung von Rechtsordnung und ,Staat'. Bestätigt sahen sich die Obrigkeiten in ihrer Bewertung der Täufer u. a. auch dadurch, daß diese Eid und Kriegsdienst unter Berufung auf die Bibel ablehnten.

Calvinische Reformation

Als letzte hervorragende reformatorisch-evangelische Lehre gewann in Deutschland die Calvinische Bedeutung, wenn auch teilweise in modifizierter Form seitens der ‚deutschreformierten' Theologie. Calvin, im Humanismus verwurzelt und zugleich von Luther beeinflußt, verstand Reformation als Reform zur Errichtung des Reiches Gottes. Seine Lehre faßte er systematisch in dem Hauptwerk ‚Institutio Christianae Religionis' (1536) zusammen, das er mehrfach überarbeitete bis zur letzten Fassung von 1559. Sie beruhte auf dem evangelischen Schriftprinzip, wobei sich die Heilige Schrift als Bezeugung und geschichtliche Offenbarung des lebendigen Wortes Gottes in der Person Christi nur durch den Geist Jesu dem Menschen zum richtigen Verständnis erschloß. Diese Erschließung und Auslegung von Gottes Wort in Glaubensbekenntnis und Theologie war unabdingbar gebunden an die Kirche als eine Lehrautorität, die in mannigfaltigen kollegialen Organen verkörpert war – Organe, die sich hinsichtlich schriftgemäßer Verkündigung gegenseitig anhand der Bibel kontrollierten. Wirkungsgeschichtlich kennzeichneten jedoch nicht so sehr die bedeutende Rolle des Heiligen Geistes sowie die Allwirksamkeit Gottes im Menschen und in der Geschichte mit ihren stark theozentrischen Zügen im Sinne ihrer Ausrichtung auf die Ehre Gottes die calvinische Lehre, sondern vornehmlich Calvins starke Betonung der Prädestination (Vorherbestimmung) und seine Auffassung vom Abendmahl.

Auch für Calvin war der Mensch vor Gott total sündhaft und verdorben; gerechtfertigt werden konnte er allein durch den Glauben. Allerdings hatte Gott bereits in seinem ‚geheimen Ratschluß' über Seligkeit oder Verdammnis jedes Menschen entschieden. Gottes Vorherbestimmung vollzog sich unabhängig von sog. äußeren Ursachen, etwa von der Würdigkeit oder gar von menschlichen Verdiensten. Die Erwählung des Menschen zum Heil ließ sich aber erschließen durch seine Aufnahme von Gottes Wort in der Predigt und in der Teilnahme an der Gemeinschaft mit Christus in Glauben und Abendmahl. Die Vorstellung von der Prädestination mündete später ein in das Mißverständnis, daß Erfolg im Leben die Erwählung andeute. Dessen Auswirkungen können hier ebensowenig behandelt werden wie interpretatorische Folgerungen bis hin zur gegenwärtig noch diskutierten These von Max Weber (1864–1920, BDG 63322), daß zwischen puritanischer Religiosität, rationaler Lebensführung und der Entstehung des modernen Kapitalismus ein Zusammenhang gegeben sei.

Calvin rechtfertigte in seiner Sakramentslehre unter Auseinandersetzung mit deren Gegnern die Kindertaufe als ein Zeichen des Bundes Gottes mit dem Menschen. Seine Auffassung vom Abendmahl durchlief eine Entwicklung, die nach der Übereinkunft mit Heinrich Bullinger (1504–1575), dem Nachfolger Zwinglis und Wortführer der zwinglianischen Lehre, im ‚Consensus Tigurinus' von 1549 (= Zürcher Einigung) zur endgültigen Scheidung vom lutherischen Abendmahlsverständnis führte. Luthers Lehre von der Realpräsenz wurde abgelehnt, jedoch die Annahme vertreten, daß der Gläubige in Brot und Wein der Gemeinschaft des Fleisches und Blutes Christi wirklich teilhaftig werde durch das Wirksamwerden des Heiligen Geistes. Christus bot sich gemäß calvinischer Lehre im Abendmahl durch das Wirken seines göttlichen Geistes dar, wurde also im Glaubensakt empfangen. Derartiges Abendmahlsverständnis wird theologisch als ‚Realkommunion‘ bezeichnet.

Nur vereinfacht und unter Beschränkung auf ausgewählte Grundzüge konnten die Theologien der Reformationszeit referiert werden. Um sie analytisch zu verwenden, bedarf es der stetigen Reflexion, daß in den Anfangsjahren der Reformation nicht selten theologische Unklarheiten die klare Zuordnung von Aussagen zu einer Lehre erschweren. Die Analyse muß daher vielfach auf kontroverse Bereiche ausgedehnt werden, die nicht behandelt oder beiläufig angesprochen wurden, wie die theologische Frage nach der Bedeutung des ‚Alten Testaments‘ für den Christen oder wie das Kirchenverständnis. Beispielhaft sei darauf verwiesen, daß die schweizerische Reformation nachdrücklich das Gemeindeprinzip verfolgte, während die lutherische der Amtsvorstellung verpflichtet war – ein wichtiger, theologisch begründeter Unterschied. Erst der spätere Konfessionalismus, in seiner Herausbildung und als Forschungsaufgabe zuletzt problematisiert von Peter Thaddäus Lang, verfügte über jene dogmatischen Abgrenzungen, die nicht nur das religiöse Leben der Bekenner einer Konfession bestimmten, sondern sich auch äußerlich sichtbar in allen Lebensbereichen prägend auswirkten. Die gesellschaftliche Relevanz evangelischer Theologien war jedoch von Anfang an wirksam. Die Diskussion um theologische Lehrstücke und Begriffe wurde nicht nur zwischen den Reformatoren, sondern auch in den reformatorischen Bewegungen ausgetragen. Zugleich zeigen jedoch Aufnahme, Widerhall und Auseinandersetzungen, daß zwischen den reformatorischen Bewegungen bei aller Dynamik ein innerer, wenn auch teilweise nur loser Zusammenhang bestand – durch Ozment gefaßt in die These, die evangelisch-reformatorischen Anschauungen seien von den Menschen allgemein begriffen worden als religiöse Befreiung von jenen sozialen und psychischen Belastungen, die ihnen die herkömmliche Kirche mit ihrer Gesetzlichkeit und ihren sakral begründeten Forderungen aufgebürdet hatte. Goertz sieht dagegen diesen Zusammenhang im ,,Aufstand gegen den Priester‘‘, d. h. in der These, ,,daß für die Anhänger der Reform [zunächst] der Antiklerikalismus zu einem gemeinsamen Medium und Werkzeug ihres emotionalen Zusammenhalts, ihres Engagements und ihrer öffentlichen Meinungsäußerung wurde‘‘.

Reformatorische Bewegungen

Zur Bezeichnung sozialer Gruppen, die reformatorische Forderungen übernahmen oder aufstellten und sie zu verwirklichen suchten, bedienen sich Reformationshistoriker vielfach des Begriffs ,Bewegung', ohne dessen Gehalt näher zu bestimmen. Häufig wird er erweitert zu ,Volksbewegung', offensichtlich verstanden als das lose, übergreifende Zusammenspiel meist spontan und unmanipuliert entstandener lokaler oder regionaler, sozial heterogener und mannigfaltiger Gruppierungen mit einem sehr geringen Grad an fester Gestaltung. Als gemeinsam wird ihnen bei relativ schwach aufeinander abgestimmten Verhaltensmustern und Handlungsformen ein hohes Maß an Dynamik mit Zielrichtung auf Veränderung zugeschrieben, wobei die Veränderungen zumeist Reformen, aber auch revolutionäre Umwälzungen bedeuten konnten. Autoren, die anstelle von Volksbewegung die Bezeichnung ,Massenbewegung' vorziehen, scheinen vielfach eine quantifizierende Aussage implizieren zu wollen, während der Begriff ,Volksmassen' eine Qualifizierung von ,Volk' im marxistisch-leninistischen Verständnis als ,Schöpfer und Hauptkraft der Geschichte' vermuten läßt.

Die gegenwärtige Geschichtsschreibung benutzt vornehmlich die Ausdrücke ,evangelische' oder ,reformatorische Bewegung' bzw. ,Bewegungen', ohne mit dem jeweiligen Begriff eine einheitliche inhaltliche Vorstellung zu verbinden. Ihre Singularform erscheint nur angebracht, wenn der Anschluß und das aktive Eintreten für die Reformation als standes-, schichten- und gruppenübergreifendes Phänomen auf derselben generellen Ebene angesprochen werden sollen, wie sie dem Begriff Reformation eigen ist. Der Vielgestaltigkeit der Erscheinungen entspricht die Pluralform mit ihren Möglichkeiten zur Differenzierung, wie sie nachfolgend benutzt wird.

Die Ausdrücke evangelische Bewegung bzw. Bewegungen schränken den Reformationsbegriff in den meisten Fällen auf seine religiös-kirchliche Grundkraft ein, vereinzelt weisen sie die gesellschaftliche Komponente sogar nachdrücklich ab. Beide Inhalte werden der Komplexität des Geschehens nicht gerecht; außerdem erweisen sich die Bezeichnungen als mehrdeutig, da evangelisch bei schon zeitgenössischem Bedeutungswandel sowohl inhaltlich unterschiedlich verstanden als auch verschiedenartig angewandt wird, beispielsweise als Deskriptions- oder Konfessionsbegriff (s. S. 78 f.). Eine deskriptiv aufgefaßte, rein evangelische, d. h. nur auf Reform von Glauben und Kirche auf der Grundlage individueller Gewissensentscheidung nach dem Maßstab des ,Evangeliums' ausgerichtete Bewegung konnte es in dieser Zeit noch nicht geben, denn das überlieferte Verhalten des Christen in und gegenüber der Kirche trennte das religiös-kirchliche noch nicht vom politisch-sozialen Handeln, sondern begriff es als gegen- und wechselseitig bedingt. Ebenso fehlten in den Anfängen der Reformation die Voraussetzungen für eine evangelische Bewegung auf konfessioneller Grundlage, z. B. ein neues Bekenntnis. Der Begriff kann in seiner Pluralform jedoch nützliche Dienste leisten zur Abgrenzung der reformatorischen Bewegungen des ersten Jahrzehnts von Glaubensbewegungen in späteren Stadien der Reformation, insbesondere während der zweiten Jahrhunderthälfte.

Für die ersten Phasen der Reformation erfaßt der Begriff reformatorische Bewegung bzw. Bewegungen die Vielfalt der Vorstellungen und Vorgänge recht anschaulich. Er schließt eine konfessionelle Zielsetzung aus, setzt aber voraus, daß es der zentrale Ansatz jeder reformatorischen Bewegung war, dem Evangelium gerecht zu werden. Der jeweilige Anstoß brauchte auch keineswegs stets unmittelbar von Luther auszugehen, reformatorische Bewegungen entfalteten sich vielmehr auf der Grundlage einer Fülle von Impulsen und eingebrachten Aspekten. In ihrer jeweiligen Erscheinung waren sie geprägt durch Unterschiede in Rezeption, Verständnis und Wiedergabe reformatorisch-evangelischer Lehren einschließlich der Folgerungen ihrer Vermittler, allgemein durch die sich ausbreitende ‚reformatorische Öffentlichkeit‘ (s. Kap. Reformatorische Öffentlichkeit) und besonders auch durch ihre einzelnen Initiatoren, Multiplikatoren und Träger. Entstehung und Kulmination reformatorischer Bewegungen decken sich mit den sog. Sturmjahren der Reformation, der Phase von 1521 bis 1525, daher hier bezeichnet als Phase der reformatorischen Bewegungen.

Konstituierende Kriterien

Der bisher fast durchgängig undifferenziert benutzte Begriff bedarf zumindest einer inhaltlichen Beschreibung, wenn er geschichtswissenschaftlich verwendet werden soll, etwa im Sinne eines erklärungsmusterbezogenen Erkenntnismittels. Analytische Qualität kann ihm darüber hinaus nur eignen, wenn er instrumentalisiert werden kann durch konstituierende Kriterien. Zur Prüfung der Frage, ob dieser Begriff sich instrumental benutzen läßt zur Erfassung und geschichtswissenschaftlichen Erklärung der historischen Prozesse, die als ‚Einführung der Reformation‘ oder mit analoger Terminologie beschrieben werden, muß er problematisiert und in seiner Qualität bestimmt werden. Derartiges Bemühen darf allerdings weder in eine voreilige Konstruktion von Erklärungsmodellen einmünden noch dazu führen, daß analytischer Begrifflichkeit wegen jeweilige geschichtliche Besonderheiten vernachlässigt werden.

Um innerhalb der ,,breit gefächerten reformatorischen Bewegungen" differenzieren zu können, geht Oberman (1977) von der These aus, daß durch die Reformation ,,jener Teil der Volksfrömmigkeit [– definiert als ,,das lebendige Substrat aller Theologie" –] für den Glaubenskampf mobilisiert [wurde], welchen wir als Laienfrömmigkeit bezeichnen können", und folgert, es ließen sich drei unterschiedliche Aspekte zu derartiger Mobilisierung der Laienfrömmigkeit analysieren:

,,Bekämpft man wie Luther die *Irreführung* des Volkes, so erhält die freie Verkündigung des Evangeliums absolute Priorität, vor der alle anderen Forderungen zunächst zurückstehen müssen. Luther kann aus diesem Grund sogar den sonst unverständlichen Kompromiß vorschlagen, den Kirchenkampf zu vermeiden und seine Kritik am Ablaßwesen, an der Lehre des Kirchenschatzes und an dem Ertrag der guten Werke der Heiligen zu unterlassen, solange es ihm unbenommen bleibt, das Evangelium der freien Gnade allein durch den Glauben zu verkündigen.

Akzentuiert man hingegen die *Verdummung* des Volkes, so wie es jene Reformatoren taten, die im Bildungsaufschwung der Renaissance Signal und zugleich Grundlage für die Erneuerung der Kirche sahen, dann wird die reformatorische Verkündigung vor allem pädagogische und aufklärerische Aufgaben übernehmen. Sie richtet sich dann auf die Aufklärung der Laien und auf die Neuorientierung ihrer Frömmigkeitspraxis gemäß der Heiligen Schrift als Richtschnur: Heiligenverehrung und Bilderfrage erweisen sich dann als zentrale Punkte, an denen es die Verwirrung in der Beziehung zwischen Gott und seinem Geschöpf im Gehorsam gegenüber dem Worte Gottes zu beseitigen gilt.

Der Kampf gegen die *Unterdrückung* des Volkes führt dazu, die Gültigkeit und den Vorrang der göttlichen Gerechtigkeit gegenüber der kirchlichen Gesetzgebung zu betonen, wobei sich die Abgabe des Zehnten bald als Testfrage aufdrängt. In der Tradition von Reublin, Grebel und Schappeler bis zu Thomas Müntzer erhält diese Entwicklung besondere Bedeutung für den Bauernkrieg.

Bei allen diesen unterschiedlich gesetzten Akzenten handelt es sich aber im Grunde immer nur um eins: um die Befreiung des Gewissens, das, irregeleitet und zur Selbstgerechtigkeit verführt, zum Zwecke der Ausbeutung geknechtet und versklavt war" (237 f.).

Eine derartige Differenzierung erfaßt und bündelt im Ansatz evangelisch-reformatorische Charakteristika. Sie ist jedoch theologisch-kirchengeschichtlicher Sicht verpflichtet und erweist sich für die Einbindung der politischen, sozialen und wirtschaftlichen Zusammenhänge, die sich aus dem „Kampf gegen die Unterdrückung des Volkes" ergaben und sich keineswegs auf die Zehntabgabe als Testfrage beschränkten, sondern mannigfaltige Bestrebungen bis hin zu einer Gesellschaftsreformation einschlossen, als zu eingleisig.

Die gesellschaftliche Dimension reformatorischer Bewegungen eröffnet sich erst bei der Einbeziehung von Faktoren, wie sie Robert W. Scribner als konstituierende Kriterien vorschlägt. Er geht aus von dem Begriff der ‚sozialen Bewegung', wie ihn Rudolf Heberle auf der Basis historischer Phänomene des 19. und 20. Jahrhunderts analysierte als kollektives Handeln, ausgerichtet auf das Ziel umfassender und fundamentaler Veränderung bestehender gesellschaftlicher Ordnung mit Grundlage im gemeinsamen Bewußtsein, d. h. in einer das Ziel des Handelns begründenden und rechtfertigenden Ideologie. Entsprechendes Handeln erstreckt sich über einen längeren Zeitraum und bedarf koordinierender Elemente, muß also in gewissem Sinne organisatorische Strukturen aufweisen. Als eine Bewegung begreift Scribner (1978) die Reformation, weil auszugehen ist von „einer kollektiven Erscheinung einer Mehrzahl von Personen . . ., die nach einer Änderung in der bestehenden geistlichen und kirchlichen Ordnung strebten"; „nicht nur mit dem Glauben des einzelnen Menschen, auch nicht mit einer bloßen Addition individueller Entscheidungen [habe es der Historiker] zu tun, sondern mit einer Form des kollektiven Verhaltens" (1978, 57). Diese Bewegung äußerte sich in einer Mannigfaltigkeit von Bestrebungen, deren Auftreten, Erfolg oder Scheitern abhängig waren vom sozialen Kontext.

Zur Analyse einer reformatorischen Bewegung benannte Scribner (1979) anhand der Wittenberger Unruhen von 1521/22 folgende konstituierende Kriterien:

– kollektives Handeln, das die verschiedensten Erscheinungsformen des Protestes annehmen konnte, vom bloßen ‚Murren' bis hin zum offenen Aufruhr,
– das gemeinsame Bewußtsein der Beteiligten in der Kritik an der alten Kirche,
– das Abzielen des Handelns auf einen schnellen und unmittelbaren Wandel der bestehenden Ordnung, besonders im kirchlichen Bereich,
– das Bestreben, die Forderungen auf nicht-institutionalisiertem Wege durchzusetzen ohne Abwarten einer Entscheidung seitens der Obrigkeit (1979, 54).

Wesentlich erscheint vor allem „that a movement involves impatient action through non-institutional means" (1979, 54), zumal eine reformato-

rische Bewegung konstituierende Personengruppen dadurch gekennzeichnet waren, daß ihnen keine gesellschaftlich institutionalisierten Wege zur Durchsetzung ihrer Forderungen offen standen; infolgedessen
mußten sie „in einem dialektischen Verhältnis zu den Positionen der
Obrigkeit" zu „direktem Handeln" („direct action") übergehen. Die
Ausbildung eines derartigen dialektischen Verhältnisses zu den Reaktionen der Obrigkeit läßt sich als wichtiges Kennzeichen einer sich konsoli-
dierenden oppositionellen reformatorischen Bewegung bestimmen. Ihr
kollektives direktes Handeln implizierte einerseits, daß innerhalb des politisch-sozialen Systems vorgeschriebene Handlungsnormen überschrit-
ten wurden (1979, 59), und offenbarte andererseits „den Entzug der Legitimation für die bestehende Ordnung, das Gefühl, daß berechtigte
Forderungen nicht erfüllt werden, und eine gesteigerte Bereitschaft, gegen diese Ordnung zu handeln" (1979, 78). Die Dynamik eines solchen
Prozesses leitete sich aus zwei Faktoren ab, aus der Annahme der Beteiligten, etwas bewirken zu können, also nicht machtlos zu sein, und aus
ihrer Konfrontation mit der Obrigkeit. Sie konnte dazu führen, daß eine
reformatorische Bewegung in ihren Forderungen einen qualitativen Wandel erfuhr, indem sich die ursprünglich als ‚evangelical movement' nur
auf partielle Änderung der bestehenden Ordnung im kirchlich-zeremo-
niellen Bereich ausgerichtete Bewegung zur ‚oppositionellen Bewegung'
mit dem Ziel einer grundsätzlichen Neuordnung des Systems entwickelte. War erstere „a protest about church ceremonies", so wurde die ‚oppositionelle' Bewegung zu „a communal revolt" (1979, 60ff.).

Scribners konstituierende Kriterien bedürfen weiterer Diskussion und
der Ergänzung durch andere Merkmale, zeigen aber doch, daß ein derartig gefaßter Begriff nicht nur als ein Mittel zur wissenschaftlichen Erklärung verwendet, sondern auch zum analytischen Gebrauch instrumentalisiert werden kann. Hier nicht weiter diskutiert werden soll dagegen die
Frage, ob Scribners Ansatz die ‚Modernisierungsdiskussion' (s. S. 61) bis
in die Anfänge der Reformation verlegt.

Eine Diskussion und die Ergänzung erweisen sich als notwendig, weil
Fallstudien offenbaren, daß es reformatorische Bewegungen gab, die von
Scribners Kriterien nur bedingt erfaßt werden. Sein Verständnis im Sinne
von Einschränkung auf kollektives Tätigwerden außerhalb gesellschaft-
lich institutionalisierter Handlungsmöglichkeiten scheint den Begriff auf
Aktivitäten sozialer Gruppen einzuengen, die nicht herrschaftsfähig wa-
ren. Sichergestellt sein müßte jedoch, daß über die Kriterien alle Gruppen
erfaßt werden können, deren Haltung und Verhalten sich kollektivem
Eintreten für Reformation als auslösendem Moment subsumieren läßt.
Auch entbindet die Frage nach kollektivem Verhalten nicht von der Auf-

gabe, die Haltung des Individuums in seiner Gruppe oder das Auftreten eines einzelnen als ihr Exponent zu analysieren.

Diskussion und Ergänzung der vornehmlich Aktionsformen systematisierenden, außerdem Aktionsmotivationen erfassenden Kriterien Scribners könnten ausgehen von konstituierenden Faktoren und konstitutiven Merkmalen, die vor allem von der spätmittelalterlichen Stadtgeschichtsforschung erarbeitet worden sind. Heranzuziehen wären weiterhin Verlaufsmodelle spätmittelalterlicher gemeindlicher Protestbewegungen, wie sie z. B. Wilfried Ehbrecht mit den Phasen von Eidbündnis, Verhandlungen mit der städtischen Obrigkeit und bewaffnetem Auflauf zur Durchsetzung von Forderungen herausgearbeitet und im Ablauf reformationsgeschichtlicher Prozesse ebenso aufgezeigt hat wie reformationsspezifische Abweichungen. Weiterführende Anregungen bieten auch die Strukturanalysen reformatorischer Bewegungen, besonders von Heinz Schilling, und übergreifende Überlegungen von Otthein Rammstedt zum Problem, wie – in einer sozialen Bewegung – Krise zu Krisenbewußtsein führt und mündet in soziales Handeln.

Erweitern läßt sich ein derartiger Kriterienkatalog um spezifische Fragen nach den als auch an die Entstehungsvoraussetzungen, z. B. Konkretisierung der vielberufenen Mißstände im Klerus und des nicht durchgeführten Reformverlangens unter Einschluß der politischen, sozialen und wirtschaftlichen Auswirkungen; weiter: Entstehungsverlauf und spezifische Bedeutung der Erweckung eines ‚nationalen‘ Ressentiments gegen Rom, Ablauf und Formen von Bündelung längerfristig latenter Unzufriedenheit mit der ortsverbundenen Geistlichkeit durch bewußte antiklerikale Agitation bis zur aktiven antiklerikalen Handlungsbereitschaft; Einwirkung auf und Verbindung von Antiklerikalismus mit konkretisierbaren sozialen und wirtschaftlichen Implikationen; Vermittlungs- und Sammlungsfunktion jeweiliger Initiatoren, etwa die ‚Ausstrahlkraft‘ Luthers; Anlässe zur Solidarisierung, von Störungen religiöser Gebräuche und überliefertem Gottesdienst über Kloster- und Bildersturm bis hin zur schriftlichen Fixierung von Forderungen, Zusammenschluß zu ihrer Durchsetzung, Bildung von Ausschüssen, Auflauf und eventueller Gewaltübernahme.

Reformatorische Bewegungen und soziale Bewegungen des 19./20. Jahrhunderts erweisen sich dagegen als nur eingeschränkt vergleichbare Erscheinungen. Dennoch können Kriterien sozialer Bewegungen auf ihre Verwendbarkeit überprüft werden, beispielsweise Kooperation, Organisation, Zielstrebigkeit, Taktik.

Generell sollte von reformatorischen Bewegungen nur gesprochen werden, wenn sie von dem Bestreben ausgingen, dem ‚Wort Gottes‘

gerecht zu werden. Die Spannweite reformatorischer Bewegungen mit ihren fließenden Grenzen war groß, vom schlichten evangelischen Reformverlangen auf der einen Seite bis hin zu Müntzers Bund der Auserwählten und den Täufern auf der anderen Seite. Sie erweckten nämlich gerade dadurch stärksten Widerhall und erregte Zustimmung, daß sie Hoffnungen auf soziale Veränderungen aufkommen ließen – Hoffnungen, die nicht nur als Mißverständnisse aufkeimten, sondern auch von den Initiatoren und Multiplikatoren als programmatischen Trägern eingebracht wurden oder sich einfach aus angeregter eigenverantwortlicher Beschäftigung mit der Bibel ergaben. Bibel und reformatorische Predigt vermittelten mit der Berufung auf das Evangelium normative Maßstäbe zur Bewertung gesellschaftlicher Verhältnisse und Argumente gegen soziale Ungerechtigkeit.

Zu den Entstehungsbedingungen reformatorischer Bewegungen gehörten nicht nur die Vielfalt der Motive und Solidarisierungsformen, sondern auch der Reformationsvorstellungen und -forderungen, geprägt häufig weder durch ein klares Ziel noch durch ein genauer faßbares Konzept außer der allgemeinen Auseinandersetzung mit der überlieferten Kirche. Zu unterschiedlich waren kirchliche und gesellschaftliche Situationen, aus denen Initiatoren und reformatorische Bewegungen hervorgingen, zu mannigfaltig die geistigen Traditionen, die Argumente, Reformverlangen und Reformationsmuster prägten. Erst während des jahrelangen Ablaufs der reformatorischen Bewegungen artikulierten sich die Unterschiede verschiedener Glaubens- und Reformationsansätze soweit erkennbar, daß Gegensätzlichkeiten hervortraten. Jetzt erst gewannen die Lehren ihre fundamentale und zugleich kristallisierende Funktion, so daß sie für analytische Zwecke der Geschichtswissenschaft voll zu verwerten sind. Im Unterschied zu den reformatorischen Bewegungen der Frühzeit entstanden jedoch in den späteren Dezennien evangelische Bewegungen von vornherein auf lehrmäßiger Grundlage.

Initiatoren – Multiplikatoren – Träger – Anhänger

Ähnliche Schwierigkeiten, wie sie sich auftürmen beim Versuch, den programmatischen Gehalt reformatorischer Bewegungen einschließlich nachweisbarer oder unausgesprochen mit ihm verbundener gesellschaftlicher Implikationen zu analysieren, bereitet einstweilen wegen der ungünstigen Quellenlage und der dementsprechend wenigen Untersuchungen der Versuch, Aussagen zu treffen über deren Initiatoren, Multiplikatoren und Träger sowie über die soziale Zusammensetzung und gesellschaftliche Basis ihrer Anhänger.

Die deutsche Reformation war unabdingbar gebunden an Person, Werk und Wirken Luthers. Enge Verbindungen bestanden jedoch auch zu anderen Reformatoren, die weitgehend unabhängig in einem eigenen Wirkungsfeld tätig waren, wie Zwingli, oder im Bannkreis Luthers – vom Mitstreiter bis hin zum Widersacher – mit durchaus eigenen Initiativen. Aus dieser ungleichartigen Gruppe zählten zum engeren Kreis der ‚Wittenberger‘ neben Melanchthon, dem Begründer der lutherischen Dogmatik und ‚Preaceptor Germaniae‘ als der zweiten zentralen Gestalt, Theologen wie Nikolaus von Amsdorff (1483–1565), der kompromißlose Anhänger Luthers und Verfechter lutherischer Orthodoxie, und Johannes Bugenhagen (1485–1558), einer der wichtigsten Organisatoren evangelisch-lutherischer Kirchen, besonders in norddeutschen Städten und in Pommern, sowie Caspar Cruciger d. Ä. (1504–1548) als Reformator von Leipzig und Justus Jonas (1493–1555) als Übersetzer zahlreicher Schriften Luthers und Wegbereiter lutherischer Orthodoxie. In einen weiteren Kreis lassen sich einordnen der schwäbische Reformator Johannes Brenz (1499–1570), der vorwiegend in Norddeutschland wirkende Antonius Corvinus (1501–1553), Franz Lambert von Avignon (~1486–1530) als Reformator in Hessen, Andreas Osiander d. Ä. (1498–1552), tätig vor allem in Nürnberg und Königsberg, Urbanus Rhegius (1489–1541) in Augsburg und Norddeutschland sowie der württembergische Reformator Erhard Schnepf (1495–1558).

Als wohl bedeutendste Persönlichkeit neben Luther und Melanchthon, jedoch theologisch stark beeinflußt von Zwingli, wenn auch stetig um Ausgleich zwischen Schweizern und Wittenbergern bemüht, wirkte Martin Bucer (Butzer 1491–1551) in Straßburg zusammen mit Wolfgang Capito (1478–1541) und Caspar Hedio (1494–1552). Auch der oberdeutsche Reformator Ambrosius Blarer (1492–1564) und Johannes Oekolampad (1482–1531) in Basel standen Zwingli näher als Luther. Zu den hervorragendsten Vertretern der Zweiten Reformation zählten der reformierte Theologe und Schöpfer des Heidelberger Katechismus Caspar Olevian (1536–1587) und Christoph Pezel (1539–1604), seit 1581 in Bremen lehrend. Aus der heterogenen Gruppe von Luthers unmittelbaren Widersachern sollen zumindest der anfängliche Mitstreiter Karlstadt (Andreas Bodenstein s. S. 25) und vor allem Thomas Müntzer (s. Kap. Radikale Reformation) genannt werden. Am Beispiel dieser Reformatoren lassen sich Rolle und Bedeutung der Persönlichkeit im historischen Prozeß eindrucksvoll veranschaulichen, zumal ihre Lebensläufe mehrheitlich auf ausreichender Quellenbasis biographisch aufgearbeitet sind. Allerdings entsprechen nicht alle Studien den Ansprüchen, die heute gestellt werden. In diesem Zusammenhang erscheint außerdem bedenklich, daß reformatorisch tätige Zeitgenossen vielfach zu schnell am ‚Maßstab Luther' gemessen werden.

Weniger befriedigend läßt sich die Frage nach den Multiplikatoren und Trägern beantworten. Erhebliches Interesse hat die Geschichtswissenschaft an dem Verhältnis der politisch-weltlichen ‚Führungsschichten' zur Reformation gefunden, zusammenfassend problematisiert von Volker Press und Rudolf Endres. Untersucht wurde die Mehrzahl hochadliger politischer Vorkämpfer evangelischer Reformation: Fürsten wie der Markgraf Albrecht von Brandenburg-Ansbach (1490–1568), letzter Hochmeister des Deutschen Ordens und erster Herzog von Preußen, dann die Kurfürsten von Sachsen – Friedrich III., der Weise, Johann der Beständige, Johann Friedrich I., der Großmütige (1503–1554) –, weiter die Markgrafen Georg von Brandenburg-Ansbach-Jägerndorf (1484–1543) und Johann I. von Brandenburg-Küstrin (1513–1571), der Herzog Friedrich II. von Liegnitz (1480–1547) und der Landgraf Philipp der Großmütige von Hessen, der Herzog bzw. Kurfürst Moritz von Sachsen und der Herzog Christoph von Württemberg (1515–1568). Bekannt sind bürgerlich gelehrte oder adelige Männer, die als Juristen und Ratgeber in der Funktion fürstlicher Beamter entscheidend die Reformation gefördert haben, wie z. B. der Kanzler der drei sächsischen Kurfürsten Gregor Brück (1485–1557), oder als Städtevertreter der Straßburger Jakob Sturm von Sturmeck (1489–1553). Biographisch erfaßt oder faßbar sind außerdem einzelne Adelige und Bürger, die sich aktiv für die evangelische Reformation einsetzten, wie die Reichsritter Hartmut von Cronberg (1488–1549) und Hans Landschad von Steinach (1465–1531) als Verfasser von Flugschriften, als bürgerliche Protagonisten das Mitglied des Nürnberger Rats Lazarus Spengler (1479–1534) oder Künstler wie Albrecht Dürer (1471–1528) und Lukas Cranach d. Ä. (1472–1553). Nicht übersehen werden dürfen Männer, die lutherische und zwinglische Reformation hinter sich ließen und zum Täufertum oder anderem Glaubensverständnis vorstießen, beispielhaft der Täufer Hans Denck, der Vorkämpfer für Toleranz bei Ablehnung dogmatischen Christentums Sebastian Franck oder die sog. Nürnberger gottlosen Maler Barthel (1502–1540) und Hans Sebald Beham (1500–1550) und Georg Pencz (1500–1550).

Nicht in gleicher Weise aufgearbeitet sind die Gegner der evangelischen Reformation. Aber die Forschung hat sich doch mit den Theologen, Rechtsgelehrten und Humanisten beschäftigt, die die Reformation aus der Position einer Minderheit grundsätzlich und aktiv bekämpften, wie der Jesuit Petrus Canisius (1521–1597) als der ‚Zweite Apostel Deutschlands', der Humanist und Theologe Cochlaeus als Schöpfer eines

Lutherbildes, das die katholische Geschichtsschreibung bis in die Moderne prägte, der Vorkämpfer gegen die Reformation Eck, der humanistische Sekretär von Luthers erbittertem Feind Herzog Georg von Sachsen, Hieronymus Emser (1487–1527), als Verfasser antilutherischer Schriften, der ebenfalls humanistisch geprägte Wiener Bischof Johannes Fabri (1478–1541) und sein Nachfolger Friedrich Nausea (1480–1552) als einer der bedeutendsten Prediger seiner Zeit, der reformfreudige Theologe Johannes Gropper (1503–1559), der humanistische Franziskaner Thomas Murner (1475–1537) und der streng gegenreformatorische Augsburger Bischof Kardinal Otto Truchseß von Waldburg (1514–1573). Auch über einzelne entschieden altgläubige Fürsten wie Kurfürst Joachim I. von Brandenburg (1484–1535), über einige ihrer Ratgeber, beispielsweise Leonhard von Eck (1480–1550), oder Verteidiger der überlieferten Kirche in den Städten liegen Untersuchungen vor.

Besonders schlecht steht es mit fundierten Aussagen über Rolle und Anteilnahme der Frauen. Die Gründe dafür sind nicht allein in der unzureichenden Quellenlage zu suchen, sondern auch in dem bisher mangelnden Interesse einer Geschichtswissenschaft, die entsprechende Fragestellungen wenig thematisierte. Sie steht offensichtlich noch immer im Banne der Reformatoren selbst, die der Frau generell ihre Entfaltungsmöglichkeiten im ‚Stand der Ehe‘ und als Mutter, d. h. vor allem in der Funktion der Hausfrau und im privaten Bereich der Familie zusprachen, jedoch kein Mitwirkungsrecht in öffentlichen Angelegenheiten. Wie Frauen dennoch aktiv für die Reformation wirken konnten, ist durch viele Beispiele belegt. Hervorgetreten sind nicht nur Fürstinnen, wie Elisabeth von Münden-Calenberg (1510–1558), und Dichterinnen wie Elisabeth Cruciger (?–1535) und Olympia Morata (1526–1555), sowie Argula von Grumbach (~1490–1554) als Verfasserin evangelischer Sendschreiben, sondern auch die Pfarrfrau Katharina Zell-Schütz (~1497–1562) zu Straßburg und Margarethe Blarer (?–1542), die Schwester des Reformators. Ihnen verwehrten die Reformatoren nicht Zustimmung und Anerkennung, priesen aber als Ideal das Aufgehen der Frau in der ‚bürgerlichen Familie‘ mit ihrem Vorbild in der Pfarrfrau, wie sie die ehemalige Nonne Katharina von Bora (1499–1552) als Luthers Frau seit 1525 verkörperte. Daß die weitaus überwiegende Zahl der Frauen diese Rollenzuweisung offenbar hinnahm, entbindet nicht von der Aufgabe, nach ihrem Anteil an Erfolg oder Mißerfolg der Reformation zu fragen.

Untersuchungen zur These, daß sich gegen den Widerstand der Frauen als Hälfte der Bevölkerung mit ihrer unübersehbar bedeutenden sozialen und wirtschaftlichen Funktion innerhalb des ,,im ‹ganzen Haus› versammelten Personenverbandes" (Ernst Hinrichs) und ihren Einflußmöglichkeiten die Reformation kaum als ‚Volks‘-Bewegung hätte entfalten und mit der sie kennzeichnenden frappierenden Geschwindigkeit ausbreiten können, hätten auszugehen von den kirchlichen Auffassungen vor der Reformation über die gesellschaftliche Rolle der Frau und ihrer realen sozialen Stellung, behandelt beispielsweise jüngst von Heide Wunder. Materialien, die Aufschlüsse über Verhaltensweisen gegenüber ähnlichen Fragen vermitteln, wie sie die Reformation aufwarf, enthalten Untersuchungen über die mittelalterlichen religiösen Frauenbewegungen, die Häresien und das ‚Hexen‘-Problem. Über die bisherige Problematisierung (z. B. BDG 37047f., 37053f., 37055, 62973–62976) hinausführende Fragestellungen lassen sich z. B. ebenso den religionssoziologischen Studien von Max Weber wie modernen Untersuchungen zu England von Keith Thomas oder zu Frankreich von Natalie Zemon Davies entnehmen. Daß im übrigen Frauen der Reformation auch Widerstand entgegensetzten – sei es aus religiöser Motivation oder aus ökonomischen bzw. sozialen Interessen – und dabei zumindest zeitweise erfolgreich waren, belegen zahlreiche Nonnenklöster mit ihrem bekanntesten Beispiel in den Nürnberger Klarissen unter ihrer Äbtissin Charitas Pirckheimer (1466–1532).

Erfolg, Stagnation oder Mißerfolg der Reformation waren jedoch, besonders in ihren sog. Sturmjahren, weniger von einzelnen Persönlichkeiten abhängig als von dem Einsatzwillen und der Schubkraft vornehmlich lokal oder regional orientierter sozialer Gruppen als reformatorischer Bewegungen unterschiedlicher Größe und mannigfaltiger Zusammensetzung. In ihnen dürften Frauen eine bedeutende Rolle gespielt haben, wenn auch ihre Anteilnahme quellenmäßig – abgesehen von den Materialien über die Täufer und von der Wiedergabe von Frauen in bildlichen Darstellungen, z. B. als aufmerksame Hörerinnen von Predigten – nur selten zu erfassen ist.

Die räumliche Ausbreitung einzelner Bewegungen läßt sich in noch ausreichender Weise aus den Quellen ermitteln. Aussagen zur Größenordnung von Anhänger- und Gegner-Gruppen der Reformation sowie auch über die Zahl der Zeitgenossen, die wohl verunsichert waren, persönlicher Entscheidung aber auswichen, sind dagegen nur in vereinzelten Fällen möglich. Dezidierte zeitgenössische Behauptungen wie die des päpstlichen Nuntius am Wormser Reichstag von 1521, Hieronymus Aleander (1480–1542), „daß neun Zehnteile ‚Luther‘ schreien und das letzte Zehntel, wenn es sich nicht um die Worte Luthers kümmert, wenigstens ‚Tod dem römischen Hof‘ ...“, spiegeln zwar Erleben und Sorge wider und offenbaren die religiöse Spannweite und soziale Breite antirömischer Stimmung, besitzen jedoch nicht den Wert einer quantitativen Aussage.

Die Initiatoren und Multiplikatoren reformatorischer Bewegungen gehörten keineswegs grundsätzlich zu den bekannten Reformatoren, sondern blieben in der Mehrzahl nicht einmal historiographisch erfaßt, differierten außerdem stark in ihrem sozialen Status und im Verständnis von Reformation. Sie waren Theologen, Angehörige des Stadt- und Ordensklerus mit Schwerpunkt im bisherigen ‚geistlichen Proletariat', Mönche und vor allem Prädikanten. Sie dominierten in den ersten Jahren neben Humanisten (s. Kap. Humanismus – Reformation – Stadt), jedoch erweiterte sich der Kreis bald, besonders um stadtbürgerliche Juristen und Handwerker.

Es entsprach dem unterschiedlichen Reformationsverständnis, daß keineswegs alle frühen und aktiven Lutheranhänger zeitlebens der Reformation zugehörig blieben. Beispiele bieten der ehemalige Franziskaner Johann Eberlin von Günzburg (~1470–1533), der zunächst, besonders in seiner Schrift ‚Die fünfzehn Bundesgenossen', als sozialengagierter Reformer hervortrat, dann als ein bedeutender evangelischer Volksschriftsteller bekannt wurde und zuletzt Prediger in Wertheim war; der Nürnberger Humanist Willibald Pirckheimer (1470–1530) dagegen setzte sich anfänglich für Luther so stark ein, daß sein Name in der Bannandrohungsbulle aufgeführt war, wandte sich dann jedoch von der Reformation wieder ab. Als evangelischer Pfarrer mit Sympathien für die Aufständischen im Bauernkrieg begann der spätere katholische Reformtheologe Georg Witzel (1501–1573). Dem Zug in die reformatorische Radikalität folgten der in der reformatorischen Bewegung zu Frankfurt am Main führend aufgetretene Jurist Gerhard Westerburg (? –1558) und der spätere Münsteraner Täuferführer Bernhard Rothmann (~1495–1535?). Ihre Namen belegen zugleich, daß Mitwirkung in reformatorischen Bewegungen nicht unbedingt identisch mit ‚lutherisch' war, weil sie vom Ansatz her entweder nicht über humanistisch-biblizistische Kritik und äußerliche Reformforderungen hinauszugehen gedachte und nach Überschreiten dieser Intention sogar zur Abkehr von der Reformation führen konnte oder Luther radikal hinter sich ließ.

Zur Anhängerschaft reformatorischer Bewegungen und ihrer sozialen Zusammensetzung läßt sich beim heterogenen Forschungsstand sagen, daß es keine prinzipiell reformationsfreundlichen oder -feindlichen Stände, Schichten oder soziale Gruppen gab, sich jedoch Bevölkerungsteile mit unterschiedlichem Verhalten feststellen lassen.

Der Adel unterhalb des Fürstenstandes – insbesondere die Ritterschaft, in ihrer standesspezifischen Lage zu vorsichtigem Verhalten und Handeln gezwungen – beteiligte sich an den reformatorischen Bewegungen in differenzierten, durch mannigfache Bindungen in der Entscheidungsfreiheit begrenzten Ablaufformen. Sie lassen sich nach Press in drei Phasen

ordnen: Die erste wurde einerseits geprägt durch spontanes, stark politisch mitbestimmtes Eintreten einzelner Adliger zugunsten Luthers, beispielhaft verdeutlicht in den Reichsrittern Franz von Sickingen und Ulrich von Hutten, beide schon zuvor Außenseiter ihres Standes. Andererseits fanden sich Adlige, die sich vornehmlich dem religiös-kirchlichen
Angebot öffneten unter Hintanstellung wirtschaftlicher und politischer
Auswirkungen. Die Mehrheit verhielt sich abwartend, zumal bald erkennbar wurde, daß die Reformation die überlieferte Adelskirche und
damit eine Versorgungsgrundlage des Adels zu zerstören drohte und daß
wegen der Verfassungsstruktur die politisch-soziale Existenz gerade des
niederen Adels gefährdet werden konnte. Nur die Ritterschaftsbewegung
von 1522/23 mit ihrem Höhepunkt in der sog. Sickingenschen Fehde läßt
sich als eine reformatorische Bewegung qualifizieren, wenn der Begriff in
weitgefaßtem und keinesfalls im Sinne vornehmlich evangelischer Bestrebungen benutzt wird.

Erst in einer zweiten Phase, etwa ab 1530, begann sich in Übereinstimmung mit politischen Entwicklungen auf der Ebene von Reich und
Reichsständen und unter der Deckung durch territorialherrliche Reformationen oder in bewußter Frontstellung gegen vornehmlich geistliche
Landesherren ein größerer Teil des niederen Adels der Reformation zu-
zuwenden. Jedoch ist dieser Vorgang kaum noch als reformatorische,
vereinzelt dagegen und vor allem im letzteren Falle als evangelische oder
bereits beginnende konfessionelle Bewegung zu bezeichnen. Generelle
Bereitschaft zur und eigentliche Entscheidung für eine Konfession fanden
sich erst unter den Bedingungen des Augsburger Religionsfriedens während der zweiten Jahrhunderthälfte, in der dritten Phase. Ihr Kennzeichen war, daß derartige Wahl vielfach dezidiert evangelisch-konfessionell
unter Anschluß an das Augsburger Bekenntnis erfolgte, nicht aber an die
Zweite Reformation. Bedingungen und maßgebliche Faktoren dieser
Entwicklung lassen sich nach Press so zusammenfassen: „Bessere Bildung, die größere Attraktivität der Reformation wirkten hier, ebenso die
erstarkenden ständischen Bewegungen. Zunehmend aber spielte auch die
Rücksicht auf Kaiser und Reich eine Rolle ... Deutlich zeigte sich, daß
das Verhalten des deutschen Adels ohne die prägenden Strukturen von
Reichs- und Territorialverfassung nicht zu begreifen sind" (382).

Auch das Patriziat in den Städten (s. Kap. Humanismus – Reformation
– Stadt) schloß sich nur in Minderheiten reformatorischen Bewegungen
an. Patrizier und Oberschichten hielten sich zumindest in einer Mischung
von konservativer Abwehrhaltung gegenüber geistig-geistlich Neuem
und politisch, sozial sowie wirtschaftlich bedingter Distanz fern.

Die reformatorischen Bewegungen wurden getragen in der Masse ihrer

Anhänger vom Gemeinen Mann. Mit der Bezeichnung Gemeiner Mann wird ein Ausdruck benutzt, der seit 1975 in der Diskussion um den ‚Bauernkrieg‘ von 1525 aus der Quellensprache aufgenommen worden ist. Als Integrationsbegriff eingeführt von Peter Blickle wurde dessen Verständnis im Rahmen lebhafter Diskussion von Schulze umschrieben als „Begriff zur Kennzeichnung der nicht herrschaftsfähigen Gesellschaftsschichten ohne Rücksicht auf deren Stellung im Produktionsprozeß oder ihre rechtliche Stellung zu den Produktionsmitteln" (69). Als synonym mit ‚Volksmassen‘ bestimmte den Gemeinen Mann Laube im Begriffsverständnis marxistisch-leninistischer Geschichtswissenschaft. In Zurückweisung beider Sinngehalte thematisierte dagegen Robert H. Lutz die Bezeichnung als ständischen Begriff, der „den potentiellen dritten Stand" neben Adel und Klerus verkörperte. Zur Bedeutung von ‚Schieds- oder Friedensrichter‘ in Rechtsstreitigkeiten und von ‚Untertan‘ in obrigkeitlicher Sicht tritt seiner Meinung nach als wesentlich hinzu, daß er sich in sozialer Abgrenzung nur bezogen erweist auf die städtischen Zunftbürger und die dörflichen Groß- und Kleinbauern, die – zumindest in Oberdeutschland – als Städter ratsfähig und „haushäbig" sowie als Bauern haushäbige Allmendebenutzer in der „Rangstellung eines Gemeinde-Mannes" waren und die Stadt- oder Dorfgemeinde bildeten.

Unabhängig davon, daß die These eines sachbezogenen Zusammenhangs zwischen Gemeiner Mann und „Mann aus der Gemeinde" mit Repräsentanz in der Stadt- oder Dorfgemeinde als Kriterium bestritten wird und daß der Quellenbefund der Aussage widerspricht, der Begriff Gemeiner Mann schließe die Einbeziehung unterbürgerlicher und unterbäuerlicher Sozialgruppen aus, erweist sich die Begrifflichkeit von Lutz als schlichte Übernahme ausgewählter Quellensprache. Diese Auswahl und ihre Deutung schließen Bevölkerungsteile aus, die sich in den reformatorischen Bewegungen nachweisbar artikulierten, wie z. B. Knappen, Gesellen, Lohnarbeiter und Studenten. Gerade die Bergarbeiter – berufsspezifisch auch als ‚gemeiner Bergwerksmann‘ bezeichnet – erschlossen sich neben den Städten vielfach früh und in großer Zahl reformatorischen Bewegungen. In den Städten zählten zu ihren aktiven Anhängern Handwerksmeister – beispielhaft faßbar in dem Nürnberger Schuhmacher Hans Sachs (1494–1576), dessen reformatorische Dichtung weit über die Stadtgrenzen hinaus wirkte –, und selbstbewußte Gesellen – personifiziert im Kürschner Sebastian Lotzer (1490–?), Verfasser der ‚Zwölf Artikel‘ von 1525. Lohnarbeiter traten in Regionen mit verlegerischer Gewerbestruktur besonders hervor, wie in Sachsen, Thüringen und Oberdeutschland; die vermittelnde Tätigkeit von Studenten nach einem Studium in Wittenberg ergab sich gewissermaßen von selbst, wenn sie auch quellenmäßig schwer zu erfassen ist. Im Zusammenhang mit den reformatorischen Bewegungen läßt sich daher vom Begriff Gemeiner Mann nicht sagen, er „verkörpert neben Adel und Klerus ... den potentiellen dritten Stand" (104).

Dem Gemeinen Mann hatte beispielsweise Karlstadt einerseits sehr früh Bedeutung in dem Sinne zugesprochen, daß er ihn für besser geeignet und zugleich befähigt erachtete, die Bibel auszulegen als Theologen. Andererseits läßt sich aus seinen Schriften schon vor den ‚Wittenberger Unruhen' steigende Beachtung der sozialen Implikationen entnehmen, die sich für den Gemeinen Mann aus den reformatorischen Lehren ableiten ließen. Den eigentlichen reformatorischen Menschen und Kern reformatorischer Bewegungen verkörperte für die Vorkämpfer der Reformation und für die reformatorische Öffentlichkeit der ‚lutherische Bauer' mit seiner bekanntesten Ausprägung im ‚Karsthans'. Besonders dieser Gestalt wurden im Vergleich zu früher neue geistig-gesellschaftliche Gehalte zugeordnet, durch Eberlin von Günzburg in die Worte gekleidet: „der Bauer wird witzig". Gestiegenes Selbstbewußtsein der Bauern spiegeln viele Quellen wider, besonders auch bildliche, aber bei den Gestalten von Karsthans und lutherischem Bauern als bibelkundigen Verfechtern des Evangeliums handelte es sich um eine vornehmlich literarisch-bildliche Ausformung einer idealtypisch verdichteten Symbolfigur, die in der Wirklichkeit keine direkte Entsprechung hatte. Sie reflektiert weder die bereits starke soziale und ökonomische Differenziertheit der ländlichen Bevölkerung noch die vielfältigen Spannungen im Dorf und im Stadt-Land-Verhältnis. Um das Wesen reformatorischer Gedanken nicht nur zu erfassen, sondern darüber hinaus im Wort überzeugend gegenüber Altgläubigen zu vertreten, bedurfte es außerdem geistig-geistlicher Voraussetzungen in Ausbildung und einer Regsamkeit, an der es auf dem Lande einerseits wegen der Härte der Arbeit und wirtschaftlicher Existenzsicherung sowie andererseits aus Mangel an Schulung fehlte. Von der Schwierigkeit, Grundkenntnisse des Glaubens der Landbevölkerung nahe zu bringen, vermitteln noch die Visitationsberichte aus späteren Jahrzehnten anschauliche Belege. Lutherischer Bauer und Karsthans waren also religiös und zugleich auch sozial bestimmte Leitbilder mit der Funktion, den Anspruch der evangelischen Reformation auf gesellschaftliche Spannweite auszudrücken, die Idee der Mündigkeit des Laien in Glaubensfragen zu verkörpern und zur Nachahmung aufzufordern.

Die weitgehend mündliche Kommunikation der Landbevölkerung in Predigt, Wirtshaus- und Marktgespräch dürfte weniger durch jenes fromme, jede handgreifliche Auseinandersetzung zurückweisende religiöse Verständnis evangelischer Lehren geprägt worden sein, wie es das litera-

risch vermittelte Bild vom lutherischen Bauern darstellt, sondern durch
Verquickung von Wegweisung zu ewigem Leben und Suchen von Wegen
zur Bewältigung irdischen Lebens. Derartige Verquickung gab Anlaß zu
der von der Geschichtswissenschaft gestellten und unterschiedlich beant-
worteten Frage, ob der Gemeine Mann Luthers Schrift ‚Von der Freiheit
eines Christenmenschen‘ falsch interpretiert habe, wenn er sich in gesellschaftlichen Forderungen auf den Reformator berief. Sie zu bejahen bedeutet, im Anschluß an Luther auszuschließen, daß seine Schrift auch
anders gelesen und damit begriffen werden konnte als im Verständnis
ihres Verfassers. Dieser Ansatz reflektiert nicht, daß sich aus unterschiedlichen sozialen Bedingungen beim Lesen ein divergierender Zugriff auf
den Text und durch Verschiebung des Aspekts ein anderes Begreifen
dieses Textes ergeben kann. Der Gemeine Mann las gegebenenfalls anders
als Luther, deshalb aber nicht falsch. Im Gegensatz dazu vermittelten
Karsthans und lutherischer Bauer einen Gemeinen Mann, wie er nach der
Auffassung von Reformatoren auftreten sollte.

Aus der Landbevölkerung gingen kaum Kristallisationskerne reformatorischer Bewegungen hervor, noch stellte sie die ursprünglich treiben-
den Kräfte; nachdem ihr aber reformatorische Vorstellungen und
Forderungen vermittelt waren, formierte vornehmlich sie jene reforma-
tionsheischenden Massen, die den altgläubigen Widerstand zunächst
lähmten, reformwillige Obrigkeiten aber beflügelten, weil sie ihnen
Rückhalt gaben. Dieser reformatorische Schub und Schwung kulminier-
ten im Bauernkrieg, versiegten danach zwar nicht ganz, verloren aber für
die evangelische Reformation an Bedeutung.

‚Reformatorische Bewegung‘ als analytisches Erkenntnismittel

Zu einer analytischen Verwendung des Begriffs, durch die eine vermutete
jeweilige historische Realität der vergangenen Wirklichkeit Reformation
aussagekräftig als wesentlicher Teil eines Ganzen herausgestellt und erfaßt werden soll, ist davon auszugehen, daß die reformatorischen Bewegungen bisher nicht befriedigend untersucht worden sind, weder hinsichtlich ihres programmatischen Gehalts – sowohl im Einzelfall als auch
insgesamt – noch unter Fragen wie denen nach Entstehung, Initiatoren,
Multiplikatoren, Trägern und Anhängern, nach sozialer Zusammensetzung einschließlich vermittelter Zusammenhänge zwischen religiöser
Orientierung und sozialer Lage sowie nach zeitlicher Dauer. Dennoch
erscheint der Begriff durchaus geeignet, vor allem jene historischen Prozesse analytisch zu erfassen, mit denen die Reformation durch Luther
eingeleitet wurde und durch die das Eindringen, die Verbreitung und

auch die Umsetzung reformatorischer Gedanken in die Gesellschaft zustande kamen – jene historischen Prozesse, die sowohl in soziale und politische Auseinandersetzungen einmündeten als auch zu evangelischen Reformationen umgeformt werden konnten. Es erscheint daher abschließend zweckdienlich, den Begriff – trotz des Mangels an vergleichbaren lokalen und regionalen Analysen – inhaltlich thesenartig zu umschreiben.

Als reformatorisch lassen sich im Verständnis und auf der Grundlage des – zu erweiternden – Kriterienkatalogs von Scribner Bewegungen bezeichnen, die sich nach 1517 entfalteten und von Menschen aus allen Ständen, Schichten und sozialen Gruppen getragen wurden. Ihre Schwerpunkte sind vornehmlich in den Städten und unter dem Gemeinen Mann zu suchen. Sie entfalteten sich jedoch ebenfalls auf dem Lande oder in regionalem Zusammenhang; auch konnten sich in einem Raum unterschiedliche Reformationsvorstellungen in konkurrierenden Bewegungen verdichten. Diese mannigfaltigen reformatorischen Bewegungen waren eingebettet in komplexe, schon vor dem 16. Jahrhundert angelaufene und in den Anfängen der Reformation kulminierende historische Prozesse und wurden aus sehr unterschiedlichen Vorstellungen und Motiven gespeist. Kristallisationskerne bildeten als solidarisierende Triebkräfte und propagandistisches Instrument gegen die überlieferte Kirche vor allem die Aktivierung eines latenten Antiklerikalismus und die Forderung nach unmittelbarer Berufung auf die Bibel und ihre Auslegung. Dies geschah in vielfältiger Art, sei es, im vereinzelten Fall individuell, besonders aber im gemeinschaftlichen Erleben von Predigt und Gottesdienst. Zentral gefordert wurde eine Erneuerung der Christenheit, verstanden einerseits als Befreiung von der Macht des Klerus und im Sinne religiöser Entlastung, begriffen andererseits christologisch und zentriert um die Lehre Luthers von der Rechtfertigung des Sünders allein aus Gnade durch den Glauben. Vorstellungen und Ziele beschränkten sich demnach von vornherein nicht auf ein strenges Bekenntnis zum lutherischen Verständnis einer Erneuerung von Glauben und Kirche durch das ‚Evangelium‘. Evangelium wurde von Luther interpretiert als der Inbegriff der reinen, unverfälschten Lehre, verkündet im Rahmen einer theologisch begründeten religiös-geistlichen Beschäftigung mit der Heiligen Schrift, vornehmlich des Neuen Testaments, nach seiner Deutung unter der Legitimation einer Wiederentdeckung verschütteter alter Wahrheit. Reformatorische Bewegungen entfalteten sich vielmehr auch aus von Luther abweichenden Reformations- und Schriftverständnissen. Sie waren in divergierenden, eigenständigen Erfahrungen und Motivationen begründet und umschlossen nicht nur selbständige religiöse Gedanken, sondern auch soziale und politische, also gesellschaftliche Folgerungen, meist implizit, aber

unter ausdrücklicher Berufung auf das Evangelium. Diese Verflechtungen konnten einzelne Bewegungen sogar so stark modifizieren, daß ihr
‚evangelischer' Bezugspunkt zu verblassen schien, obgleich er grundsätzlich ihr zentraler Kern blieb. Als reformatorisch sollten nur Bewegungen
gelten, die von einem auf das Evangelium bezogenen Ansatz ausgingen.

PROBLEME – FORSCHUNGSKONTROVERSEN

Humanismus – Reformation – Stadt

Daß Luthers 95 Thesen, seine Kirchenkritik und erste evangelisch-reformatorische Folgerungen in kurzer Zeit bekannt wurden, war vor allem ein Werk der Humanisten – als Tatsache gefaßt von Moeller in die prägnante These: „Ohne Humanismus keine Reformation" (59). Ihren Erfolg verdankte sie jedoch den Städten, lautet eine weitere These, pointiert vorgetragen von Dickens in der Formulierung, „the German Reformation was an urban event" (182). Beide Thesen stehen zumindest insofern in Verbindung, als Städte Zentren des Humanismus waren. Die Thesen und die sie erklärenden historischen Prozesse werden nachfolgend in vorgegebener Kürze dargestellt.

Humanismus

Der deutsche Humanismus ordnete sich als eine spezifische Variante ein in jene europäische humanistische Bewegung, die in Italien entstanden war als Teilerscheinung der Renaissance. Renaissance und Humanismus sind Grundbegriffe, auf deren Interpretationsbedürftigkeit nur hingewiesen, jedoch hier ebenso wenig eingegangen werden kann wie auf Fragen des Forschungsstandes. Verstanden wird Humanismus als eine vornehmlich geistige Bewegung, die in Italien im 15. Jahrhundert besonders mächtig hervortrat, auf Deutschland aber erst seit der Mitte dieses Jahrhunderts einzuwirken begann. Hier entfaltete sich der Humanismus zu seiner stärksten Bedeutung zwischen 1500 und 1520 als eine Erneuerungsbewegung, die ursprünglich mit Frontstellung gegen die Scholastik eine Schul- und Bildungsreform anstrebte, über diese gelehrte Zielsetzung aber hinauswuchs zu einer geistigen Kraft, die zu wesentlichen Problemen der Zeit kritisch Stellung nahm. Die wissenschaftliche, aber auch moralistisch begründete Kritik richtete sich vor allem gegen Papsttum und kirchliche Institutionen, wie das Mönchswesen – in Schärfe und Polemik am deutlichsten faßbar in den ‚Dunkelmännerbriefen'. Mit ihren ‚Epistolae obscurorum virorum' 1515/17 verteidigten Humanisten einen der Ihren, Johannes Reuchlin (1454–1522), gegen den Vorwurf der Häresie. Selbst radikaler Protest war jedoch, vielleicht abgesehen von vereinzelten Ausnahmen, nicht grundsätzlich antikirchlich, Forderungen nach Freiheit von geistlicher Bevormundung und Betonung geistiger Selbständigkeit verbanden sich keineswegs mit Irreligiosität.

Bestimmend waren neben einem neuen Lebensgefühl auf der Grundlage neuartiger Wertschätzung des Menschen die Überzeugung, durch humanistische Bildung die irdische Welt verbessern zu können – einschließlich ihrer kirchlichen Erscheinungen. Humanistisches Selbstbewußtsein, der Mensch könne sein Schicksal lenken, blieb aber eingebunden im christlichen Glauben. Die Humanisten waren überzeugt vom Fortschritt und traten kämpferisch für ihn ein. Jedoch erscheint es problematisch, den Humanismus vom marxistisch-leninistischen Ansatz aus als eine ‚Frühform der bürgerlichen Ideologie in der Zeit des beginnenden Übergangs vom Feudalismus zum Kapitalismus‘ letztlich sozioökonomisch zu bestimmen. Fragwürdig ist beispielsweise die Annahme, daß er „den spezifischen Anliegen der frühen Bourgeoisie in ihrer Gesamtheit" entsprach (Laube, 299), sehr zu bezweifeln ist, daß seine Vorstellung vom Menschen und der Welt auf „bewußter Ablehnung des kirchlichen Bildes von dem in Sünden verstrickten, zur eigenen Befreiung unfähigen und der göttlichen Erlösung bedürftigen Menschen" beruhte (Steinmetz, 18). Bei Anerkennung eines Wesenszusammenhanges zwischen Städtebürgertum und Humanismus bedarf erstere These zumindest einer Differenzierung, letztere Behauptung über Grundlagen des neuen Menschen- und Weltbildes stimmt kaum überein mit dem Quellenbefund.

Als Erneuerungsbewegung war der Humanismus vor allem in Städten beheimatet, wurde aber auch an weltlichen und geistlichen Höfen sowie in Klöstern gepflegt. Die Humanisten entstammten mehrheitlich keineswegs städtischen Ober-, sondern sozial minder- oder gar unterprivilegierten Schichten, so daß sich mit dem Humanismus gesellschaftlicher Aufstieg verbinden konnte. Humanistische Selbstverwirklichung vollzog sich meist im Wechselspiel von individueller Entfaltung und gesuchter Einbindung in eine ‚sodalitas‘ als die für den Humanismus unentbehrliche „kommunikative Lebensform" (Otto Herding); sie trug vor allem dazu bei, soziale Unterschiede zu überwinden. Kommunikation war ein Basiselement des Humanismus, auf ihr beruhte jene ‚humanistisch-reformistische Öffentlichkeit‘, die entscheidend die Verbreitung von Luthers Thesen förderte. Zentren des Humanismus um 1517 waren bei regionalen Unterschieden Städte im Oberrheingebiet, in Ober-, Süd- und Nordwestdeutschland sowie in Thüringen und auch noch Wien.

Der deutsche Humanismus zeitigte schon seit dem 15. Jahrhundert starkes Interesse an theologisch-religiösen Problemen. Die Vertreter, die besonders während des Jahrzehnts von 1510 bis 1520 in ihre editorischliterarische wissenschaftliche Arbeit die Bibel und altchristliche Literatur einbezogen und über diese Tätigkeit eine Reform der Kirche zu bewerkstelligen hofften, werden von Cornelis Augustijn unbeschadet aller Unterschiede und inneren Gegensätze als ,biblische Humanisten' bezeichnet. Diese Gruppe erreichte mit Reuchlin und besonders Erasmus von Rotterdam als bekanntestem Exponenten um 1520 ihren stärksten geistigen Einfluß. Ihrem kirchlichen Reformprogramm schienen Luthers Thesen und Forderungen an die Kirche während der Anfangsjahre der Reformation weitgehend zu entsprechen. So vermeinten sie, in Luther einen klugen und gelehrten Mitstreiter zu erkennen, den sie nicht nur als einen der Ihren begrüßten, sondern dessen Gedanken – vor allem seine Ablehnung der Scholastik und seine Berufung auf die Bibel als eine Quelle – sie diskutierten und nachhaltig unterstützten. Stark unterstützt wurde Luther außerdem von jenen humanistisch gebildeten Männern, die als Stadtschreiber und Juristen im städtischen oder als Räte im Dienst weltlicher und geistlicher Fürsten auch literarischen Neigungen nachgingen, sie aber nicht nur aus ,privatem' Interesse verfolgten, sondern in ihren ,öffentlichen' Aufgabenbereich insofern übertrugen, als sie aus gelehrten Erkenntnissen Anregungen zu Neugestaltungen innerhalb ihrer beruflichen Verantwortungsfelder zu entnehmen anstrebten. Daß Humanisten ohne derartige berufliche Einbindungen, wie Ulrich von Hutten und seine Gesinnungsgenossen, in Luther einen der Ihren vermuteten, ergab sich fast selbstverständlich. Ihrer aller Unterstützung drückte sich darin aus, daß sie Luther nicht nur in ihren Sodalitäten beipflichteten, sondern vor allem seine Thesen und polemische Kirchenkritik verbreiteten.

Die Hilfe der Humanisten wurde von Luther akzeptiert, ihre philologisch-editorische Arbeit auch später noch voll gewürdigt, aber mit ihren Fortschritts- und Weltverbesserungsvorstellungen identifizierte er sich nicht. Er verdankte den Humanisten ersten Anklang und Widerhall. Ihre Anhängerschaft in den Anfangsjahren war wichtig, denn hier war ein Kreis, der starken geistigen Einfluß ausübte oder im Bereich von Obrigkeiten maßgebliche Funktionen wahrnahm. Ohne ihren Rückhalt und Kommunikationszusammenhang wäre Luther wohl gescheitert. Daß bei aller Vielschichtigkeit die humanistische Erneuerungsbewegung und die lutherische Reformation ihrem Wesen nach nichts entscheidend Gemeinsames aufwiesen, erkannte die Mehrzahl der Humanisten offenbar nicht so schnell. Langsam zu scheiden begannen sich die Geister um 1520, besonders infolge Luthers Schrift ,De captivitate Babylonica ecclesiae praeludium'.

Über das Verhältnis von Reformation und Humanismus im dritten Jahrzehnt werden in der Forschung unterschiedliche Auffassungen ver-

treten. Unlängst ist Augustijn der vorherrschenden Meinung entgegengetreten, die Humanisten hätten sich so aufgespalten, daß sich der kleinere
Teil der evangelischen Reformation angeschlossen, die Mehrheit sich aber
mehr oder minder nachdrücklich zur überlieferten Kirche bekannt habe.
Er bezweifelt, daß bereits ein Zwang bestanden habe, sich eindeutig für
oder wider die evangelische Reformation zu entscheiden und daß es des-
wegen zur klaren Zweiteilung der humanistischen Bewegung gekommen
sei. Zumindest ein Kern der biblischen Humanisten habe seine Eigenart
gewahrt, indem er einerseits allen Widrigkeiten zum Trotz seine kirchlichen Ideale weiterhin vertreten konnte und sein theologisches Programm
fortführte sowie andererseits erlebte, daß Teile seines Reformprogramms
von der evangelischen Reformation verwirklicht zu werden schienen.
Nicht einmal die frontenklärende Auseinandersetzung zwischen Luther
und Erasmus über die Willensfreiheit des Menschen habe zu einer
absoluten Scheidung zwischen lutherischer Reformation und ‚biblischem
Humanismus‘ geführt. Die biblischen Humanisten hätten sich jedoch
nicht mit den Reformatoren identifiziert, weil diese die humanistischen
Reformvorstellungen auf unverantwortbaren Wegen zu realisieren anstrebten, vor allem durch ihren ,,Angriff auf die sakramentale Struktur
der Kirche“. Außerdem schreckten sie Folgen und Tragweite der lutherischen Reformation ab, beginnend bei den reformatorischen Bewegungen,
die viele als Herrschaftsstreben des ‚Pöbels‘, als revolutionäre Erscheinungen interpretierten. Für gesellschaftliche Folgerungen besaßen sie
kein Verständnis, den Bauernkrieg erklärten sie zur Konsequenz dessen,
daß Luther seine berechtigte Kirchenkritik einmünden ließ in einen
Kampf um die gottgegebene gesellschaftliche Ordnung. Die Humanisten
wurden demnach weniger durch Luther verstört als durch die Wirkungen, die er entbunden hatte.
Die Thesen Augustijns werden bestritten einerseits dahingehend, daß
es nach 1520/21 die Gruppe der biblischen Humanisten nicht mehr gegeben habe; andererseits wird darauf hingewiesen, daß gerade biblische
Humanisten den Kristallisationskern der schweizerisch-oberdeutschen
reformatorischen Bewegungen gebildet hätten, an ihrer Spitze Bucer und
Zwingli. Diese Diskussion dürfte weitergehen unter Berücksichtigung
von Lutz’ These, daß eine Gruppe unter den Humanisten eine eigene
Reformbewegung, die ,,kirchliche Via media“, vertreten habe. Unbestritten bleibt, daß sich Humanisten und humanistisch gebildete Theologen,
vor allem jüngere, der evangelischen Reformation anschlossen und über
ihre literarisch-pädagogischen Interessen humanistisches Gedankengut in
die sich später ausbildenden Konfessionen einbrachten – allen voran Melanchthon. Humanistisch geprägt waren ebenfalls Vertreter der radikalen

Reformation. Außerdem blieben Humanisten weiterhin in kirchlichen Fragen tätig – auf dem Augsburger Reichstag von 1530, bei Religionsgesprächen, in der Zweiten Reformation – und ohne sie lassen sich kulturelle und politische Prozesse nicht erklären; aber entscheidende Bedeutung errangen sie nicht mehr. Entscheidend für die evangelische Reformation war insgesamt nur, daß sie von der humanistischen Bewegung während ihrer Anfangsjahre bewußt mitgetragen worden war.

Stadt

Dickens' prägnante Formulierung, die deutsche Reformation sei ein städtischer Vorgang gewesen, besagt, in Deutschland konnte die Reformation vornehmlich deshalb aufkommen, sich durchsetzen und dauerhaft behaupten, weil in deutschen Städten einerseits die Voraussetzungen gegeben waren, Luthers Anstöße zu erfassen, in reformatorische Bewegungen umzusetzen und sie zu verwirklichen, andererseits diese Städte danach über Willen und Kraft verfügten, ihre evangelischen Reformationen gegen den Kaiser und Gegner jedweder anderer Herkunft, einschließlich der herkömmlichen Kirche zu verteidigen. Die Reformationen führten die spätmittelalterliche städtische Kirchenpolitik fort, wobei Luthers Ideen zunächst von Unter- und Mittelschichten aufgegriffen und mit sog. ‚Demokratisierungs‘-bestrebungen verbunden wurden. Für den Erfolg in Deutschland und für die Weltwirkung der Reformation waren die reformatorischen Bewegungen in den Städten und danach die evangelischen Städte selbst ausschlaggebend, nicht aber jene Fürsten, die sich der lutherischen Reformation anschlossen. Der ländlichen Bevölkerung wird von Dickens keine schöpferische Rolle in der Reformation zugesprochen.

Die These von Dickens war 1974 nicht nur wegen ihres Gehalts bedeutsam, sondern auch auf dem Hintergrund der forschungsgeschichtlichen Tatsache, daß bis dahin Verhältnis und Zusammenhänge von Stadt und Reformation zwar in dem Werk von Moeller (1962) und in einigen Spezialstudien untersucht, in übergreifenden Darstellungen zur Reformation aber weitgehend als zweitrangig behandelt worden waren. Dieses Mißverhältnis wurde 1976 in einem Forschungsbericht von Hans-Christoph Rublack analysiert und reflektierend aufgezeigt, wobei er zugleich auf weitere Aufgaben hinwies. Rublack gelangte zur Aussage, daß unabhängig von offenen Fragen allgemein für die „Frühphase der Reformation" die „Schrittmacherfunktion der deutschen Städte", besonders der Reichsstädte, anerkannt werde. Festhalten lasse sich außerdem im Streit um die Frage, ob es städtische Reformationen gegeben habe, die nur ‚von unten‘ durchgedrückt oder nur ‚von oben‘ oktroyiert worden seien, daß in der Stadt neue Glaubensinhalte weder auf dem Wege einer ‚Ratsreformation' ohne Widerhall in der Bevölkerung durchgesetzt noch ohne Mitwirkung eines Stadtrates ‚von unten' durch eine reformatorische Bewegung vollzogen worden sind. Umstritten sei dagegen, ob eine Kontinuität bestanden habe zwischen städtischer Kirchenpolitik vor 1517 und derjenigen, der durch reformatorische Lehren neue Inhalte vermittelt wurden. Die unterschiedlichen Auffassungen ließen sich in dem Gegensatz von ‚Resakralisierung' und ‚Desakralisierung' erfassen.

Die ‚Resakralisierungs'-These verficht Moeller, dessen ‚Reichsstadt und Reformation' als „heute maßgebende synthetisierende Interpretation" charakterisiert wird. ‚Resakralisierung' besagt, die reformatorischen Bewegungen und städtischen Reformationen haben das Postulat der Genossenschaft als Grundgedanken städtischer Gemeinschaft wiederbelebt und sogar gesteigert, gefördert besonders im oberdeutschen Raum durch eine Übereinstimmung von städtischem Selbstverständnis und schweizerisch-oberdeutscher reformatorischer Theologie. Demgegenüber besagt die ‚Desakralisierungs'-These – vertreten vor allem von Ozment –, die Rezeption reformatorischer Anstöße habe säkularisierend gewirkt. Moellers Synthese wird außerdem von sozialgeschichtlich orientierten Historikern und der marxistisch-leninistischen Geschichtswissenschaft bestritten mit der These, daß die städtische Gesellschaft des 15./16. Jahrhunderts stärker gekennzeichnet gewesen sei durch Interessengegensätze und soziale Konflikte als durch genossenschaftliches Bewußtsein.

Jede Untersuchung zum Verhältnis von Stadt und Reformation muß von der Problematisierung der spätmittelalterlichen Stadt durch die Stadtgeschichtsforschung und deren Ergebnisse ausgehen. Zu ihnen zählt die Erkenntnis, daß in der Stadt eine Vielfalt gesellschaftlicher Voraussetzungen gegeben war, die sie zur Aufnahme und zum Widerhall von Kirchenkritik, Thesen und Lehren Luthers prädestinierten. Dazu zählten städtische Autonomiebewegungen und die mit ihnen eng verbundene Kirchenpolitik ebenso wie soziale Spannungen, humanistische Sodalitäten ebenso wie die Rolle der Städte als Kommunikationszentren. Neuere Einsichten in die Mannigfaltigkeit dieser Voraussetzungen, der Bedingungen und Unterschiede in Begleitumständen und Abläufen städtischer Reformationen unterstreichen Dickens' Warnung, keine voreiligen Modelle zu konstruieren. Dennoch lassen erkennbar Struktur und Verlaufsmuster generalisierende Aussagen zu.

Mit Schilling ist davon auszugehen, daß sich zwar „die in staats- und staatskirchenrechtlicher Hinsicht bedeutsame Trennung zwischen Reichsstädten mit [reichsrechtlich bestätigtem] ius reformandi und Territorialstädten ohne dieses Recht" erst aus dem Augsburger Religionsfrieden von 1555 ergab, aber in Fragen von Aus- und Rückwirkung städtischer Reformation auf das Außenverhältnis der jeweiligen Stadt es doch von Anfang an eine Rolle spielte, in welchen rechtlichen und politischen Beziehungen die einzelne Stadt zum aufsteigenden Territorialstaat stand. Diese ‚Außenbeziehungen' erlangten allerdings ausschlaggebende Bedeutung meist erst während der zweiten Jahrhunderthälfte und danach. Aber auch reichsstädtische Verhaltensweisen waren durch Außenverhältnisse bestimmt, beispielsweise zum Kaiser. Im Bereich der Territorialstädte ist außerdem zu unterscheiden zwischen kleineren und kleinsten Landstädten, in denen eine evangelische Reformation seitens des Landesherrn in Verfolgung territorialstaatlicher Reformation vorgenommen wurde, und jenen, meist größeren Landstädten, die sich unabhängig vom Landesherrn für eine evangelische Reformation entschieden. Zwischen letzterer Form von Landstadtreformation und einer Reichsstadtreformation gab es keinen grundsätzlichen Unterschied. Differenzieren läßt sich innerhalb dieser mannigfaltigen Gruppe für die Anfangsjahre zwischen jenen Städten, die sich im Südwesten des Reiches mit Zürich an der Spitze und Straßburg als einem weiteren Zentrum der schweizerisch-oberdeutschen Reformation nicht nur erschlossen, sondern als deren Kern zugleich einen zweiten aktiven Schwerpunkt evangelischer Reformation neben Luther und Wittenberg bildeten, und der Mehrzahl anderer Städte.

Die Frage nach dem Verhältnis zwischen Stadt und Reformation darf nicht eingeschränkt werden auf erfolgreiche städtische Reformationen. Sie stellt sich in gleicher Weise im Zusammenhang mit gescheiterten reformatorischen bzw. während der zweiten Jahrhunderthälfte sich entfaltenden evangelischen Bewegungen. Aus deren Analyse lassen sich unter Anknüpfen an Rublack Erkenntnisse gewinnen über notwendige Bedingungsfaktoren einer städtischen Reformation.

Sozialgeschichtlich ist davon auszugehen, daß städtische Reformationen ein Glied in jener Abfolge komplexer Spannungen und Auseinandersetzungen darstellten, in denen darum gerungen wurde, wie das öffentliche Leben entsprechend unterschiedlicher Interessenlage der sozialen Gruppen und Schichten in der jeweiligen Stadt gestaltet sein sollte. In Beantwortung der Frage, ob im Sozialsystem Stadt genossenschaftliches Bewußtsein im Sinne einer soziales und politisches Verhalten bestimmenden Interessengemeinschaft oder fortwährende Konfliktbewältigung als Reaktion auf einen gesellschaftlichen Antagonismus vorherrschend gewesen seien, divergieren die Auffassungen – unlängst manifestiert in der Kontroverse zwischen Moeller und Thomas A. Brady.

Mit der Reformation trat zu den politischen, sozialen und ökonomischen Ursachen innerstädtischer Streitigkeiten der religiös-kirchliche Faktor hinzu. Ob er in den reformatorischen Bewegungen vornehmlich motivierende und legitimierende Bedeutung besaß für die Durchsetzung materieller Interessen sozialer Gruppen oder ob reformatorische Bewegungen primär bedingt waren vom Kampf um den rechten Glauben mit dem Ziel, das ‚ewige Heil‘ des einzelnen zu sichern und zugleich eine „der Stadt und ihrem Bürgertum adäquate Gestalt von Religion und Kirche" (Schilling) zu verwirklichen, wird geschichtswissenschaftlich diskutiert. Erklärungsmuster, die existentiell begründetes geistiges Ringen nicht als einen genuinen Faktor in menschlichen Entscheidungen anerkennen unter den Bedingungen einer Zeit, deren religiöse Eingebundenheit eine unabdingbare gesellschaftliche Gegebenheit war, müssen vom Ansatz her als falsch bewertet werden. Reformatorische Bewegungen und städtische Reformationen schlossen soziale, politische und ökonomische Faktoren ebenso zweifelsfrei ein, wie überkommene Konfliktherde durch reformatorische Agitation ‚von unten‘ noch ausgeweitet werden konnten, aber reformatorische Bewegungen resultierten ihrem spezifischen Ursprung nach einerseits aus Sorge um und Suchen nach Heilsgewißheit, andererseits aus der Annahme, durch Wiederherstellung des ‚rechten Glaubens‘ seien nicht nur die Übereinstimmung mit Gott, sondern auch gottgewollte, gerechte gesellschaftliche Zustände wiederzugewinnen.

Aus der Vorstellung von geistlicher und weltlicher Einheit, die es zu bewahren galt, stellte für den Rat seine Entscheidung in Fortführung überlieferter Kirchenpolitik sowohl ein Problem ‚geistlicher Verantwortung‘ als auch eine Machtfrage dar. Sein Selbstverständnis von ‚Stadtregiment‘ manifestierte sich im Verlauf evangelischer Reformation in der städtischen Kirchenordnung und im Kirchenregiment. Als legitimiert durch seinen ‚geistlichen Auftrag‘ wurde es vom Rat ebenfalls verstanden, wenn er Klostergut und geistlichen Besitz säkularisierte zugunsten städtischer Belange, z. B. zum Unterhalt von Schulen.

Städtische Reformationen setzten voraus, daß der Bevölkerung reformatorische Ideen vermittelt worden waren. Eingedrungen waren sie über das Kommunikationssystem der Klöster des Augustiner-Eremiten-Ordens und der ‚humanistisch-reformistischen Öffentlichkeit‘ oder unmittelbar über gedruckte Schriften Luthers, vermittelt vielfach durch eine „Koalition zwischen Stadtprädikatur und städtischer Lateinschule" (Oberman, 84), ergänzt in einem späteren Stadium durch anderweitige reformatorische Literatur, vielfach außerdem auf kirchlichen Nachrichtenwegen und über kirchliche Medien. ‚Unter das Volk gebracht‘ wurden reformatorische Gedanken und Forderungen vor allem durch die Predigt

– als Mittel der Sozialkontrolle problematisiert von Scribner. Aber nicht
nur die Prädikanten popularisierten die reformatorisch-evangelischen
Gedanken. Seine Propagandisten und Vermittler waren außerdem Angehörige jener Berufe, die im städtischen Kommunikationssystem Schlüs-
selstellungen einnahmen. Diese Mannigfaltigkeit der Medien trug dazu
bei, daß sich in den Städten jene reformatorische Öffentlichkeit (s. Kap.
Reformatorische Öffentlichkeit) entfaltete, die sich auf der Basis besonders günstiger Rezeptionsbereitschaft als ein entscheidender Faktor des
Erfolgs der evangelischen Reformation bewerten läßt.

Zu weiteren wesentlichen Problemen der Erforschung städtischer Reformation gehört die Frage, ob sich schichtenspezifische Einstellungen
für oder wider reformatorisch-evangelische Gedanken und Forderungen
feststellen lassen (s. Kap. Reformatorische Bewegungen), wobei sich als
ein Kriterium erweist, ob jeweilige innerstädtische Auseinandersetzungen vor der Reformation stattgefunden hatten oder sich im Zusammenhang mit ihr abspielten. Generelle Antworten erscheinen unzulässig, fest-
stellbar ist im allgemeinen nur eine größere Aufgeschlossenheit bei Un-
ter- und Mittelschichten sowie Zurückhaltung bei Oberschichten. Deut-
liche Vorbehalte lassen in den meisten Städten die Räte erkennen, allerdings vielfach nicht einstimmig getragen und unterschiedlich motiviert,
nicht nur religiös oder aus dem Außenverhältnis begründet, sondern auch
geprägt aus Sorge vor innerstädtischen gesellschaftlichen Folgerungen.
Dennoch mußte mancher städtische Rat entgegen eigenem Wollen unter
Druck ‚von unten‘ und um Gewaltsamkeiten vorzubeugen zu evangelischer Reformation schreiten. Er beugte sich dem Willen reformatorischer
Bewegungen, weil die eigenen Zwangsmittel, der Gewalt ‚von unten‘
Widerstand ‚von oben‘ entgegenzusetzen, begrenzt waren. Hieraus resultierte als typische Argumentationsfigur städtischer Obrigkeiten zur
Rechtfertigung städtischer Reformation – vor allem nach außen –, es habe
im Interesse der Aufrechterhaltung öffentlicher Ordnung einer einheitlichen Regelung der religiös-kirchlichen Probleme bedurft. Diese Neuordnung konnte jedoch solange nicht als gesichert angesehen werden, wie
sich nicht zumindest ein Teil der Oberschicht mit ihr identifizierte.

Unabhängig davon, daß das Verhältnis zwischen Stadt und Reformation weitere Fragen aufwirft – eine der wichtigsten betrifft die Stadt-
Land-Beziehungen –, erscheint es geboten, abschließend auf Dickens'
These zurückzukommen. Mit Rublack ist ihr für die entscheidenden Anfangsjahre zuzustimmen, begründet sind jedoch die Einwände von Martin Brecht und Oberman, daß ihr nicht uneingeschränkt beigepflichtet
werden könne, weil sie die Bedeutung unterschätzt, welche Territorien
und die sog. Fürstenreformation (s. S. 66 f.) für die evangelische Reforma-

tion nach der ‚Frühphase‘ gewannen. Für spätere Phasen der evangelischen Reformation spricht der historische Befund gegen Dickens. Seine These hat die Forschung stark angeregt; bei ihrer Diskussion und Rezeption muß jedoch stets reflektiert werden, daß sie einerseits die Reformation aspekthaft orientiert interpretiert, andererseits aber verkürzt wiedergegeben wird, ohne Hinweis darauf, daß sie dem Zwecke dient, die städtisch getragene Reformation von der „stabilen aber sterilen“ der Fürsten abzuheben. Wenn Dickens letztere als „a second Reformation“ (196) bezeichnet, verwendet er diesen Begriff grundverschieden von dem der Zweiten Reformation (s. S. 61 f. u. S. 225 ‚Nachtrag‘).

Reformatorische Öffentlichkeit

Eine Grundbedingung für Erörterung und Widerhall, Aufnahme und Aneignung reformatorischer Gedanken und Forderungen waren ihre Mitteilung und Vermittlung in einem zeitbedingten Mediensystem, das als ‚reformatorische Öffentlichkeit‘ bezeichnet werden kann. Ihre Formen und ihr Wesen müssen analysiert, erklärt und beschrieben werden, um sie einerseits in ihrer Zeitbedingtheit problematisieren sowie ihre Bedeutung für die Reformation bestimmen zu können, andererseits aber auch abzuheben von gegenwärtigem Inhalt der Begriffe ‚Öffentlichkeit‘ und ‚öffentliche Meinung‘. Der Begriff ‚reformatorische Öffentlichkeit‘ knüpft nicht an das Substantiv ‚Öffentlichkeit‘ an, das seit der zweiten Hälfte des 18. Jahrhunderts aufkam, sondern an das Adjektiv ‚öffentlich‘, das um 1500 noch nicht die spätere Bedeutung von ‚staatlich‘ besaß, vielmehr ‚klar‘, ‚offensichtlich‘ bzw. ‚bekannt sein‘ bezeichnete. Darüber hinaus begann sich die Wortbedeutung um den Aspekt der Intention zu erweitern, d. h. die Vorstellung, daß etwas dazu bestimmt ist, allgemein bekannt zu werden, oder die Ansicht, daß sein Bekanntsein nicht verhindert werden könne.

Vorangegangene sektorale Mitteilungsprozesse – wie der ‚humanistisch-reformistische‘ und der ‚obrigkeitliche‘ – wurden überlagert durch ein System, in das der Gemeine Mann bewußt dadurch einbezogen werden sollte und war, daß mündliche, visuelle und literarische Medien jedermann zugänglich waren, bzw. von jedermann benutzt oder zumindest zur Kenntnis genommen werden *konnten*. Eine derartige Sachlage ist von Otto Groth (1875–1965) als ‚öffentlich‘ qualifiziert worden, und in solchem Sinne läßt sich auch von ‚Öffentlichkeit‘ sprechen. Dieser Öffentlichkeit fehlten wichtige Kriterien, die das moderne Begriffsverständnis annahm – vor allem jene Kennzeichen, die dem bürgerlich-demokratischpolitischen Bezugssystem entstammen, Alphabetisierung voraussetzen und von einem gewissen Grad ‚bürgerlicher‘ Bildung ausgehen. Die Unterschiedlichkeit muß sich aus der Begrifflichkeit klar ergeben. Durch Qualifizierung als ‚reformatorisch‘ wird verdeutlicht, daß es sich nicht um den modernen Begriff handelt, zugleich die spezifische Bedingtheit des historischen Phänomens gegenüber früheren Formen gekennzeichnet sowie die Reformation als sein Bezugsfeld angegeben.

Die reformatorische Öffentlichkeit wird gegenwärtig stark erörtert. Im Mittelpunkt empirischer Forschungen stehen die zeitgenössischen Druckerzeugnisse; unter theoretischem Aspekt wird diskutiert, ob und gegebenenfalls in welcher Weise es sich bei dieser Kommunikationssituation um eine gegenüber früheren in kennzeichnender Weise erweiterte, aber zeitbedingt einmalige Form sozialer Verständigung oder aber um die erste Stufe eines Kommunikationssystems handelte, das sich als ‚bürgerliche Öffentlichkeit‘ entwickelte. Derartige Ansätze tragen dazu bei, den Kenntnisstand an Fakten und Sachverhalten zu erweitern und zu problematisieren, erklären jedoch nur bedingt, wie sich die Vermittlung reformatorischer Ideen als Massenphänomen vollzogen hat. So verweist beispielsweise die empirisch dokumentierte These, daß es ohne den Humanismus keine Reformation gegeben haben würde (s. S. 114), sowohl auf das sachbezogene große Interesse der Humanisten an Luther als auch auf Rolle und Bedeutung von Informationsübermittlung und Meinungsaustausch innerhalb dieser sozialen Gruppe – gefaßt im Begriff ‚humanistisch-reformistische Öffentlichkeit‘ –, läßt jedoch weitgehend offen, wie sich die Vermittlung zwischen diesem sehr kleinen, sich elitär begreifenden Kreis, und der Bevölkerung, dem Gemeinen Mann, vollzog. Sie geschah zunächst weitestgehend mündlich, ursprünglich wohl vornehmlich über die Predigt, in der an den humanistischen Informationsprozeß angeschlossene oder die lateinischsprachige Diskussion rezipierende Prädikanten sich mit Luthers Kirchenkritik und evangelischen Erkenntnissen identifizierten sowie ihr Wissen und ihre Überzeugungen weitergaben.

Dieser komplexe Vorgang in einer Gesellschaft ohne allgemeines Schulwesen mit entsprechendem Bildungsstand schlug sich allerdings selten in ausführlicher schriftlicher Überlieferung nieder, ebensowenig lassen sich aus den Quellen belegbare Aussagen darüber entnehmen, ob registrierter großer Zulauf und offenkundiges Interesse gleichbedeutend waren mit dauerhafter Wirkung. Zwischen neugierigem Zuhören, vielfach belegter Forderung nach dem ‚Hören von Gottes Wort‘ und verinnerlichter Rezeption klafft eine Spanne, zu deren Ausfüllung die Quellen wenig Materialien überliefern. Aussagen über Aufnahme und überzeugte Aneignung reformatorischer Lehren werden historiographisch meist aus späteren Fakten abgeleitet. Derartige Rückschlüsse sind nicht zu vermeiden, können jedoch komplizierte Wirkungsprozesse als stringente Abläufe und die Durchsetzung reformatorischer Lehren als ausschließlich religiös bedingt, nicht aber als Ergebnis eines Zusammentreffens verschiedener Faktoren einschließlich vor 1517 zurückreichender Bedingungsstränge erscheinen lassen. Zur Entstehung entsprechender komplexer Sachverhalte trug offenkundig die reformatorische Öffentlichkeit entscheidend bei.

Jede Analyse eines Kommunikationssystems muß ausgehen von der Frage nach den Erscheinungsformen und -bedingungen sowie nach den Eigenschaften der Medien. Während des 16. Jahrhunderts waren Informationsmitteilung, Meinungsaustausch und soziale Verständigung bestimmt durch mündliche Formen: Gerücht und Geschwätz, Lied und Gesang, Gespräch und Diskussion im Wirtshaus und beim Kirchgang, auf Markt und Straße ebenso wie bei der Arbeit, durch Ausruf und Verkündigung von Rathaus und Kanzel. Die Predigt gewann ihre herausragende Rolle nicht nur, weil sie jedermann zugänglich und über die deutsche Sprache verständlich war und ihr über die zentrale Bedeutung der evangelischen Verkündigung von Gottes Wort hinaus sogar Heilsvermittlung zugesprochen wurde, sondern auch, weil die in ihrer meinungsbildenden Wirkung keinem anderen Medium vergleichbare Predigtöffentlichkeit bewußt zu Agitation und parteilicher Stimmungsmache benutzt wurde. Derartiger Parteilichkeit dienten vielfach auch Disputationen.

Parallel zu und zugleich in Wechselwirkung mit allen Formen mündlicher Kommunikation entfaltete sich das Lesen zu einem weiteren wirksamen Vermittler des mobilisierenden reformatorischen Gedankenguts, jedoch ist hierbei zu reflektieren, daß zu eigener Lektüre trotz gestiegener Lesebereitschaft nur zeitweise mehr als fünf bis allerhöchstens zehn Prozent der Gesamtbevölkerung – bei starker Differenzierung zwischen Stadt und Land – befähigt gewesen sein dürften. Lesen vollzog sich jedoch keinesfalls nur in Form von persönlicher Lektüre mit individueller Reflexion, sondern vor allem als ‚Lesung‘ im Sinne von Vorlesen. Auf diese Weise wurden Mitteilungserfassung, Inhaltsdiskussion und Ideenrezeption für größere Zuhörergruppen ermöglicht. Dieser Gestaltung von Lesen entsprachen Wandlungen in Struktur und Inhalt der gedruckten Medien. Nicht Wissensvermittlung oder Mitteilung von Informationen, sondern Meinungsbildung war ihre Zielsetzung. Sie stand im Zentrum einer aktualitätsbezogenen Literatur, wie sie sich zwar noch im 15. Jahrhundert entwickelt hatte, aber nach 1517 in einem zuvor unbekannten Umfang als ‚Tagesschrifttum‘ hervortrat. Unter Aktualität ist

dabei nicht nur gegenwartsbezogene Auseinandersetzung mit Ereignissen
zu verstehen, sondern auch Reaktualisierung bekannter Phänomene der
Vergangenheit zum Zwecke von Erörterung und Bewältigung dieser Gegenwart, z. B. die Verwendung von ‚Geschichte' als politischem Argument. Solcher Aktualisierung konnten sich Medien aus dem visuellen
Kommunikationsbereich einschließlich Mischformen ebenfalls bedienen,
wenn sie für oder gegen die Reformation eingesetzt wurden – beispielsweise Fastnachtsspiele ebenso wie das Drama und vor allem auch Mittel
der bildenden Kunst (s. Kap. Reformation – Bildende Kunst).

Die erhebliche Bedeutung des Tagesschrifttums beruhte vor allem auf
drei Voraussetzungen: auf der Entwicklung des Buchdrucks, auf der Verwendung von Volkssprache und auf den literarischen Thematisierungen.
Technik und Arbeitsformen boten die Basis für eine zeitentsprechende
Massenproduktion des Buchdrucks: Als sie sich infolge der Reformation
entfaltete, kam es zur Herausbildung der Arbeitsbereiche von Druckerei,
Verlag und Vertrieb (über Buchführer und Buchhandel). Flexibel genug,
sich in Herstellungs- und Verbreitungsformen den jeweiligen Bedürfnissen anzupassen, wurde die ‚Schwarze Kunst' ein expandierendes Gewer-
be. Die Nachfrage nach Druckerzeugnissen und unternehmerische Spe-
kulation, gefördert durch zeitüblichen nichtautorisierten Nachdruck, bestimmten die Produzenten ebenso wie ihr sachbezogenes Interesse am
Gehalt.

Voraussetzung für die Rezeption reformatorischen Gedankenguts
durch alle gesellschaftlichen Schichten über das Tagesschrifttum war angesichts der soziokulturellen Inhomogenität die Verwendung von Volkssprache und die Überwindung der Sprachbarriere zwischen Ober- und
Niederdeutsch. Daß die Ablösung des Lateinischen durch Deutsch bewußt vollzogen wurde, belegen vor allem Hutten und Luther. Hatte
Luther seine Ablaßthesen noch 1518 in Latein verteidigt, so überwogen
schon 1519 seine dreizehn deutschsprachigen Veröffentlichungen die
zehn lateinischen, und seit 1525 schrieb er nur in Ausnahmefällen lateinisch, so daß seine Bücher zur Benutzung durch Ausländer in Latein
übertragen werden mußten.

Seit 1518 stieg die Produktion des Druckereigewerbes gewaltig an: Die
Auflagen erhöhten sich, besonders aber wuchs die Zahl der Drucke, vor
allem der deutschsprachigen. Nach Engelsing waren zu Beginn des
16. Jahrhunderts im Durchschnitt jährlich 40 deutsche Titel gedruckt
worden, dagegen lassen sich für 1519 bereits 111 und für 1523 sogar 498
nachweisen; von diesen 498 befaßten sich 418 mit Problemen der Reformation, hauptsächlich aus reformatorischer Sicht. Der Höhepunkt war
1523/24 mit etwa tausendfacher Steigerung der Drucke gegenüber 1517

erreicht, wobei der Begriff ‚Drucke‘ alle Erscheinungsformen des Buchdrucks umschließt. Der Hauptanteil reformatorischer Veröffentlichungen entfiel auf Schriften Luthers einschließlich ihrer Nachdrucke und
gedruckter, von anderen bearbeiteten Nachschriften, besonders seiner
Predigten. Nicht nur ihre Zahl sank seit Mitte der zwanziger Jahre, sondern generell die literarische Produktion zur Reformation. Der weitere
Kampf um die evangelische Reformation führte zwar anläßlich besonderer Ereignisse zu jeweiligem neuen Anstieg konfessioneller Drucke, erreichte aber während des Reformationszeitalters niemals mehr die Pro-
duktionszahlen aus der Phase der reformatorischen Bewegungen.

Der quantitativen entsprach eine qualitative Veränderung. An die Stelle
überlieferter literarischer Gattungen, vor allem eines zeitentsprechenden
Unterhaltungsschrifttums, trat in Wechselwirkung zur Interessenverlage-
rung beim Rezipienten infolge des Angebots eines neuen religiös-gesell-
schaftlichen Bezugssystems reformatorische Literatur, und zwar in vielfältigen Arten und Formen. Ihrer Produktion kam zugute, daß infolge
allgemeiner Verwirrung und Schwäche zahlreicher Obrigkeiten die Zensur versagte oder zumindest leichter als zuvor und später überspielt werden konnte. Repressive Maßnahmen wurden zusätzlich dadurch er-
schwert, daß nicht dickleibige oder gelehrte Bücher gefragt waren, sondern Gebrauchsliteratur, d. h. vor allem Flugschriften und Flugblätter.
Ihre Autoren bedienten sich bei Wiedergabe oder auch zu vereinzelter
Widerlegung reformatorischer Gedanken sowohl überlieferter literarischer Muster als auch neuer Stilmittel. Neben Predigt, Predigtsammlun-
gen, Protokolle und Erklärungen trat vor allem der Prosadialog im Ge-
sprächsbüchlein, eingesetzt wurden außerdem Briefe mit vorgeblich pri-
vatem und Sendschreiben mit öffentlichem Charakter, Schutzrede und
Protestation, Spruchgedichte und politisches Lied, Pasquille und Satire,
Parodie und Fabel und sog. Schelt- oder Schand- sowie Himmels- und
Teufelsbriefe.

Im Zentrum der gegenwärtigen Untersuchungen zum Tagesschrifttum
stehen die Flugschriften, dennoch ist der Forschungsstand bisher unbe-
friedigend. Von den im deutschen Sprachgebiet zwischen 1501 und 1530
gedruckten Flugschriften sind etwa 11000 verschiedene Ausgaben überliefert, von denen die überwiegende Mehrzahl im dritten Jahrzehnt erschien. Diese Flugschriften und die Flugblätter waren in ihrer Mehrheit
auf das Verständnis des Gemeinen Mannes konzipiert. Bebilderung des
Titelblattes bei einer Flugschrift und besonders die Illustration eines
Flugblattes durch einen Holzschnitt erhöhten seine Wirkungsmöglich-
keiten, denn visuelle Erfassung des schriftlich formulierten Inhalts durch
Anschauen und ‚Lesen‘ des Bildes gesellte sich zum Lesen-Hören als

Rezeptionsform. Das Bild ,sprach' für die Zeitgenossen, weil sie, durch die Kirche ,geschult', fähig waren, als Allegorien wiedergegebene ,Realia' zu erkennen und zu begreifen (s. S. 135). Daraus folgert, daß Flugschriften und Flugblätter nicht isoliert behandelt, zumindest aber stets in funktionalem Zusammenhang mit allen gleichzeitigen Medien nur als Mittel gesehen werden dürfen, Zeitgenossen zu überzeugen und in ihrem Handeln zu beeinflussen. Derartige Agitation wurde von Luther zeitentsprechend durch die theologischen Kategorien ,Schriftprinzip' und ,Laienpriestertum' gerechtfertigt.

Der öffentliche Meinungsaustausch und die reformatorische Diskussion in allen Ständen und sozialen Schichten durchbrach sozialgruppen- oder standesbezogenes Denken und erweiterte die bisher vornehmlich lokal-regionalen bzw. internen, sektoralen Diskussionsprozesse von Obrigkeiten und Humanisten zu einem zumindest zeitweise potentiell überregionalen Kommunikationssystem unter Einbeziehung des Gemeinen Mannes, jedoch wurden die älteren Kommunikationssysteme keineswegs dauerhaft abgelöst. Zu den Medien dieser für die Anfangsjahre der Reformation spezifischen öffentlichen reformatorischen Diskussion zählten aber weiterhin vornehmlich die einleitend benannten Formen verbaler Kommunikation. Sie lassen sich zwar quellenbedingt noch schwieriger belegen als Zuhören und Diskussion von ,Lesungen', waren und blieben aber unzweifelhaft die Grundlage des Kommunikationssystems. Hier können sie ebensowenig wie die visuellen Medien oder Kommunikation durch Aktion (z. B. Demonstration und Auflauf) ausführlicher dargestellt und in ihrer jeweils besonderen Funktion im öffentlichen Meinungsbildungsprozeß verortet werden. Der Historiker muß sich jedoch dieser Basis sozialer Verständigung stets bewußt bleiben – auch im Zusammenhang mit der weitestgehend akzeptierten These, daß zentrale Bereiche des so analysierten und beschriebenen vielseitigen Mitteilungs- und Verbindungssystems zunächst und vornehmlich die Städte darstellten, die als einzelne ein jeweils eigener, zugleich aber besonders intensiver Kommunikationsraum waren, der auf Grund der Stadt-Land-Beziehungen auf die Umgebung ausstrahlte.

Die Bedeutung der Stadt als Kommunikationszentrum und die Tatsache, daß vornehmlich literarische Quellen überliefert sind, hat Literaturwissenschaftler veranlaßt, die Kommunikationssituation während der ersten Reformationsjahre als ,bürgerliche Öffentlichkeit' zu erklären. Sie berufen sich dabei auf Jürgen Habermas, der bürgerliche Öffentlichkeit als ,,epochaltypische Kategorie" in seiner Untersuchung über ,,Strukturwandel der Öffentlichkeit" eingeführt hat. Diese Kategorie wird definiert als historische Grundaussage mit dem sozialgeschichtlichen Anspruch,

die literarisch-politische Kommunikation in der sog. klassischen bürgerlichen Gesellschaft begrifflich zu erfassen und bezeichnet das Begehren
des gebildeten und besitzenden Bürgers nach Teilhabe am öffentlichen,
d. h. staatlichen Leben. Ausdrücklich identifiziert Habermas bürgerliche
mit *literarisch* bestimmter Öffentlichkeit – ein Kriterium, das neben dem
Kennzeichen ‚bürgerlich‘ heranzuziehen ist, um die Frage zu beantworten, ob sein Modell das Wesen der öffentlichen Kommunikation während
der Reformation erklären hilft.

Bernd Balzer hat die Kategorie bürgerliche Öffentlichkeit konsequent
auf die reformatorische Kommunikationssituation angewandt und
kommt zu dem Ergebnis, daß die von Habermas entwickelten Kriterien
„für das bürgerliche Modell einer politisch fungierenden Öffentlichkeit
...“, an denen sich Struktur und Funktion öffentlicher Meinung zwischen
1517 und 1525 messen lassen ..., vollinhaltlich und nicht nur analog auf
die Periode der Frühreformation“ übertragbar seien und daß diese „weit
über eine nur phänomenologische Analogie hinaus ... das erste Beispiel
einer politisch fungierenden Öffentlichkeit bürgerlichen Zuschnitts“ gewesen sei (11 ff.).

Die Befragung der sog. frühreformatorischen Kommunikationssituation mit sozialwissenschaftlichen Modellen ist legitim, jedoch müssen
Möglichkeiten und Grenzen reflektiert werden. So ist zu bedenken, daß
es bei sozialwissenschaftlichen ‚Vorbildern‘ nicht um ihre ‚Anwendung‘,
d. h. schlichte vollinhaltliche Übertragung auf eine vergangene Wirklichkeit zur Ermittlung identischer Strukturen usw. gehen kann, sondern nur
um eine reflektierte ‚Befragung‘; sie soll dazu verhelfen, das ‚Besondere‘
und das ‚Gemeinsame‘ treffender zu erkennen. Schon die schlichte Übertragung konstituierender Kriterien, wie diejenige der Artikulation eines
politisch-emanzipatorischen Bewußtseins und der politischen Zielsetzung einer ‚bürgerlichen Öffentlichkeit‘, „die öffentliche Gewalt zur Legitimation vor der öffentlichen Meinung zu zwingen“, erweist sich als
höchst problematisch und jedenfalls quellenmäßig kaum abgesichert. Un-
haltbar ist die von Habermas übernommene Aussage, Religionsausübung
sei während der Reformation „Privatsache“ geworden. Daß sich gegen
die behauptete historische Stimmigkeit der angewandten sozialwissenschaftlichen „Kategorien“ (11 ff.) weitere Einwände vorbringen lassen,
kann hier nur angemerkt werden. Wichtiger erscheint, daß vor allem eine
der Bedingungen nicht gegeben war, die als Voraussetzung für eine Übertragung des Modells unabdingbar ist, eine *literarisch bestimmte* Öffentlichkeit, also eine vom Wesen her überregionale und damit ‚abstrakte‘
Kommunikation. Im dritten Jahrzehnt des 16. Jahrhundert entfalteten
zwar Tagesschrifttum und Druckerzeugnisse jedweder Art eine bedeu-

tende Wirksamkeit, charakterisierten aber *nicht* das Wesen der ‚konkreten' städtebürgerlichen Kommunikationssituation. Sie war von Mündlichkeit – ‚face to face' – bestimmt, und das bis hin ins 19. Jahrhundert. Darüber hinaus bleibt die These von einer Identität stadtbürgerlicher Gesellschaft in der Reformationszeit mit jener ,,Schicht der ‚Bürgerlichen'‘‘, die von Habermas als Träger der ‚bürgerlichen Öffentlichkeit' analysiert werden, unbewiesen. ‚Bürgerlich' im Sinne von Habermas läßt sich als Kategorie nicht gleichsetzen mit ‚bürgerlich' während der Reformationszeit. Es erweist sich daher als unzulässig, Habermas' Begriff ‚bürgerliche Öffentlichkeit' auf den reformatorischen Kommunikationsprozeß anzuwenden.

Auch Jürgen Schutte strebt an, die reformatorische Kommunikationssituation in den Enwicklungsprozeß der bürgerlichen Gesellschaft einzuordnen. Seiner Auffassung nach läßt sich jedoch ,,für die Reformation bis 1525 von ‚Öffentlichkeit' und ‚öffentlicher Meinung' nur in einem eingeschränkten Sinne sprechen ... Gleichwohl ist die Idee einer bürgerlich-liberalen Öffentlichkeit als Fluchtpunkt des reformatorischen Ansatzes bereits in den laizistischen Vorstellungen lutherischer Theologie enthalten. Der säkulare Prozeß der Herausbildung eines bürgerlichen Publikums, das aus einem Adressaten der Obrigkeit zu einem kritischen Kontrahenten sich wandelte, scheint *modellhaft* vorweggenommen in der Entfaltung einer ‚öffentlichen Meinung' von 1517 bis an die Schwelle des Bauernkrieges‘‘ (8). Dementsprechend verwendet Schutte nicht den Begriff ‚bürgerliche Öffentlichkeit', sondern den einer ‚reformatorischen Öffentlichkeit', und selbst dieser Begriffsbildung scheint er nur heuristischen Charakter zuzuweisen. Bedenken stellen sich bei derartiger Anwendung des Modells von Habermas vor allem ein im Zusammenhang mit dem Bezug der These auf die Entwicklung der bürgerlichen Gesellschaft, dennoch erscheint sein Erklärungsansatz weiterhin diskutabel. Schuttes Terminus ‚reformatorische Öffentlichkeit' steht jedoch infolge seiner Verknüpfung mit der These von einer ‚deutschen frühbürgerlichen Revolution' (s. Kap. Reformation – Revolution) in einem anderen Bezugssystem als der Begriff, dessen Verständnis hier einleitend entwickelt wurde und der hier weiterhin verwendet wird.

Die reformatorische Öffentlichkeit zählte, so läßt sich abschließend und zugleich thesenhaft zusammenfassend festhalten, zu den wichtigsten Bedingungen der Reformationsphasen von 1517 bis 1525. Diese überregionale und zugleich Sozialgruppen und Standesdenken überwindende Kommunikationssituation war geprägt durch die bewußte Einbeziehung des Gemeinen Mannes – so geprägt, daß Gemeiner Mann und reformatorische Öffentlichkeit korrelativ erklärt werden können. Die reformatorische Öffentlichkeit trat an die Stelle spätmittelalterlicher lokaler und regionaler Öffentlichkeiten und der humanistisch-reformistischen Öffentlichkeit, sie überspielte zeitweise auch die obrigkeitliche Öffentlichkeit. Bestimmt blieb sie – wie zuvor lokale und regionale Öffentlichkeiten – von mündlichen Medien, ihre Informations- und Verständigungsinhalte wurden jedoch insofern stark beeinflußt durch Erzeugnisse der Druckerpresse einschließlich des gedruckten Bildes, als sich diese reformatorische Öffentlichkeit in hohem Maße durch Diskussionen und Auseinandersetzungen um deren reformatorischen Inhalt entfaltete. Reformatorische Öffentlichkeit entstand darüber hinaus nicht nur auf der Grundlage dialektischer Wechselwirkung von mündlichen und schriftlichen Mitteilungsformen, sondern resultierte auch aus visuellen Medien und partizipierenden Arten von Informationsübermittlung (Gesang, Schauspiel) bis hin zu Aktionen. Ergebnis der ‚Interaktion' aller Kommunikationsformen war die reformatorische Öffentlichkeit. Das komplexe Zusammenwirken von Sprechen, Hören, Schauen, Lesen, Diskussion und Aktion hat Robert W. Scribner treffend in der Metapher der ‚Partitur' erfaßt.

Inhaltlich wurde mittels reformatorischer Öffentlichkeit nicht Wissensvermittlung, sondern meinungsbildende Belehrung, nicht Verständnis für und Verständigung mit dem Gegner, sondern dessen Bekehrung angestrebt, wurde die ,,wahre Wahrheit gegen die gültige Wahrheit'' (Moeller) gesetzt. Ihr zentraler Ansatzpunkt war die Wortverkündigung, das Hören von Gottes Wort; es begründete die eröffnende und führende, wesentliche und sogar entscheidende Bedeutung des Mediums Predigt im volkssprachlichen reformatorischen Kommunikationsprozeß. Als Kommunikationsbasis diente das reformatorischer Auffassung nach jedermann eindeutig verständliche, Grenzen überwindende ‚unverfälschte Evangelium' als Gottes ‚unfehlbares Wort'. Es aktivierte auf der Grundlage eines neuen Gott-Mensch-Verhältnisses alle ursprünglich mit Luthers Wirken als Katalysator für die Herausbildung eines öffentlichen Bewußtseinsprozesses sich von vornherein unauflösbar verbindenden Erwartungen und Komplexe, die Fülle und Mannigfaltigkeit gesellschaftlicher Phänomene einschließenden Erneuerungsbewegungen.

Die Mobilisierung fand unter Hinwendung zur evangelischen Heils- und Kirchenlehre mit einem ihrer Kerne in der zentralen Botschaft Luthers von der Rechtfertigung des Menschen aus dem Glauben durch Leitbilder wie das von der religiösen Mündigkeit des Christen und das eines Gemeindechristentums erst nach seinem Bruch mit der römischen Papstkirche in der zweiten Phase der Reformation ihren Höhepunkt. Sie war begründet sowohl in der Steigerung von Opposition und Drängen nach Überwindung überlieferter Formen infolge dieses Bruches als auch in der Rezeption der neuen Lehre. Träger reformatorischer Kommunikation waren zunächst humanistische Sodalitäten einschließlich ihrer Vertreter im theologischen Bereich und an Höfen, die gelehrten Räte und Juristen, und vor allem Prädikanten, dann auch umherziehende Vermittler, z. B. Mönche und Laienprediger, Buchführer und Studenten, wandernde Handwerksgesellen und Kaufleute sowie erste Glaubensflüchtlinge, – später u. a. städtische ‚Intellektuelle', die infolge ihrer beruflichen Tätigkeit als Prediger, Drucker und bildende Künstler, als Stadtschreiber und Ratskonsulenten zu den verschiedenen sozialen Gruppen und Schichten Verbindung fanden. Literarischer und künstlerischer Mittel als Medien der Programmatik, Propaganda und kämpferischer Auseinandersetzung, in der Publizierung eigener, reformatorischer Auslegungen – theologisch gerechtfertigt durch Schriftprinzip und Laienpriestertum – bedienten sich besonders die Reformatoren und ihre Anhänger, während ihre Gegner diese Aktivitäten und damit die reformatorische Öffentlichkeit hinnehmen mußten. Diese reformatorische Öffentlichkeit war allerdings nur ein Faktor im Geflecht der jeweiligen historischen Bedingtheiten, aus deren komplexen Zusammenwirken sich Aufnahme, Ablehnung oder auch unentschiedenes Verhalten gegenüber der Reformation erklären lassen. Die in den literarischen und bildlichen Zeugnissen überlieferten Vorstellungen und Verhaltensformen, insbesondere aber das durch sie vermittelte Bild vom Gemeinen Mann, vor allem jener Flugschriftentopos vom bibelkundigen und selbstbewußten, friedfertigen lutherischen Bauern oder Handwerker, entsprachen daher nur bedingt gesellschaftlicher Wirklichkeit, sie stellen jedoch über literarische Illusionen und Hoffnungen hinaus auch eine gewisse Widerspiegelung mündlicher Kommunikation dar.

Reformatorische Öffentlichkeit und reformatorische Bewegungen steuerten unter gegenseitiger Bedingtheit und Wechselwirkung zu den überraschenden reformatorischen Anfangserfolgen bei, indem sie mit ihren stimulierenden und revolutionierenden Anstößen in Leitbildern, Werten und Handlungsmodellen bisher noch nie artikulierte Beurteilungskriterien für das alltägliche Leben mit seiner ganzen Fülle an Ausdrucksformen von Ordnung und Normen erschlossen – und dies eben nicht allein für den belesenen Intellektuellen, sondern, in Schlagworten formuliert, vor allem auch für den Gemeinen Mann. Daß diese Kriterien mehr auf einzelnen Elementen oder sogar Nebenerscheinungen basierten als auf dem theologischen Kern der evangelischen Lehre, war auch in der reformatorischen Öffentlichkeit selbst begründet, in ihrer spezifischen Kommunikationsstruktur. Geschichtswissenschaftliche Aussagen über Spannung und Diskrepanz zwischen Wirkungsintentionen, Wirkungspotential, Rezeptionsbedingungen und anderen, in gesellschaftlichen Umständen liegenden Faktoren besitzen allerdings vielfach nur Thesenwert, weil sie ebenso wie die Frage nach dem Bewußtseinshorizont der Menschen bei ihrer Auseinandersetzung mit der reformatorisch-evangelischen Lehre bisher wenig analysiert worden sind.

Reformation – Bildende Kunst

Auch die Kunst wurde mit der Reformation konfrontiert, erfuhr hierbei wichtige Anregungen und Veränderungen, jedoch läßt sich dieser Prozeß innerhalb einer ‚Einführung‘ nicht in seiner ganzen Spannweite behandeln. Bereiche wie die Literatur und die Musik sind zwar ausschnitthaft im Zusammenhang mit der reformatorischen Öffentlichkeit angesprochen worden, es muß aber darauf verzichtet werden, hier die Rolle und Bedeutung etwa des reformatorischen Dramas oder des evangelischen Kirchenliedes aufzugreifen. Verdeutlicht werden soll das Verhältnis am Beispiel der bildenden Kunst, weil einerseits viele ihrer Werke eine eindrückliche historische Quelle darstellen, sich andererseits an bildenden Künstlern beispielhaft die These diskutieren läßt, daß die Kunst ‚progressiv‘ sei. Sie bestimmt das besondere Interesse der marxistisch-leninistischen Geschichtswissenschaft an der Kunst im Rahmen ihrer These von einer ‚deutschen frühbürgerlichen Revolution‘ (s. Kap. Reformation – Revolution), bezogen vor allem auf die Teilnahme bedeutender Maler und Bildhauer bzw. -schnitzer am Bauernkrieg – wie Jörg Ratgeb (~ 1480–1526) und Tilman Riemenschneider (~ 1460–1531). Abgeleitet werden kann die Befassung mit der bildenden Kunst außerdem daraus, daß ihre Leistungen zu Beginn des 16. Jahrhunderts als der Höhepunkt ‚deutscher‘ Kunst interpretiert werden, der zusammenfällt mit *dem* deutschen Beitrag zur Weltgeschichte der Kunst. Die nachfolgende Problematisierung des Verhältnisses zwischen Reformation und bildender Kunst ist jedoch vor allem begründet in der Funktion des Holzschnittes als eines Massenmediums innerhalb der reformatorischen Öffentlichkeit.

Der nachfolgende knappe Abriß über dieses Verhältnis kann weder zur Klärung der Streitfrage beitragen, ob bzw. wie stark gerade die Reformation einen Niedergang künstlerischen Schaffens bewirkte, noch den Mangel an einer ‚Historischen Bildkunde‘ beheben. Thematisiert wird nur, daß während der Reformation einerseits die ‚Bilderfrage‘ gestellt wurde und sich ‚Bilderstürme‘ ereigneten, andererseits bildende Künstler mit ihren Werken sowohl innerhalb der reformatorischen Öffentlichkeit agierten als auch wichtige historische Zeugnisse schufen. Sie auf ihre zeitimmanenten Aussagen und auf ihren historischen Quellenwert hin zu analysieren, stellt sich jedem als Aufgabe, der Bilder im Verständnis des kunstgeschichtlichen Gattungsbegriffs ‚Bildnerei' (Malerei, Skulptur, Relief, Zeichnung usw.) in seine Arbeit einbezieht. Um reformationsgeschichtlichen Gehalt und Bedeutung erkennen und interpretieren zu können, bedarf es allerdings kunstgeschichtlicher, theologischer und literaturhistorischer Grundkenntnisse, weil sich zeitgenössisch allgemeinverständliche Bildaussagen dem heutigen Betrachter auf fast allen Ebenen nur schwer erschließen.

Künstlerisches Wirken unter den spezifischen Bedingungen der Reformation vollzog sich im Spannungsfeld zwischen der Bewertung des Bildes durch die Reformatoren und den daraus resultierenden generellen Folgen sowie der Tragweite ihrer Stellungnahme auf den ‚Kunstbetrieb'. Diese Umstände müssen zur Beschreibung und zum historischen Erklären des Selbstverständnisses der Tätigkeit und der Funktion des ‚Künstlers', in dessen Spannweite vom einzelnen ‚Kunsthandwerker' bis zum ‚Werkstattbetrieb' eines Lucas Cranach und der Erstreckung seiner Arbeit von der ‚Kunden'- bis zur ‚Warenproduktion' ebenso einbezogen werden wie sein sozialer Kontext. Seine zeitbedingten Voraussetzungen und Interessen sind zu reflektieren im Wirkungskreis von ökonomischen, politischen sowie hier besonders von religiösen Faktoren als Ausdruck auch seines individuellen Ringens in Fragen der Reformation. Zu berücksichtigen ist außerdem, daß es den Künstler und die Kunst ‚eigentlich' noch nicht gab, sondern der Künstler seine Kunstfertigkeit als Handwerker ausübte, so daß sein Schaffen ebenso wie die Verbreitung und Rezeption seiner Werkstücke weitgehend in den gesellschaftlichen Produktionsprozeß integriert waren. Bilderstürme konnten daher kein Ausdruck allgemeiner Kunstfeindschaft sein.

Die Bilderfrage und Bilderstürme waren auch deshalb keine Auseinandersetzung mit Kunst im Sinne ästhetischer oder kultureller Streitfragen, weil sie primär ein theologisches Problem darstellten, das sich wesensmäßig aus der evangelischen Reformation ergab. Dieser Gesichtspunkt wird zunächst abgehandelt werden. In einem zweiten Teil soll verdeutlicht werden, daß im Verhältnis zwischen Reformation und bildender Kunst dennoch der Aspekt ‚Kunst' vorhanden war. Er resultierte aus der zeitlichen und entwicklungsgeschichtlichen Position der Reformation infolge ihrer Einbindung in den übergreifenden historischen Prozeß einer Ausdifferenzierung von Kunst ebenso wie z. B. von Technik. Reformationsgeschichtlich sind demnach zwei qualitativ unterschiedliche Bildbegriffe zu konstatieren, der des adorativ begriffenen religiösen Kunstwerks und der einer als Kampfmittel eingesetzten, situationsbedingten ‚Massenkunst'.

Daß die Bildnerei im kirchlichen Bezugsfeld während der Reformation zu einem Gegenstand der theologischen Auseinandersetzungen wurde, resultierte vor allem aus zweierlei. Zum einen demonstrierten Volksfrömmigkeit und kirchliche Praxis, daß zwischen der theologischen Bildtheorie und dem alltäglichen Umgang mit dem religiösen Kultobjekt Bild ein offenkundiger Widerspruch bestand. Zum andern verdeutlichte das gestiftete Bild den Glauben an die Heilswirksamkeit ,guter Werke'. Seit der Entscheidung des Papsttums in den Auseinandersetzungen mit dem byzantinischen Bilderstreit des 8./9. Jahrhunderts zugunsten einer Verehrung von Bildern ordnete die Bildtheorie der römisch-katholischen Kirche christlichen Bildern allgemein eine vornehmlich dreifache religiöse Aufgabe zu: Sie sollten erstens – didaktisch – Informationsträger sein und leseunkundige Menschen als ,biblia pauperum' im Glauben unterweisen; zweitens erinnerten Bilder als Symbol jeden Menschen fortwährend und damit nachhaltig an das Geheimnis der Menschwerdung Christi und an das vorbildhafte Leben der Heiligen; zum dritten erschienen Bilder mnemotechnisch geeignet, durch ständiges Vorweisen in einer Art ,,umfassenden, allen verständlichen Dauerpredigt" (Lortz, Bd. 1, 98) Erzähltes mit visueller Unmittelbarkeit in das menschliche Gedächtnis tiefer einzuprägen als Gehörtes, um den Menschen im Glauben zu festigen und ihn zur Frömmigkeit anzuregen. Das Bild diente demnach wie die Predigt und das religiöse Mysterien- oder Schauspiel als ein Medium, das die Menschen über das Göttliche belehren und sie zugleich erbauen sowie auf dem Wege der Heilssuche führen und beeinflussen sollte. Folgerichtig wurde es häufig in Verbindung und Abstimmung mit den beiden anderen Mitteln kirchlicher Unterweisung eingesetzt. Nach dieser Theorie stellten die Bilder also kein sakrales Kultobjekt dar, d. h. keinen Gegenstand, der als unmittelbare Vergegenwärtigung des Göttlichen verstanden wurde und daher angebetet werden durfte. Die Kirche verfocht ihre theologische Auffassung des Bildes allerdings keinesfalls konsequent, sondern ließ zumindest jene Menschen gewähren, die das Bild Gottes oder der Göttlichkeit in ihren irdischen Erscheinungen mit der Allgegenwart der Gottheit selbst gleichsetzten, dem religiösen Bild magische Kraft zuschrieben und es nicht nur als Heilssymbol verehrten, sondern anbeteten.

Schon im Mittelalter war vor dem Mißbrauch von Bildern gewarnt worden, hatten die ,Ketzer' mit der verweltlichten Kirche die Bilderverehrung abgelehnt. In ihrer Kritik und Bekämpfung, die bis hin zur Zerstörung gehen konnte, verbanden sich häufig grundsätzlich religiös begründete Bilderfeindschaft mit sozialkritisch motiviertem Kampf gegen die Symbole der kirchlichen Herrschaft. Diese Vorgänge waren im 16. Jahrhundert ebenso bekannt, wie die Erinnerung an den großen Bilderstreit während des 8./9. Jahrhunderts lebendig war. Vor äußerlicher Verehrung von Bildern hatten nicht zuletzt auch Humanisten gewarnt.

Für die Reformatoren stellte sich die Bilderfrage hauptsächlich in der theologischen Auseinandersetzung um die überlieferte Form des Gottesdienstes und im innerreformatorischen Streit um dessen ‚rechte‘ Gestaltung, der zugleich die Vorstellung von der Funktion des Kirchengebäudes und die Frage seiner Ausstattung bestimmte. Auf dessen Bedeutungs- und Aufgabenwandel kann hier nicht weiter eingegangen werden. Die eigentliche Bilderfrage ergab sich aus der Kritik an der alten Kirche, aus der Verurteilung des religiösen Bildes als ‚Abgötterei‘ und aus der Verwerfung der ‚Werkgerechtigkeit‘. Die Reformatoren bezogen also unterschiedliche Positionen. Problematisiert wurde die Bilderfrage zuerst ausdrücklich durch Karlstadt in seiner Schrift ‚Von abtuhung der Bylder...‘ (1522). Da er die Bilder mit Götzen (‚Olgotzen‘) gleichsetzte, forderte er unter Berufung auf das erste der ‚Zehn Gebote‘ Gottes im Alten Testament, die Bilder zu entfernen. Sein Verlangen mündete ein in den Wittenberger Bildersturm vom 6. Februar 1522. Nachdem Karlstadt 1523 ebenfalls in Orlamünde die Bilder hatte entfernen lassen, bekannte er sich 1524 eindeutig zur Bilderstürmerei.

In Zürich und seiner Umgebung hatten sich erste Bilderstürme 1523 ereignet, der eigentliche ‚Götzenkrieg‘ fand im Juli 1524 statt. Diese Zerstörungen waren nicht von Zwingli initiiert worden, er hat sie jedoch auf der Grundlage seines spiritualistischen Gottesverständnisses gerechtfertigt. Bilderverehrung oder gar -anbetung bewertete er als Götzendienst; Christus lasse sich allein durch das ‚Wort‘ erkennen, vom Wort lenke die äußerliche Darstellung nur ab. Außerdem sei Christus seiner göttlichen Natur nach gar nicht bildlich darstellbar. In Kirchenbildern sah Zwingli keine ‚Adiaphora‘, also keine ‚äußerlichen‘ Dinge ohne heilsgeschichtliche Bedeutung – wie Luther.

Calvin hat Kirchenbilder von Anfang an mit systematischer Begründung schroff verworfen, weil sie ‚Gottes Majestät‘ verletzten. Gott sei Geist und könne daher nur im Geist angebetet werden. Seiner Polemik gegen die Bilder entsprach, daß sie in Genf bereits 1535 entfernt wurden, aus ihr resultierten darüber hinaus spätere Bilderstürme, vor allem in Frankreich und in den Niederlanden, mit einem Höhepunkt 1566 in Antwerpen.

Karlstadt, Zwingli, Calvin und weitere Reformatoren beriefen sich im Kampf gegen die Bilder auf das alttestamentliche Bilderverbot. Für Luther war die Bilderverehrung ebenfalls Götzendienst, aber nicht wegen der Gefahr, daß religiöse Bilder angebetet werden könnten. Das Bilderverbot des Dekalogs sah er auf die ‚Abgötterei‘ bezogen, nicht auf die

Bilder. Die Menschen erschienen ihm nicht so töricht, daß sie ein Bild für mehr als ein ‚Zeichen‘ erachteten, gar für Gott selbst hielten und es anbeteten. In Bildern zu denken und sich Bilder zu machen, erachtete er sogar als eine natürliche Eigenschaft des Menschen, die von Gott dadurch bestätigt worden sei, daß er sich selbst in Christus sichtbar darstellte. Wenn er deshalb ein Bilderverbot ablehnte, erachtete er Bilder dennoch aus einem anderen Grunde als ausgesprochen gefährlich: sie förderten die ‚Werkgerechtigkeit‘. Der falsche Heilsglauben, die Annahme, daß durch das Stiften und Pflegen von Bildern vor Gott durch eine religiöse Leistung ein Verdienst erworben werde, war für Luther der eigentliche Mißbrauch, der unnachgiebig bekämpft werden mußte. Wenn die Werkfrömmigkeit überwunden sein werde, werde die Bilderverehrung ebenfalls entfallen. Bilder waren ‚Adiaphora‘, die keine Bilderstürmerei rechtfertigten.

Spontane oder organisierte Bilderstürme und gewaltsame oder geordnete Entfernung von Bildern durch Obrigkeiten erlebten andere Städte ebenfalls, sie ereigneten sich von Königsberg bis Zürich, z. B. in Breslau, Mühlhausen (Thüringen), Straßburg, Basel, Konstanz und Augsburg. Auf dem Lande spielten sich analoge Vorgänge ab, besonders im Bauernkrieg. Bildersturm richtete sich nicht nur gegen Werke der religiösen Bildnerei, sondern auch gegen rituelle Ausdrucksformen im kirchlichen Leben, wie Liturgie und Zeremonien, Reliquienkult und Wallfahrten. Außerdem war die Bilderstürmerei nicht allein religiös, sondern vielfach zugleich sozial motiviert, getragen z. B. vom Aufbegehren aus jenen sozialen Schichten, denen Heilssicherung durch Stiften verschlossen geblieben war. Zerstörung von Bildern konnte darüber hinaus Ausdruck von puristischer Empörung über die naturalistische Sinnlichkeit sein, die sich besonders in Darstellungen alttestamentarischer Motive niederschlug. So sprach Zwingli davon, daß einzelne Bilder ‚junkerisch‘, ‚kupplerisch‘ und sogar so ‚hürisch‘ gemalt seien, daß sie zur Unzucht geradezu verleiten würden. Problematisch erscheint dagegen die These, ,,in der heftigen Polemik gegen die Gleichrangigkeit der Information von Schrift und Bild‘‘ habe sich ,,das bürgerliche Vertrauen in das neue Medium der Druckschrift [ge]spiegelt‘‘ (Martin Warnke, 69). Die Zeitgenossen zerstörten in den Bildern die Symbole, in denen sie die ‚Irreführung‘ und den ‚Betrug‘ durch die Kirche greifbar verkörpert sahen – jenen Betrug, der zuvor durch die Predigt ‚entlarvt‘ worden war.

Theologisch-religiöse Motive waren allerdings nicht der einzige Grund zu Auseinandersetzungen über das Wesen und die Wirksamkeit von kirchlicher Bildnerei; der Streit um Kunstwerke bis hin zum ‚Bildersturm‘ entstand auch als Ausdruck sozialer Konflikte, und zwar dadurch,

daß dem Bild die gesellschaftliche Funktion der Wirklichkeitsbewältigung insofern zugeordnet war, als es neben der Kirche ebenfalls ständische Sozialordnung und die politisch-gesellschaftlichen Herrschaftsstrukturen als für das irdische Leben gottgegeben darstellte und in ihren
Grundsätzen unmißverständlich repräsentierte. Um 1500 war es neben
körperschaftlichen Institutionen nur relativ wenigen einzelnen Menschen
und kleinen sozialen Gruppen (z. B. Zünften, Gilden, Bruderschaften
usw.) möglich, ein Tafel- oder Wandbild, einen Kelch, eine Skulptur oder
einen Altar zu stiften, um sich heilswirksame ‚gute Werke‘ – überspitzt
formuliert – zu ‚erkaufen‘ und gegebenenfalls bei der Auftragserteilung
zugleich die Gestaltung der Ware ‚religiöses Bild‘ zu beeinflussen. Die
damit gegebene ,,Doppelfunktion‘‘ des religiösen Bildes, das ,,nicht
Kunstwerk im heutigen Sinne des Wortes, sondern zweckgebundener
und lebensbeeinflussender Informationsträger‘‘ war (Gerhard Jaritz, 13),
muß bei der Analyse und historischem Erklären der reformatorischen
Bilderfrage berücksichtigt werden.

Daß und zugleich wie intensiv sich religiös-theologische, politische
und sozialkritische Motive des gesellschaftlichen Aufbegehrens gegen die
Bilder als Repräsentation der überlieferten Kirche und sozialer Privilegien in einer Abfolge von Bilderstürmen durchdrangen, offenbarten die
sozialrevolutionären Aspekte der täuferischen Bilderstürme in Münster.
Von Warnke ist herausgearbeitet worden, daß mit den Bildern, Statuen
und Epitaphien zugleich die Symbole der gestürzten Herrschaft zerstört
werden sollten, jedoch offenbar keinesfalls blindlings und systemlos,
sondern nach durchdachtem Plan als bewußtem, gesellschaftsbestimmtem Akt. Zerstörung bedeutet keineswegs jeweilige völlige Vernichtung,
sondern konnte überlegt in Form von gezielter Deformation vollzogen
werden, d. h. durch Gewalteingriffe, die durchdacht vorgenommen wurden, also mehr Aufwand und Arbeit erforderten als pure Vernichtung.

Luthers Haltung in der Bilderfrage mit seiner doppelten Frontstellung
gegen jene überlieferte Auffassung vom Bild, die das Bilderdekret des
Trienter Konzils von 1563 mit der Erlaubtheit der Bilderverehrung erneut bestätigte, und gegen die Bilderfeinde bestimmte die Haltung der
lutherischen Reformation zum Bild. Luther verblieb in einer modifizierten Tradition didaktischer Bewertung von Bildern und setzte sie daher
selbst als pädagogisches Medium für Vermittlung der Glaubenslehre ein,
nahm direkten Anteil an der Bilderausstattung seiner Schriften und seiner
deutschen Bibel, erwog, eine vollständige Bilderbibel herstellen zu lassen
und regte darüber hinaus neue Darstellungsgehalte an. Zu den ersten
Malern, die zentrale Inhalte der evangelischen Lehre (Gesetz und Evangelium, Gericht und Gnade, Sündenfall und Erlösung, Taufe und

Abendmahl, Altes und Neues Testament) künstlerisch auszudrücken sich bemühten, zählte der ältere Cranach. Auf Luthers Einfluß ging sogar der Einsatz anderweitiger bildnerischer Gestaltungsmittel im Dienste der evangelischen Reformation zurück, z. B. des Reliefs an der Kanzel, dem Ort der zentralen Wortverkündigung. Auch derartige, nicht mehr adorativen Zwecken dienende Verwendung von Bildnerei war im Bereich der zwinglischen und calvinischen Reformation ausgeschlossen.

Begründet war Luthers didaktisch orientiertes Verhältnis zum Bild und seiner Verwendung im Dienste der evangelischen Reformation vor allem in der damaligen Bedeutung des Bildes. Es übte über das Schauen einen direkten Einfluß aus, während Predigt und Lied zu einem gewissermaßen verinnerlichten, abstrahierten Schauen führten. Als wesentlich kam hinzu, daß die bildliche Darstellung nicht im modernen Sinne angeschaut wurde, sondern ‚gelesen‘ werden konnte. Im ‚Lesen‘ von Bildern als visuellen Aussagen waren auch die Halb- und Nichtalphabetisierten eingeübt, ‚geschult‘ einerseits durch die vielen Formen visueller Kommunikation – von öffentlichen Zeremonien über Prozessionen bis hin zur ‚heilbringenden Schau‘ –, andererseits durch das Zusammenwirken und Aufeinanderbezogensein von bildhafter Sprache in der spätmittelalterlichen Predigt und textbezogenem Bild in der Ausstattung des Kirchengebäudes. Religiöse Bilder, Bildfelder und Bildsprache, deren Sinn dem heutigen Betrachter zunächst verschlossen sind, waren den meisten Zeitgenossen vertraut. Die landläufige Kenntnis und gängige Erkennbarkeit von Bildgestalten mit einem gewissen Bekanntheitsgrad erlaubten es dem bildenden Künstler, sie nicht nur als Ausdrucksmittel heranzuziehen, wenn ein neuer Inhalt verstehbar gestaltet werden sollte, sondern diesen zugleich als glaubwürdig auszuweisen. Diesen Weg nützten sie auch zur polemischen Auseinandersetzung mit der alten Kirche, ein Weg, den Luther ebenfalls als einer der ersten zu beschreiten angeregt hatte. Dem Bild, das auf diese Weise in den Dienst der evangelischen Reformation gestellt wurde, lag mit seiner neuen Funktion ein qualitativ neuer Bildbegriff zugrunde.

Von allen Ausdrucksmitteln der Bildnerei wurde vor allem der gedruckte Holzschnitt und – in geringerem Umfang wegen seiner Exklusivität und infolge der höheren Kosten – der Kupferstich im Sinne einer eigenwertigen, durch den Druck auch dem Lesen eines Textes verwandten, reformatorischen ‚Massenkunst‘ verwendet, gegebenenfalls sogar als Medium im Kampf gegen die religiösen Tafel- und Wandbilder, gegen plastische Bildwerke und andere Formen überlieferter religiöser Bildnerei. Hierzu bot es sich u. a. an, weil der kleinformatigen Graphik zwar die Rolle eines Andachtsbildes zugesprochen worden war, nach Ewa Chojecka aber nicht die Funktion eines eigentlichen Kultobjekts zugeschrieben und solche gedruckten Bilder nur im Ausnahmefall als ein „miniaturisiertes Tafelbild" (125) begriffen wurden. Dieses Verständnis von Graphik erklärt, daß sie sich sogar im Wirkungsfeld bilderfeindlicher Reformatoren findet.

Überlieferte Graphik und schriftliche Quellen – der Bericht über Bilder ebenso wie deren zahlreiche Verbote – belegen die frühe, starke und wirkungsheischende Verbreitung dieses Mediums im Dienste der Reformation. Sie wurde von den Verteidigern der überlieferten Kirche genauso scharf verurteilt wie die Veröffentlichung der Schriften Luthers, das Mittel selbst aber wurde von ihnen ebenfalls in der Auseinandersetzung verwendet. In ihrer polemischen Schärfe waren die Kampfbilder der Altgläubigen dem reformatorischen Bild vergleichbar, dennoch erwies sich derartige Massenkunst zur Verteidigung weniger geeignet als zum Angriff. Während die religiöse Bildnerei legitimiert gewesen war durch die kirchlichen Autoritäten, bezog die Graphik ihre Legitimation weitgehend aus dem Widerspruch gegen diese Autoritäten, wurde sie zu *dem* oppositionellen künstlerischen Ausdrucksmittel. In ihr findet vornehmlich die These von der Fortschrittlichkeit der Kunst ihre Belege.

Die im Vergleich zur vorangegangenen Zeit stark ausgeweitete, vor allem aber inhaltlich veränderte Graphik im Buch – sei es zu dessen Illustration, sei es in der Form eines Bilderbuches –, in der Flugschrift und im Flugblatt, als Einblattdruck sowohl mit als auch ohne Typentext, war grundsätzlich Auftragskunst. Dem Künstler wurde anvertraut, das gedruckte Wort mit seinen Ausdrucksmitteln zu untermauern oder in einem textlosen Einblattdruck reformatorische Ideen bildhaft zu gestalten. Seine Titelblattgestaltung einer Flugschrift sollte jedoch nicht allein zum Kauf anregen, sondern bereits Wesentliches des Textes dem Bild entnehmen lassen. Mit ‚lesbaren‘ Bildern den Text zu ergänzen, war wohl meist der Auftrag an den bildenden Künstler. Der Verknüpfung des Bildes mit dem Text wurde er in unterschiedlicher Weise gerecht, häufig in selbständiger, nur noch mittelbar mit der textlichen Mitteilung verbundener Form. Es entstand ein Spannungsverhältnis, das sich in den Schriften von Hans Sachs zwischen seinen Texten und deren ‚Illustrationen‘ niederschlägt – ein Beispiel dafür, daß hier kaum noch von illustrierter Beigabe, sondern vielmehr von souveränem bildnerischen Ausdruck nach spezifischen Gestaltungsgrundsätzen gesprochen werden kann.

Die Frage nach den Auftraggebern und ihren Formen des Auftrags wurde bisher wenig untersucht. Besser ist die Forschungslage für die Künstler, die als sog. ‚Kleinmeister‘ tätig waren. Zwei Schwerpunkte ihrer Tätigkeit lassen sich erkennen, im süddeutschen Raum der Umkreis von Dürer, in Mitteldeutschland der Werkstattbetrieb der Familie Cranach. Den Gestaltungsbedingungen der Gebrüder Beham und des Georg Pencz hat beispielhaft Herbert Zschelletzschky nachgespürt, jedoch basieren seine geschichtlichen Aussagen auf einem überholten Diskussionsstand der These von der frühbürgerlichen Revolution und sind mit deren Hypothesen ‚belastet'. Im Mittelpunkt des gegenwärtigen geschichtswissenschaftlichen Interesses stehen Probleme wie die, für wen die Bilder geschaffen und welche Funktionen ihnen zugeschrieben wurden, ob sich aus derartiger Aufgabenstellung Bedingungen der bildnerischen Gestaltung ergaben und wie sie wirkten. Derartigen Fragen sind z. B. Konrad Hoffmann von kunstgeschichtlicher Seite und jüngst besonders Scribner unter Einbeziehung von Ikonographie und Semiotik nachgegangen, letzterer in dem Bestreben, auf den Gemeinen Mann ausgerichtete Formen reformatorischer Bildpropaganda zu analysieren und in Motivation, Formen, Wirkungsintentionen, Reaktionen und Effektivität zu erklären.

Hoffmanns exemplarische und Scribners systematische Untersuchung der Eigenbedeutung des reformatorischen Bildes hinsichtlich des Gehalts und der Komplexität an visuellen Aussagen läßt sich unter Einschluß anderweitiger Forschungen folgendermaßen zusammenfassen: Unbeschadet dessen, daß gerade Bildaussagen mehrdeutig sind und daher sich bei ihrer Analyse und Interpretation spezifische Probleme ergeben, läßt das gedruckte reformatorische Bild schon durch seine Verwendung einfacher Ausdrucksmittel und deren Übersteigerung erkennen, daß es weniger sachlich-objektive Aussagen vermitteln sollte, als vielmehr propagandistisch-agitatorisch eingesetzt wurde. Als propagandistisches Medium war es bereits zuvor benutzt worden, aber schon im frühen Anfangsstadium der Reformation wurde es nunmehr instrumentalisiert, um gezielt die Menschen zu beeinflussen – besonders den Gemeinen Mann. Er trat dementsprechend in zahlreichen Bildern an zentraler Stelle auf.

Evangelische Lehrsätze und neue theologische Positionen ließen sich infolge der Mehrdeutigkeit der Bildsprache nur bedingt vermitteln und wurden, von Ausnahmen abgesehen, vornehmlich in einem späteren Stadium thematisiert. Nicht die Erarbeitung von Leit-, sondern von Feindbildern bestimmte das Wesen der reformatorischen Graphik in ihren Anfangsjahren. Eine Ausnahme bildeten die Luther-Bilder, in denen der Reformator dargestellt wurde als Heiliger mit Nimbus, als Verteidiger der christlichen Freiheit, als von Gott erleuchteter Mensch – über dessen Haupt der Heilige Geist schwebt –, als Prophet und später auch als Kirchenvater. Luther wurde zum Anwalt und Lehrer des rechten und Gegner des falschen Glaubens, als Enthüller des unchristlichen Wesens der päpstlichen Kirche stilisiert. Ihm wurde damit insgesamt ein Image geschaffen, dem stärkere Kampffunktion zukam als jenem Bild, das Andrea Körsgen-Wiedeburg und Marc Lienhard aus den Texten von Flugschriften der frühen Reformationszeit nachgezeichnet haben.

Luther diente aber nicht allein als Leitbild, sondern war zugleich der Gegenpol des Feindbildes – des Papstes als Antichrist oder apokalyptisches Tier. Mit Hilfe derartiger Polarisierung konnte ein theologischer Komplex, z. B. das Verhältnis zwischen altem und neuem Glauben, im Schema ‚böse – gut‘ vereinfacht und in eine konkrete Form auf den Gegensatz zwischen dem Papst und Luther gebracht werden, ergänzt durch visuelle Symbole für den diabolischen Charakter des Papsttums und den geheiligten der evangelischen Bewegung. Beide Pole, Verneinung bzw. Verdammung und Bejahung bzw. Verherrlichung, erweisen sich jedoch strukturell miteinander verbunden. Die propagandistisch bedingte strukturelle Verbindung von ‚falscher‘ und ‚wahrer‘ Kirche war ein Leitmotiv.

Zum negativen Charakterisieren der alten Kirche bot sich außerdem das Mönchtum an, geeignet als Objekt religiöser und sozialer Kritik, als Symbol un- oder sogar antichristlichen Lebens. Durch antithetische Bildpaare – bereits 1521 im ‚Passional Christi und Antichristi‘ von Cranach finden sie sich derb gegenübergestellt – sollten Emotionen geweckt, Zuneigung zur evangelischen und Aversion gegen die überlieferte Lehre hervorgerufen werden.

Im biblischen Gleichnis wurden die Auseinandersetzungen der Gegenwart als aktuelle Heilsgeschichte interpretiert. Einbezogen wurden in diese reformatorische Propaganda – wie Scribner nachweist – nicht nur mittelalterliche und humanistische Vorlagen, bibelbezogene Bilder und bildliche Darstellung von Gleichnissen, sondern auch bildhafte Vorstellungen und Symbole aus der volkstümlichen Laienfrömmigkeit und aus der Volkskultur. Volkskultur als interpretationsbedürftiger Begriff wird von Scribner umschrieben mit allgemeinen sozialen Gebräuchen, mit Gegensatz zur ‚offiziellen‘ und zur ‚Eliten‘-Kultur, mit Aberglauben und mit Ausdrucksformen des materiellen Lebensbereiches. Sie fanden sich u. a. in der Personifikation des Narren, im Karneval oder vor allem im Thema der ‚verkehrten Welt‘. Verwendet wurden Bilder und Symbole aus allen Bereichen, indem alte Inhalte, traditionelle Motive und überlieferte ikonographische Programme umgedeutet, sowie darüber hinaus weitere Elemente hinzugefügt wurden. Ergänzend traten sogar neue Gestaltungen auf, wie die Person des ‚Karsthans‘. Mit Hilfe derartiger Übernahmen und Umwertungen wurden Vergangenheit und Gegenwart in Verbindung zueinander gebracht und die Geschehnisse der Gegenwart erklärt und legitimiert.

Ältere, auf geistlichem und kulturellem Herkommen beruhende und umgewandelte Bildsprache in der Graphik zielte also vornehmlich darauf ab, überlieferte Werte und Vorstellungen zu zerstören und dann erst neue an ihre Stelle zu setzen. Diese visuelle Sprache, die keine Nuancierungen benutzte, appellierte einerseits an aufgestaute Emotionen und Gefühle der Angst, wollte aber andererseits den ‚Leser' des Bildes zugleich Hoffnung schöpfen lassen. Unmittelbarer beeinflußte offensichtlich das Ausdrucksmittel der negativen Übertreibung, während eine Sprache positiven Inhalts erst neu entwickelt werden mußte.

Das Bild als Medium in der reformatorischen Öffentlichkeit scheint also zunächst vornehmlich ent-wertend gewirkt zu haben, auch wenn es ergänzt wurde durch einen mit ihm verbundenen positiv korrigierenden Text. Diese Verbindung von Bild und Text war nach Scribner das Mittel, das über das ‚Lesen' des Bildes zum ‚Vorlesen' des Textes führen und in eine Diskussion seiner reformatorischen Ideen einmünden sollte. Es brachte Lesekundige mit Halbalphabetisierten und Analphabeten zusammen, ersetzte aber nicht die Wirkung von Predigt und Bibel-Lesung. Sie blieben die entscheidenden Kommunikationsformen in der Begegnung der Menschen mit dem Evangelium.

Die verstärkte Hinwendung von Künstlern zur graphischen Arbeitsweise ergab sich aber nicht nur aus ‚progressiver' Einstellung, sondern auch aus dem reformationsbedingten Verlust bisheriger Arbeitsfelder. Für manchen Künstler war es eine Frage der beruflichen Existenz, sich verändernden Gestaltungs- und Nachfragebedingungen anzugleichen. Dazu gehörte, daß der Graphik erheblich stärker als dem religiösen Bild die Beschaffenheit von Ware eignete, die schnell und unter Konkurrenzdruck marktorientiert hergestellt sowie preiswert einem anonymen Kreis potentieller Käufer angeboten werden mußte, wenn sie sich auf diesem Markt durchsetzen sollte. Das Interesse am Verkauf zeitentsprechend großer Auflagen bestimmte daher ebenso die Gestaltung und Qualität der bildlichen Darstellung wie das Bestreben, im Kampf um die Reformation inhaltliche Aussagen zu treffen, also bewußt innerhalb der reformatorischen Öffentlichkeit zu wirken. Beide Komponenten trugen dazu bei, daß sich neue „Formen- und Inhaltssprachen" entfalteten.

Das reformatorische Bild war in den ersten Phasen der Reformation ein bedeutender Faktor innerhalb der reformatorischen Öffentlichkeit. Funktional eingesetzt zugunsten der Reformation beeinflußte es viele Zeitgenossen, indem es sie veranlaßte, die überlieferten Institutionen kritisch zu betrachten, aus der Kritik persönliche Folgerungen abzuleiten, sich mit der Wortverkündigung zu identifizieren und für das Evangelium

zu entscheiden oder sich sogar reformatorischen Bewegungen anzu-
schließen. Generell durch die Mehrdeutigkeit der Bildsprache und speziell zugleich infolge der von Anfang an bewußten Aufnahme von Motiven, die über den stark angefachten Antiklerikalismus hinausgingen und
in allgemeine Gesellschaftskritik einmündeten, wurden die Hoffnungen
auf eine ,reformatio' im zeitgenössischen Begriffsverständnis noch ver-
stärkt. Die reformatorische Massenkunst drückte in ihrer Verbindung
von religiösen, gesellschaftsbezogenen und auch sozialrevolutionären
Thematisierungen ebenfalls die Mannigfaltigkeit und Komplexität jener
Wirkungen aus, die durch den Anstoß Luthers ausgelöst worden waren.
Der Kanalisierung der Vielfalt von Bewegungen und der Erscheinungsformen von Öffentlichkeit in die evangelischen Reformationen entsprach
eine Reduktion der visuellen Sprache auf Symbole im Kampf gegen den
Papst und die überlieferte Kirche sowie die Verwendung umgedeuteter
und die allmähliche Entwicklung neuer Bildmotive zur Unterstützung
und Auslegung des sich verfestigenden evangelischen Bekenntnisses. Die
Auseinandersetzung um theologische Probleme wurde fortan vorwiegend mit dem gedruckten Wort geführt. Die propagandistisch-agitatori-
schen Bilder der frühen Reformationszeit erstarrten allmählich zu ,evan-
gelischen Topoi', die in stabilisierender Funktion verwendet wurden.
Zugleich war nicht mehr der Gemeine Mann die eigentliche Zielgruppe
der Bildpropaganda innerhalb der reformatorischen Öffentlichkeit. Angesprochen wurde nunmehr vor allem das städtische Bürgertum. Aus
dieser Funktionsverlagerung ergab sich für die bildnerische Gestaltung,
daß der Gemeine Mann an den Bildrand verdrängt wurde oder ganz aus
dem Bildfeld verschwand. Wohlsituierter städtischer Bürger und Landesherr erschienen als Träger der evangelischen Reformation, korrespondie-
rend mit dem stärkeren Hervortreten unmittelbar theologischer Bildpro-
gramme, neben Konfessionsgraphik auch Konfessionsgemälde. Der
christlichen Bildnerei war durch die evangelisch-lutherische Reformation
ein neuer religiöser Sinngehalt vermittelt.

Radikale Reformation

Begriff

Unter dem Begriff ,radikale Reformation' werden Personen und soziale
Gruppen erfaßt, die untereinander sehr differenziert waren. Jede für sich
stand jedoch in einem inneren Zusammenhang mit den evangelischen
Reformationen und bot zugleich jeweils eine Alternative zur lutherischen
bzw. zwinglisch-schweizerisch-oberdeutschen Reformation an. Als

‚Schwärmer' von den Reformatoren diffamiert, verworfen und bekämpft, wurden sie über Jahrhunderte hin reformationsgeschichtlich weitgehend übergangen. Erst im Wirkungsbereich der Französischen Revolution beschäftigte man sich wieder stärker mit ihnen, jedoch nahmen sich ihrer intensiv vornehmlich Historiker an, die konfessionell und geschichtswissenschaftlich selbst Außenseiter waren. Reformations- und theologiegeschichtlich aufgewertet wurden diese spezifisch nonkonformistischen Kräfte des 16. Jahrhunderts eigentlich erst im 20. Jahrhundert, besonders durch Ernst Troeltsch (BDG 42573). Aus der Diskussion seiner Thesen, Typologisierungen und Differenzierungen entfaltete sich eine Forschung, die einerseits von divergierenden erkenntnisleitenden Interessen bestimmt war, andererseits sich zunehmend spezialisierte und zugleich darum rang, die unterschiedlichen Kräfte zu gruppieren, im Nonkonformismus einen Sinnzusammenhang zu erkennen und ihn mit einer übergreifenden Bezeichnung begrifflich zu erfassen.

Begriffsgeschichtlich orientierte Studien von Hans-Jürgen Goertz und Günter Mühlpfordt weisen darauf hin, daß Luthers diffamierender Begriff ‚Schwärmer', von Karl Holl (BDG 55653) 1922 und Fritz Heyer (BDG 64054) noch 1939 wie selbstverständlich benutzt, abgelöst wurde durch Bezeichnungen wie ‚Randströmungen' und ‚Sonder'-, ‚nebenreformatorische' oder ‚nebenkirchliche' Bewegungen. Diese Begriffe sind ebenfalls problematisch, weil sie einerseits stark formal sind, andererseits und vor allem aber dem Sachverhalt insofern nicht gerecht werden, als in der Zielsetzung nonkonformistische Kräfte keineswegs Randfragen, sondern vielfach im Selbstverständnis einer ‚Reformation der Reformation' reformatorische Zentralprobleme aufgriffen und Alternativen entwickelten. Diese Einzelgänger und Gruppen generell als ‚Nonkonformisten' zu bezeichnen, ist ebenfalls problematisch und von Goertz begründet zurückgewiesen worden.

Der Terminus ‚linker Flügel der Reformation', der schon seit dem späten 19. Jahrhundert vereinzelt, allerdings ohne Widerhall verwendet worden war, in die gegenwärtige internationale Diskussion 1941 von Roland H. Bainton (BDG 64170) aber neu zur Bezeichnung vornehmlich freikirchlich ausgerichteter Bestrebungen und Gruppen eingeführt und im deutschen Sprachbereich insbesondere durch Heinold Fast vertreten wurde, erscheint zur begrifflichen Erfassung einschließlich des Anspruchs auf Stiftung eines Sinnzusammenhangs gleichfalls wenig geeignet. Obgleich von Fast das ,,Kriterium des äußeren Bruchs mit der unmittelbaren Vergangenheit" als Inhaltsbestimmung benannt wurde, erweckt der politisch belastete Ausdruck – ebenso wie die Bezeichnung ‚reformatorische Linke' – bei seiner Anwendung auf jene vergangene historische Wirklichkeit falsche Assoziationen. Aus der Gefahr seiner unreflektierten Verwendung, seiner Schwammigkeit und der Verwischung der „verschiedenen Ebenen von Entstehungs-, Begründungs- und Wirkungszusammenhang" (Goertz 1978, 14) im Konzept vom linken Flügel der Reformation folgert, daß er nicht benutzt werden sollte. Den Anforderungen an geschichtswissenschaftliche Begrifflichkeit entspricht noch am besten der Terminus ,radikale Reformation' – vorausgesetzt, daß inhaltliche Klarheit durch Offenlegung des Begriffsverständnisses besteht. Nicht unbegründet warnte Hoyer noch unlängst vor der „schillernden Ungenauigkeit, die mit dieser adjektivischen Standortbestimmung verbunden ist" (1980, 14).

Bedeutungswandel und gegenwärtiger Inhalt sowie die Anwendung der seit Spätaufklärung und Französischer Revolution im politischen Sprachgebrauch verwendeten Kategorie ,radikal' auf die historischen Prozesse Reform, Reformation und Revolution wurden von Mühlpfordt analysiert. Radikal wird als Kategorie bestimmt, die zwischen ihren Korrelaten ,gemäßigt' und ,extrem' die Mittelposition einnimmt. Mißstände auszurotten, aber nicht alles Überlieferte blindwütig zu zerstören, sei radikale Zielsetzung. Diese Kategorie läßt sich in Verbindung mit der Reformation schon seit dem 19. Jahrhundert in mannigfaltigen Begriffszusammensetzungen nachweisen, zugleich aber wurde das begrifflich so erfaßte historische Phänomen auch mit Synonymen zum Ausdruck radikal bezeichnet. Der seither bestehenden terminologischen Verwirrung zu steuern und zu begrifflicher Klarheit anzuregen, bemühte sich Mühlpfordt seit 1952 in Verbindung mit der Diskussion um den Begriff ,frühbürgerliche Revolution' (s. Kap. Reformation-Revolution). Gleichzeitig wurde auch in der nordamerikanischen Kirchengeschichtsschreibung von radikaler Reformation gesprochen. Zu internationaler Kenntnis gelangte der Begriff vor allem seit 1962 durch George H. Williams in seiner gleichnamigen Gesamtdarstellung jener Reformkräfte, die seiner Auffassung nach nicht auf dem Boden volkskirchlicher Reformation standen. Der Verwendung derselben Bezeichnung durch Mühlpfordt und Williams entspricht jedoch keine Identität des Begriffs in Inhalt und Bedeutung.

Williams' theologisch und kirchengeschichtlich geprägte Kriterien zur Einordnung nonkonformistischer Kräfte unter radikale Reformation sind einerseits ihr Bestreben, zur apostolischen Kirche durch Wiederherstellung der Urgemeinde zurückzukehren, andererseits aber vor allem ihr auf Vorstellungen von dieser urchristlichen Kirche begründetes freikirchliches Kirchenverständnis. Ihr Widerspruch gegen jedwede Form obrigkeitlicher, gewissermaßen offizieller Reformation sei in ihrer Forderung nach Trennung von Kirche und Obrigkeit faßbar. Williams argumentiert im Rahmen des Gegensatzes von obrigkeitlicher und obrigkeitsfreier Reformation jedoch mit zwei Begriffen, die problematisch sind. Obrigkeitliche Reformation läßt sich zwar als Sammelbezeichnung aller Art ,von oben' durchgeführter Reformationen verwenden, reflektiert aber nicht oder nur im Sinne nebensächlicher Bedeutung die Rolle reformatorischer Bewegungen (s. Kap. Reformatorische Bewegungen). In Williams' Verständnis von obrigkeitsfreier, radikaler Reformation ist weder berücksichtigt, daß radikale Reformationsansätze auch in Zusammenarbeit mit Obrigkeiten angestrebt wurden und daß Gruppen, die sich als radikalreformatorisch qualifizieren lassen, im Schutze von Obrigkeiten ihren Vorstellungen gemäß lebten, noch läßt sich das Kriterium der Forderung nach Trennung von Kirche und Obrigkeit von vorneherein bei allen nonkonformistischen Kräften mit radikaler Zielsetzung als gegeben belegen. In Anschluß an Goertz läßt sich daher feststellen: ,,Der Gegensatz von ,radikaler' und ,obrigkeitlicher' Reformation reicht nicht in den Prozeß zurück, in dem das reformatorische Lager sich zu spalten begonnen hat. Dieser Gegensatz bildet sich erst allmählich und mit unterschiedlicher Intensität und Klarheit heraus, so daß er nicht zum Entstehungsmotiv der ,radikalen Reformation' erklärt werden kann ... [Der von Williams angeführte Gegensatz] trifft weder die Impulse, die zur Spaltung des reformatorischen Lagers in Gemäßigte und Radikale führten, noch vermag er die Radikalen selbst eindeutig einer Seite zuzuschlagen" (1978, 11 u. 15).

Im Unterschied zu Williams beruht Mühlpfordts Begriff als ,,Kurzausdruck für die Gesamtheit radikaler Reformationsbestrebungen, für das Trachten nach Total- oder Generalreformation" (163) auf dem Gegensatz des Begriffspaares radikale Reformation – gemäßigte Reformation, zu verstehen als ,,Gegenüberstellung von Gesellschaftsreformation und bloßer Kirchenreformation" (165) unter Einschluß von Kulturreform. Indem radikale Reformation begriffen wird als grundlegende Umgestaltung der gesamten Gesellschaft und damit auch des gesamten Menschen, erweist sich dieser Begriff nicht religiös oder gar nur ekklesiologisch, sondern historisch im Sinne von gesellschaftlich bestimmt. Diesem Begriffsverständnis zufolge traten ,,soziale und religiöse Radikalität ... vielfältig verschwistert auf. Die soziale Radikalität, die den religiösen immanent war, trug teils bürgerlichen, teils volksmäßigen Charakter ... Religiöse Radikalität in der Reformation äußerte sich mehr ekklesiologisch (Freikirchentum oder Ideal einer unorganisierten Geistkirche) und ethisch (strenge Befolgung der Vorschriften Jesu und der Apostel) als eigentlich theologisch (Antitrinitarismus, pantheistisches Denken)" (163).

Problematisch ist in dieser Begriffsbestimmung die Differenzierung zwischen ‚bürgerlicher' und ‚volksmäßiger' Radikalität: „Bürgerliche Radikale übernahmen oft die Führung. Isolierte bürgerliche Radikalität, ohne Resonanz im Volk und ohne Unterstützung aus dem Volk, hat wenig ausgerichtet. Große Erfolge in der radikalen Reformation resultierten aus dem Zusammenwirken bürgerlicher mit volksmäßigen Radikalen unter bürgerlicher Leitung. Der Trennstrich zwischen bürgerlich-radikal und volksmäßig-radikal ist aber nicht nach Äußerlichkeiten zu ziehen. Karlstadt blieb auch in Bauernkleidung ein bürgerlich-radikaler Reformator. Müntzer hingegen zeigte sich zuletzt selbst in gelehrten Traktaten als Mann des Volkes" (163). Analyse bedarf differenzierender Kategorien, jedoch müssen deren Kriterien möglichst exakt bestimmt werden. Für die Zuordnung von ‚bürgerlich' oder ‚volksmäßig' zur radikalen Reformation bleiben sie anhand der zitierten Umschreibung schwammig – eine Unklarheit, die sich im Begriffsverständnis von Goertz nicht stellt.

Goertz geht davon aus, daß Radikalität eine relative Kategorie ist, was bedeute, daß ihr Bezugspunkt jeweils angegeben werden müsse: Radikalität in bezug auf die theologische Tradition braucht nicht radikal in bezug auf die gesellschaftliche Radikalität zu sein und umgekehrt. Dennoch erscheine ihre Verwendung im Zusammenhang mit der Reformation angebracht, „*erstens* weil die Vieldeutigkeit der Radikalität das besondere Kennzeichen im Kampf um den richtigen Weg der Reformation vor allem dort ist, wo die Hauptreformatoren im eigenen kirchenpolitischen Lager auf Kritik stießen, und weil *zweitens* Radikalität, so problematisiert, die kirchenpolitischen und theologischen Grenzen innerhalb des gesamtreformatorischen Lagers genauso offenhält wie zur Gedankenwelt des späten Mittelalters. So eingesetzt, wäre ‚radikale Reformation' zunächst ein heuristisches Modell, das dazu anleiten könnte, die einzelnen Gestalten und Bewegungen im Blick auf die jeweils eigenen Bezugspunkte der Radikalität zu untersuchen. In diesem Forschungsprozeß wäre es schließlich aber doch erforderlich, die verschiedenen Bezugspunkte miteinander in Beziehung zu setzen, gleichsam die Fluktuation der Radikalität in einen Rahmen einzufangen. Und das könnte geschehen, wenn man *drittens* Radikalität auf den gesamtgesellschaftlichen Kontext bezöge. Radikal wäre demnach jeder Gedanke und jede Aktion, sofern sie diese gesellschaftlichen Grundlagen angreifen, selbst wenn sie ganz andere als gesellschaftliche Ziele im Auge hätten; radikal wären theologische Argumentationen nur, wenn sie das Herrschaftsgefüge bedrohten, radikal wären umgekehrt politische Haltungen und Handlungen auch, wenn sie mit Hilfe traditionalistischer Argumente legitimiert würden, sofern sie nach außen hin nur als revolutionärer Affront in Erscheinung träten. Radikal genannt werden müßte jeder, der sich anschickte, die herrschende Seins- und Bewußtseinsverfassung seiner Zeit zu sprengen. Und das konnte durch Theologie genauso wie durch politische Aktion geschehen, durch Angriff und Flucht, durch Militanz und Friedfertigkeit, durch Thomas Müntzer und Michael Sattler. So gesehen wäre die Radikalität nicht an dem Kriterium des Bruchs mit der unmittelbaren geistesgeschichtlichen Vergangenheit zu messen, sondern an dem Bruch mit der gesellschaftlichen Gegenwart. So kann es dem Historiker gelingen, die Dialektik von theologischem Gedanken und gesellschaftlicher Entwicklung zu wahren, zugleich aber die Radikalität letztlich an dem gesellschaftlichen Kontext zu messen, in dem jede Theologie steht'' (1978, 16f.).

Neben diesem reflektierten Begriffsverständnis findet sich außerdem die Verwendung des Terminus, die sich unter Anschluß an andere Autoren mit seiner Inhaltsbestimmung durch eine Aufzählung von Phänomenen bescheidet – ein geschichtswissenschaftlich legitimes, wenn auch nicht problemfreies Verfahren.

Eine mittlere Position nehmen vor allem nordamerikanische Forscher und Richard van Dülmen ein. Er verwendete den Begriff unter Verweis auf Williams und Fast, legt jedoch einleitend nicht offen, wie weit sich sein Begriffsverständnis deckt mit dem seiner Bezugsautoren. Es erscheint enger gefaßt, wenn radikale Reformation identifiziert wird mit Thomas Müntzer und Bestrebungen im Täufertum – beide Phänomene charakterisiert als ,,soziale Bewegung von besonderer Dynamik'' mit eigenständigen Wurzeln und gleichzeitigem Rückgriff auf die spätmittelalterliche Mystik; es war eine Bewegung, die sich selbst vorwiegend verstand als Fortsetzung einer ,,steckengebliebenen Reformation'', wobei hier erstmals die Idee von einer Zweiten Reformation auftauche (1977, 63, mit Anm. 1 u. 3). Daß van Dülmen radikale Reformation auch im weiteren Sinn verwendet, läßt sich erschließen aus der Bemerkung, mit Müntzer und täuferischen Bewegungen sei keineswegs ,,die ganze Breite der radikalen Reformation'' erfaßt, sondern ,,nur die Richtungen, die zu sozialen Konsequenzen führten, ja selbst als soziale Bewegung auftraten'' (1977, 63, Anm. 2).

Mit van Dülmens Begriffsverständnis würden als Protagonisten einer radikalen Reformation gerade diejenigen Vertreter erfaßt werden, die bei Williams als fehlgeleitete Ausnahmen nicht ganz in diesen Rahmen passen. Der Inhalt des engen Begriffsverständnisses erscheint eindeutig, wenn im Zusammenhang mit dem Täufertum radikale Reformation beschrieben ist als Möglichkeit, täuferische Vorstellungen analog zu Luther oder Zwingli mittels einer obrigkeitlichen Reformation durchzusetzen: ,,Konnte eine ganze Stadtgemeinde mit aktiver Unterstützung oder zumindest mit passiver Tolerierung der Obrigkeit für das Täufertum gewonnen werden, wie wir es aus Waldshut, Nikolsburg oder auch anfangs in Münster kennen, so propagierte das Täufertum trotz prinzipieller Scheidung von geistlicher und weltlicher Gewalt eine radikale Reformation auf der Grundlage von biblischer Theologie und Kirchenzucht. Diese Reformation unterschied sich dann von der Luthers oder insbesondere Zwinglis nicht strukturell, die Obrigkeit wurde akzeptiert, die Sozialordnung blieb unangetastet und das Verhältnis zur gelehrten Theologie wie weltlichen Bildung überhaupt war ungestört. Vor allem schloß man sich beim Aufbau der Gemeinde nicht von den Andersgläubigen ab und überließ auch die Durchführung der Reformation der Obrigkeit, die ja z. T. als täuferisch im Einverständnis des Reformators, bzw. der täuferischen Gemeinde handelte. Die Radikalität und Andersartigkeit dokumentierte sich ausschließlich in der entschiedenen Ablehnung jeder sakramentalen Praxis (Bildersturm), der besonderen Überwachung des moralischen Lebens und in einer stärkeren Aufmerksamkeit für die sozialen Probleme (Armenversorgung, Schulen) in der Stadt" (1979, 192f.). Damit wird radikale Reformation abgegrenzt gegen andere Erscheinungsformen täuferischer Bewegungen, die van Dülmen als ,sektiererischer Pazifismus' und ,chiliastische Rebellion' bezeichnet, werden also innere Zusammenhänge zerrissen, etwa Übergänge vom frühen Schweizer zum Schleitheimer Täufertum. Sehr problematisch ist außerdem die Annahme, daß in Waldshut die Täufer die bestehende Sozialordnung nicht angetastet hätten. Chiliastische Revolution schließt täuferische Bewegungen von einer Einordnung unter den Begriff radikale Reformation aus, nicht dagegen Müntzer, dessen theologischer Revolutionsansatz auch chiliastisch gedeutet wird (s. S. 158). Damit offenbart sich das engere Begriffsverständnis als widersprüchlich. Verwirrend wirkt zusätzlich, daß Müntzers radikale Reformation sogar als ,Volksreformation' bezeichnet wird (1977, 134), d. h. mit einem Begriff, der nach Herkunft und Inhalt eindeutig von der marxistisch-leninistischen Geschichtswissenschaft geprägt ist im Sinne einer sozialrevolutionären Konzeption zur demokratischen Umgestaltung der Gesellschaft (s. S. 65).

Während der Terminus Volksreformation im Begriffssystem der marxistisch-leninistischen Geschichtswissenschaft einen festen, geschichtstheoretisch bezogenen Stellenwert besitzt und auch die Kategorie radikal häufig verwendet wird, findet sich die Bezeichnung radikale Reformation nur vereinzelt. Bei ihrer Verwendung bleibt meist der Bezugsrahmen ebenso unklar wie bei jenen nichtmarxistischen Autoren, die ihn ebenfalls ohne derartige Angabe verwenden, ja sogar ohne ihren Inhalt zu beschreiben. Verschiedene Begriffsverständnisse von radikaler Reformation wurden so ausführlich vorgestellt, um abermals (s. Kap. Begrifflichkeit – Terminologie – Erkenntniswege) die unumgängliche Notwendigkeit aufzuzeigen, daß Inhalt und Bedeutung geschichtswissenschaftlicher Begriffe offengelegt werden müssen, wenn Unklarheiten infolge unterschiedlich interpretierbaren Gehalts des Terminus vermieden werden und der Begriff instrumental benutzbar sein soll. Im folgenden wird radikale Reformation verstanden in Anwendung des Radikalitätsverständnisses von Goertz auf das Reformationsverständnis sozialgeschichtlicher Betrachtungsweise. In diesem Sinne umschließt die radikale Reformation Personen und Gruppen in einer Spannweite, die von den spiritualistischen Zwickauer Propheten und Karlstadt, als einem der frühesten Kritiker lutherischer Reformation, über Müntzer, verschiedene Täufergruppen, Franck und andere Personen, einschließlich Michael Servet (um 1509/11–1553), bis hin zu jenen Männern reicht, die wegen der Leugnung der Trinität – der Lehre, daß sich Gott im Verlauf der Heilsgeschichte in dreifacher Weise geoffenbart habe – als Antitrinitarier zusammengefaßt werden. Diese radikale Reformation in ihrer Mannigfaltigkeit darzustellen, ist hier undurchführbar, es muß sogar darauf verzichtet werden, die Diskussion um ihre Gruppierung und typologische Erfassung, z. B. in ‚Täufer‘, ‚Spiritualisten‘, ‚Schwärmer‘ und ‚Antitrinitarier‘ zu referieren oder auf das Problem des Sinnzusammenhangs im Nonkonformismus des 16. Jahrhunderts einzugehen. Knapp behandelt werden nur jene zwei Fragenbereiche, denen sich die Geschichtswissenschaft gegenwärtig besonders zugewandt hat – Müntzer und Täufertum.

Thomas Müntzer

Forschungs- und Literaturlage zu Müntzer lassen sich ohne Hilfsmittel kaum noch erfassen, auch fehlt immer noch eine voll befriedigende historisch-kritische Biographie. Einen guten Einstieg in Problematik und neuere internationale Diskussion sowie Hinweise auf die Fülle weiterer Forschungsaufgaben vermitteln vor allem Goertz und Siegfried Bräuer; die historiographische Behandlung Müntzers seit Luther und Melanchthon bis hin zu Friedrich Engels (1820–1895) wurde von Max Steinmetz auf der Grundlage marxistisch-leninistischen Geschichtsverständnisses untersucht und damit zugleich ein kenntnisreicher Beitrag zur Quellenkunde eines Geschichtsbildes vorgelegt. Mit der älteren Müntzerdeutung beschäftigte sich ebenfalls Friesen, er setzte sich aber besonders mit den

Anfängen der marxistischen Müntzerinterpretation auseinander, während das Müntzerbild bis 1974 von Josef Foschepoth unter methodologischer Fragestellung zur These von einer frühbürgerlichen Revolution analysiert wurde.

Die traditionelle Geschichtswissenschaft überwand erst in diesem Jahrhundert jenes Vergessenwollen, dem Müntzer vor allem infolge seiner Verfemung durch Luther und Melanchthon bereits im 16. Jahrhundert anheimgefallen war. Als Theologe der Reformation wurde er 1922 von Holl (BDG 55653) ernst genommen, herausgefordert 1921 durch den Philosophen Ernst Bloch (1895–1977, BDG 16001), der von anthropologischem Ansatz aus die Frage nach dem Verhältnis von Theologie und Revolution aufgeworfen und Müntzer als Theologen der sozialen Revolution gedeutet hatte: Revolution sei für Müntzer nicht ein Mittel zur Durchführung religiöser Zielsetzung gewesen, sondern die Religion habe ihm als Mittel zur Durchsetzung eines gesellschaftlichen Zwecks gedient. Ihm stellte sich Holl mit der Auffassung entgegen, Müntzer habe mit der Befreiung des Menschen von sozialer Unterdrückung unter Einschluß von Revolution religiöse Zwecke verfolgt. Holls Anstoß leitete eine etwa zehnjährige erste Phase intensiver Müntzerforschung ein; die zweite, bis in die Gegenwart anhaltende, wurde nach dem Zweiten Weltkrieg vornehmlich durch den Zwang ausgelöst, sich mit der marxistisch-leninistischen Müntzerdeutung zu befassen. Gegenwärtige Müntzerdiskussion und -forschung sind geprägt von der Auseinandersetzung um die Interpretation seiner Theologie und seines Wirkens: Standen für Müntzer gesellschaftliche Veränderungen mit Einschluß der Revolution im Dienste der Theologie oder diente die Theologie dem sozialen Kampf einschließlich Bestrebungen nach revolutionärem gesellschaftlichen Wandel?

Die Grundlagen des marxistisch-leninistischen Geschichtsbildes von Thomas Müntzer hatte 1850 Engels (BDG 34806) geschaffen; die in seiner Nachfolge stehende gegenwärtige Müntzerforschung in der DDR wurde außerdem stark durch das Werk des Sowjetrussen Moisej Mendelvic Smirin (1895–1975, BDG 57145) geprägt. Gelöst hat sie sich inzwischen von dessen These, Müntzer sei insgeheim Atheist gewesen oder habe zumindest atheistischen Auffassungen angehangen. Thomas Müntzer wird als genuin religiöser Mensch mit theologischem Bewußtsein analysiert und als Theologe ernst genommen: ,,Daß Müntzer Theologe war, daß er als Theologe Revolutionär war im umfassenden Wortsinne, der in der Lösung der Machtfrage das Ziel seines Kampfes erblickte, daß er aber als Revolutionär stets Theologe blieb und an der Theologie scheitern mußte, alles das unterliegt keinem Zweifel" (Steinmetz 1975,

680). Diese Formulierung faßt die derzeitige Müntzerdeutung kurz zusammen. Ihr geht es weniger um Theologie als um Müntzers politisch-strategisches Wirken, wie es Manfred Bensing als bisher wichtigster Interpret verdeutlicht. Dieses Verständnis bedarf der ausführlicheren Darstellung.

Die marxistisch-leninistische Beschäftigung mit Müntzer sieht in der Analyse der ,,Ideologie Müntzers ... das Kernstück der Müntzerforschung", verstanden als ,,das große Kampffeld der heute weltweiten Auseinandersetzungen" (Steinmetz 1975, 670). In der Frage nach dem Zusammenhang von Theologie und Revolution problematisiert sie gemäß ihrem Verständnis von Theologie als Ideologie Müntzers Lehre (s. Kap. Reformatorische evangelische Lehren) vornehmlich nicht als theologisches, sondern als gesellschaftliches Phänomen im Zusammenhang mit der Entwicklung der sog. Klassenkämpfe zwischen 1521 und 1525, wodurch sie zugleich unauflösbar eingebunden wird in das Erklärungsmodell einer ,frühbürgerlichen Revolution' (s. Kap. Reformation-Revolution). Nach Steinmetz geht ,,alle marxistische Müntzerforschung ... davon aus, daß die Theologie Müntzers sich entwickelte unter den Bedingungen des Heranreifens des deutschen Bauernkrieges, daß sie also einen entscheidenden Beitrag darstellt zum Höhepunkt der deutschen frühbürgerlichen Revolution, daß sich in den theologischen Gedanken zugleich das soziale und politische Programm der Volksreformation vorfindet, daß es darauf ankommt, den sozialen und politischen Gehalt und Stellenwert der verschiedenartigen theologischen Komplexe aufzudecken und herauszuschälen" (1975, 675).

Diesem Ansatz folgend gelangt die marxistisch-leninistische Deutung zu der Aussage, für Müntzer habe zu den Erfahrungen aus den ,Klassenkämpfen' gehört, daß er Luthers Theologie als klassengebunden erkannte, als ,,eine Theologie ohne das Volk und gegen das Volk: nicht in ihren Ansätzen, sondern in ihrer regressiven Entwicklung seit 1521" (Steinmetz 1975, 679f.). Ihr begegnet er als ,Repräsentant' jener ,Klassenkräfte', die auf Weiterführung der Reformation unter Übertragung auf den gesellschaftlichen Bereich drängten, mit seinem sozialpolitischen Programm einer Volksreformation als ,,Erfüllung und Krönung seiner Bestrebungen" (1975, 681). Es entsprach einer Theologie der Revolution, deren Elemente und Grundlagen eine Luthers Schriftprinzip entgegengesetzte Geistlehre mit revolutionärer Deutung der heilsgeschichtlichen Kategorien Geist-Schrift-Offenbarung-Gesetz bildeten; zu ihnen gehörten außerdem seine Forderung nach ,bewährtem' Glauben durch ,Nachfolge Christi' in Kreuz und Leid, die den Glauben ,,zum umgestaltenden, revolutionären Prinzip" werden ließ, und seine Obrigkeitslehre, die im

Staat „kein Organ über den Klassen, sondern revolutionäres Instrument zur Verwirklichung des göttlichen Willens" sah (1975, 679).

Nach Steinmetz setzte Müntzer „Luthers Lehre von der passiven Rolle des Menschen, seiner Unfähigkeit, sich selbst zu erheben, von dem passiven Gnadenempfang, von dem leidenden Gehorsam, von der Heiligen Schrift als der einzigen abgeschlossenen göttlichen Offenbarung, von der Rechtfertigung des Sünders allein durch den Glauben ... seine Überzeugung von dem Geist Gottes als der ständigen Offenbarung, unabhängig vom Buchstaben der Heiligen Schrift, als Quelle aller Erkenntnis und als umgestaltendes Prinzip, von dem Kreuz als der Voraussetzung des Geistempfanges, der Bewährung der Erkenntnis in Leid und Armut, von der Widerstandspflicht gegen die gottlosen Obrigkeiten und der Notwendigkeit der Schaffung einer revolutionären Gewalt des Volkes, vom Charakter der Obrigkeit als eines göttlichen Auftrages zur Vernichtung der Gottlosen und zur Herbeiführung einer gerechten Ordnung, vom gemeinen Volk, das allein von Gott zur Herrschaft prädestiniert ist, von dem Volke als einziger Kraft, die das göttliche Gesetz durchführen, den Willen Gottes vollstrecken kann, entgegen" (1975, 680).

Zum „Handeln im Sinne des göttlichen Gesetzes" und damit „zur revolutionären Tat" wollte Müntzer die Menschen „mit den Mitteln der Theologie" vorbereiten (Steinmetz 1975, 681). Müntzers Theologie war also revolutionäre Ideologie, deren Umsetzung in die Praxis sich aus der Analyse der sozialen Gegebenheiten ableitete. Zugleich aber sei Müntzer ideologisch auch gescheitert an der Theologie, weil sie „als Weltanschauung ungeeignet" ist „für den Prozeß der Emanzipation, der Selbstbefreiung des Volkes" (1975, 684). Zum Scheitern trugen außerdem die unreifen gesellschaftlichen Verhältnisse bei, insbesondere die Schwäche des Bürgertums. Nach marxistisch-leninistischer Auffassung liegt daher „die geschichtliche Bedeutung Müntzers ... in seiner revolutionären Lehre von der Weiterführung der Reformation durch das Volk, in der Ausarbeitung dieser Lehre in Auseinandersetzung mit dem Verlauf der Reformation, speziell mit Luthers Auffassungen, in der Verschmelzung dieser revolutionären Volksreformation mit den Kämpfen der Volksmassen im deutschen Bauernkrieg. Nur von hier aus ist Müntzers Stellung in der Geschichte zu begreifen" (1975, 685). Begriffen demnach als Repräsentant der Volksreformation oder auch als „Ideologe einer plebejischen Fraktion am äußersten linken Flügel der frühbürgerlichen Revolution" (Feudalismusforschung, 46) wird Müntzer nicht mit dem Begriff radikale Reformation erfaßt.

Bisher liegt keine ausführliche Auseinandersetzung mit der marxistisch-leninistischen Müntzerinterpretation vor. Ihr stellt die ‚traditionelle' Geschichtswissenschaft jedoch eine Interpretation entgegen, deren Spannweite sich von theologischer über theologie- und geistesgeschichtlicher bis hin zu sozialgeschichtlich orientierter Deutung erstreckt.

Von theologie- und kirchengeschichtlichem Ansatz aus stellte Walter Elliger bereits in einer Studie von 1960 (BDG 57138) und danach in seiner umfangreichen Biographie primär das theologische Selbstverständnis Müntzers und dessen Intentionen in den Mittelpunkt seiner Analyse und interpretierte ihn vornehmlich theologisch unter Hintansetzung der sozialen Zusammenhänge und Bedingungen. Müntzers theologisches Problem war danach nicht die Revolution, von revolutionärem Handeln infolge gesellschaftlicher Mißstände kann nicht gesprochen werden, das „gottgewiesene Ziel" seiner Theologie war vielmehr „die endliche Aufrichtung der ‚apostolischen Kirche' durch eine christusförmig gewordene Christenheit, die nicht ein menschlich-kreatürliches Wollen durchsetzen will, sondern im Gehorsam gegen Gottes Willen handelt" (3). Dieser Zielsetzung entsprachen unveränderte Elemente seines Denkens und Handelns, darunter auch seine Überzeugung, daß das Gericht Gottes als radikaler Sturz der tyrannischen Herrschaft von Gottlosen unmittelbar bevorstehe; ihre Beseitigung werde den Auserwählten als denen, die auf Gottes Wort hören, die Gewalt übertragen. Nur in diesem Zusammenhang sei sein Aufruhr – Ellinger spricht nicht von Revolution – zu interpretieren, sein Handeln wird also gedeutet als Erhebung für Gottes Sache, im Dienste der durch Gottes Gesetz geforderten Erfüllung göttlichen Willens. Reformatorisches Wirken und Widerstand gegen gottlose Obrigkeiten werden verstanden als Folge theologisch bestimmten Denkens, das sich nicht der Kategorie ‚soziale Revolution' erschlossen hatte: Für Elliger ist sicher, „daß der ‚Revolutionär' im Namen und Auftrage Gottes weder ein ‚Bauernführer' noch ein ‚sozialer Agitator' war, daß es ihm primär nicht auf Menschenrechte und sozialen Fortschritt ankam, sondern auf Gottes Gesetz und eine im Glauben und Leben gotthörige, geistesmächtige Christenheit, die dann, im Gehorsam gegen Gott, auch den Dingen dieser Welt die rechte Gestalt und Ordnung einfach geben muß" (805).

Daß ein Zusammenhang zwischen Theologie und sozialer Revolution bestritten wird, beruht offenbar auf der Annahme, Kirche und Gesellschaft des 16. Jahrhunderts seien getrennte Bereiche gewesen, eine Wechselwirkung zwischen dem Denken des Theologen und der sozialen Entwicklung in jener Gesellschaft, in die er eingebunden war, habe es nicht gegeben. Erklären läßt sich eine derartige Annahme als Folge negativer Fixierung auf die marxistische Interpretation und von Theologisierung der Reformationsgeschichte durch Kirchenhistoriker der Nachkriegszeit.

Einen engen, sich gegenseitig bedingenden Zusammenhang zwischen Theologie und Revolution stellten dagegen Carl Hinrichs (1900–1962, BDG 56372) und Thomas Nipperdey her, beide unter theologie- bzw. geistesgeschichtlichem Ansatz. Nach Nipperdey ergab sich die Einheit von sozialer und politischer Revolution konsequent und gewollt aus dem Kern der Theologie Müntzers als Anspruch, eine christliche Lebensordnung herbeiführen zu wollen, jedoch blieb er in Begründung und Zielsetzung religiös und theologisch bestimmt, war also nicht gesellschaftlich motiviert. Auch als Revolutionär blieb Müntzer stets Theologe. Nipperdey gelangte zu seiner Einsicht, indem er in Müntzers Denken eine Verfälschung der lutherischen Theologie sieht. Sein Handeln wird dahingehend erklärt, daß ,,der letzte Grund für den Übergang der Theologie in die Revolution oder vielmehr für die Aktualisierung der revolutionären Theologie ... noch hinter allen Argumenten in Müntzers eschatologischer Erwartung" lag (63). Ähnlich beantwortet wurde die Frage nach der Einheit von ,,innerer und äußerer Ordnung" von Goertz, jedoch nicht von Luther herkommend, sondern begründet im Geist der Mystik. Nipperdey und Goertz erfassen damit den Zusammenhang von Theologie und Revolution in stringenter Weise enger als die marxistisch-leninistische Geschichtswissenschaft. Ihre Studien und neue theologische Untersuchungen lassen erkennen, daß die Interpretation der Theologie Müntzers durch Steinmetz infolge ihrer geistigen Nähe zu Holl und Heinrich Böhmer (1869–1927, BDG 15962f.) als ,recht konservativ' einzustufen ist und nur durch ihren sozialgeschichtlichen Rahmen ,progressiv' wird.

Müntzers Theologie wirkte sich gesellschaftlich aus, inwieweit jedoch sein Denken von sozialen und politischen Erfahrungen geprägt wurde, blieb unter geistesgeschichtlicher Problematisierung des Verhältnisses von Theologie und Revolution eine offene Frage. Beantwortet werden kann sie, wenn Müntzer als ,,Ausdruck der Spannung von Geist und Gesellschaft" (Goertz, 525) in sozialgeschichtlicher Betrachtungsweise problematisiert wird. Daß es notwendig sei, Müntzer gesellschaftsgeschichtlich zu interpretieren, hat Ludwig Fischer in neomarxistischer Perspektive aufgezeigt. Eine Interpretation mit dem Anspruch, Religions- und Sozialgeschichte miteinander zu verbinden, hat van Dülmen vorgelegt. Daß sie nachfolgend ausführlicher besprochen wird, ergibt sich nicht aus ihrer besonderen Originalität, sondern aus der Problematik, daß die Darstellung zwar eingängig ist, in ihrer Argumentation aber nicht ganz ausgeglichen erscheint.

Ausgangspunkt der Interpretation van Dülmens bildet die These, Müntzers radikale Reformation – zu begreifen als eine totale Weltreformation, die „unausweichlich den völligen Umsturz der gegebenen feudalen Ordnung" (1977,1) bedeutet hätte – sei Ausdruck und Ergebnis einer persönlichen religiösen Erfahrung im Verständnis unzertrennbarer Einheit von Theologie und Revolution gewesen. Das Denken und Handeln Müntzers lassen sich nur erklären, wenn sie begriffen werden als eingebunden in seine soziale Umwelt und bestimmt von dem Bestreben, diese Gesellschaft zu verchristlichen. Nach van Dülmen ist also davon auszugehen, „daß Müntzers theologisches Konzept ohne seine sozialrevolutionäre Praxis unbestimmt bleibt, wie umgekehrt seine Praxis ohne seine Theorie jedes Legitimationsgrundes entbehren würde" (1977, 69), daß „seine Lehre und Theologie... aber keineswegs als eine Widerspiegelung der realhistorischen Zustände begriffen werden" können (1977, 165). Müntzer, der sozial und politisch bis zum letzten Augenblick ausschließlich religiös motiviert war, d. h. als Theologe und Prediger handelte und von diesem Ansatz her das Geschehen endzeitlich deutete, entwickelte sich vom Anhänger Luthers zum „radikalen Revolutionär" nicht aus sich selbst heraus, sondern bestimmt durch Umstände und Bedingungen innerhalb der ihn umgebenden Gesellschaft. Derartige Erkenntnis, die eigentlich für jede historische Gestalt zutrifft, verbindet sich mit der problematischen These, Müntzers Wandlung radikalisierte nicht nur sein Handeln, sondern auch seine Theologie dermaßen, daß sich in ihr schwer konstante Merkmale ermitteln lassen. Problematisch ist sie, weil sie nicht nur unbelegt ist, sondern auch insofern gar nicht nachweisbar sein dürfte, weil sich Müntzers Theologie von ihrem ersten quellenmäßigen Niederschlag an als revolutionär und radikal erweist.

Grundsätzlich begründet war Müntzers Theologie nach van Dülmen in der Überzeugung, es sei Gottes Auftrag an die Menschen, die Welt zu verchristlichen. Diese Theologie und sein Sendungs- wie auch Selbstbewußtsein bestimmten sein Bestreben, die Gesellschaft sozial zu verändern, d. h. sein politisches Handeln war stets „Funktion einer theologischen Weltdeutung" (1977, 77). Müntzer sah seinen Auftrag darin, die Auserwählten von den Feinden Gottes zu befreien, weil die Gottlosen verhinderten, daß sich Gottes Geist verwirklichte und seine Herrschaft anbrach. In Müntzers Sicht waren die gottlos, die Gottes unmittelbarer Herrschaft im Wege standen, ursprünglich die überlieferte Kirche, aber ebenso die neue Kirche der lutherischen Theologie, zuletzt jedoch vor allem die Obrigkeiten und die gesamte Gesellschaftsordnung. Aus ihrer Vernichtung folgerte die soziale Befreiung des Volkes, das er von Gott als Träger seiner künftigen Herrschaft auserwählt sah. Die soziale Befreiung erfolgte jedoch nicht primär, um die Gesellschaft neu zu ordnen, sondern sollte in erster Linie alle Hemmnisse beseitigen, die eine Verwirklichung wahren Glaubens behinderten – eine Interpretation, die Elligers Deutung nahe kommt.

Aus Müntzers theologisch-religiöser Zielsetzung einer Befreiung des Christen von jedweder Vermittlung zwischen sich und Gott erklärt sich nach van Dülmen, daß er über die Idee von sozialer Freiheit und Gleichheit hinaus nur bedingt konkrete Vorstellungen darüber entwickelte, wie eine gesellschaftliche Neuordnung inhaltlich beschaffen sein müsse. Sein Denken und Handeln war geprägt von eschatologischen Erwartungen, daß nach Beseitigung der überlieferten verderbten, gottlosen Welt eine neue Zeit, wenn nicht sogar das unmittelbare Ende der weltlichen Zeit überhaupt, nahe sei. In diesem Zusammenhang bedeutet radikale Reformation als ‚Reformation der Reformation‘, daß sie als Rückkehr der christlichen Kirche zu ihrem Ursprung im Sinne unmittelbarer Herrschaft Gottes auf Erden erst verwirklicht werden konnte, wenn Gottlose und Verdammte vernichtet waren. Müntzers Aufruf zur Revolution war Ausdruck und Folge dessen, daß er die unmittelbare Heraufkunft des ewigen Gottesreiches in naher Zeit erwartete, damit aber geprägt von chiliastischem Revolutionsverständnis. Infolgedessen läßt sich der sozialen Revolution nur die Bedeutung einer Komponente innerhalb von Müntzers radikaler Reformation zusprechen. Im Zusammenhang mit der übergreifenden Problematik des Begriffs radikale Reformation muß jedoch festgestellt werden, daß der Terminus ‚Reformation der Reformation‘ wenig aussagekräftig erscheint, wenn der reformatorische Grundsatz ‚ecclesia semper reformanda‘ ernst genommen wird.

Gemeinsame Auffassung aller wesentlichen Interpretationen seitens der ‚traditionellen‘ Geschichtswissenschaft ist demnach, daß sie Müntzers Bestrebungen und Handeln im gesellschaftlichen Bereich unter Einschluß sozialer Revolution als religiös legitimiert deutet. Diese Legitimation äußerte sich in einer Theologie, die bestimmt war von dem Ziel, Gottes Willen zu erfüllen und alle Hindernisse zu seiner Durchsetzung zu beseitigen. Theologie und Revolution standen aber nicht nur in einem sich unlösbar bedingenden Zusammenhang, vielmehr muß seine revolutionäre Theologie auch als Ausdruck und Ergebnis einer zu jeder Zeit bestehenden konkreten Wechselbeziehung zwischen Theologie und Gesellschaft, zwischen theologischem Denken und sozialer Entwicklung analysiert werden. Aus dieser wechselseitigen Bedingtheit heraus mußte Müntzers soziales Handeln unter den gesellschaftlichen Gegebenheiten des frühen 16. Jahrhunderts nicht nur politisch, sondern bereits vom Ansatz her revolutionierend wirken. Die Diskussion über das Verhältnis von Theologie und Revolution ist allerdings keineswegs abgeschlossen, sie geht sowohl innerhalb der traditionellen als auch mit der marxistisch-leninistischen Geschichtswissenschaft weiter. Sie unterstreicht eine Problematik, auf die bei der Behandlung der reformatorischen Lehren bereits hingewiesen wurde – die Rolle und Bedeutung theologischer Kategorien in einer historischen Zeit, deren gesellschaftliches Bewußtsein noch nicht säkularisiert war.

Die Müntzerforschung steht außerdem vor weiteren Problemen. Zu den historisch besonders wichtigen gehört die Frage nach Müntzers theologischem Ansatz, nach seiner Abhängigkeit von Luthers Theologie, von mittelalterlicher Mystik, von Apokalyptik und von chiliastischem Denken. Hinsichtlich seines theologischen Verhältnisses zu Luther gewinnt die These Boden, daß Müntzer zwar ohne Luthers reformatorischen Ansatz undenkbar sei, daß er aber neben Luther und Zwingli ein eigenständiger Reformator war, theologisch originell unter den Voraussetzungen einer ,,Pluriformität der frühreformatorischen Theologie'', die ,,in der Regel noch zu einseitig an Luther gemessen'' wird (Bräuer, 128 u. 137). Zur Diskussion steht außerdem und nicht zuletzt die Frage nach der Beziehung zwischen Müntzer und den Täufern. Derartige Zusammenhänge wurden lange und besonders von der mennonitischen Täuferforschung bestritten, können jedoch im Blick auf das Hut'sche Täufertum als nachgewiesen gelten, zuletzt durch Seebaß. Müntzer und Täufer waren zwei eigenständige und zugleich zusammenhängende historische Erscheinungsformen radikaler Reformation, deren Gemeinsamkeit in ihrem schroffen Antiklerikalismus bestand. Antiklerikales Denken, Verhalten und Handeln war nach Goertz eine Ursache radikaler Reformation.

Täufertum

Die Zuordnung des Täufertums zur radikalen Reformation ist ebenfalls nicht ohne Widerspruch geblieben. Er resultiert einerseits vornehmlich aus dem Suchen heutiger Freikirchen nach Identifikation mit religiösen Bewegungen des 16. Jahrhunderts ohne sozialrevolutionäres Odium, andererseits daraus, daß unter diesen Begriff täuferische Bewegungen subsumiert werden, die in Verhalten und Handeln stark differierten. Außerdem bestehen unterschiedliche Auffassungen hinsichtlich der Deutung. Sie ergeben sich aus voneinander abweichenden Begründungen und verschiedenartigen Erklärungsansätzen. Vier Erklärungsverfahren lassen sich unter Anschluß an van Dülmen und Goertz unterscheiden, das millenarische, das kirchen- und theologiegeschichtliche mit Einschluß geistesgeschichtlicher Fragestellungen, das marxistisch-leninistische und das sozialgeschichtliche.

Die Bezeichnung ,millenarisch' leitet sich ab von der Erwartung des

Tausendjährigen Reiches Christi auf Erden nach seiner Wiederkunft vor
dem Weltende, eine Erwartung im Anschluß an die Offenbarung von
Johannes (20.2ff.). Der millenarische Forschungsansatz „analysiert …
das Täufertum, vor allem seine enthusiastisch-chiliastische Ausformung
im Lichte der ‚Heilsbewegung‘ der Dritten Welt bzw. totalitärer Bewegungen der jungen Vergangenheit in Europa als ein universales Problem,
dessen charakteristische Merkmale, Motivationen wie Zielvorstellungen
überall gleich strukturiert sind, zumindest ungeachtet aller unterschiedlichen Entstehungsbedingungen als vergleichbar beurteilt werden. Entsprechend der unterschiedlichen politischen Interessen differiert daher
die Bewertung des Interesses am radikalen Täufertum als Protestbewegung gegen feudale oder koloniale Unterdrückung oder als ‚wahres Ur-
bild einer heutigen totalitären Partei‘, als Präfiguration bzw. Anfänge
totalitärer politischer Bewegungen. Die millenarische Forschung bewertet das Täufertum als eine typische sozial-religiöse Bewegung, ohne aber
die Differenz zwischen feudaler und kolonialer Situation bzw. religiös-
chiliastischer und säkularisierter, totalitärer Bewegung zu sehen" (van
Dülmen 1979, 187). Dieser Forschungsansatz spielt in der Täuferforschung keine wesentliche Rolle, zumal er eher von Nichttäuferforschern
als von Fachleuten in die Diskussion eingeführt wurde.

Im millenarischen Erklärungsverfahren offenbaren sich ahistorische
Ansätze, es wird daher dem historischen Phänomen Täufertum nur ganz
bedingt gerecht. Bedenkenswert sind jedoch die Überlegungen, die Rüdiger Landfester in kritischer Auseinandersetzung mit Otthein Ramm-
stedts soziologisch orientierten Untersuchungen zum Täufertum in
Münster über einen historisch komparativen Zugang zur ‚historischen
Sektenforschung‘ eingebracht hat. Die Täufer als Teil vergangener Wirklichkeit geschichtswissenschaftlich zu erfassen, strebt die kirchen- und
theologiegeschichtliche Forschung an. Sie war allerdings in der Vergangenheit weitestgehend bestimmt vom konfessionellen Standpunkt und
hat auch gegenwärtig die konfessionelle Perspektive noch nicht gänzlich
zugunsten überkonfessioneller Analyse aufgegeben. Hauptsächlich zwei
unterschiedliche Erkenntnisinteressen lassen sich gegenwärtig feststellen,
eine groß- und eine freikirchlich orientierte.

Nach jahrhundertelanger Verwerfung und Ablehnung bis hin zum hi-
storiographischen Ausschluß der Täufer aus der Reformationsgeschichte
zeigen sich jetzt Kirchenhistoriker mit religiöser Einbindung in die
Groß- und Volkskirchen bereit, im Täufertum einen dritten reformatorischen Ansatz neben lutherischer und zwinglischer, bzw. schweizerisch-
oberdeutscher Reformation anzuerkennen. Vertreten wird ein stringenter
und streng kirchen- und theologiegeschichtlicher Ansatz unter dem Vor-

zeichen bewußter Parteinahme aber vornehmlich von freikirchlich eingebundener Forschung, besonders von Kirchenhistorikern, die selbst Men-
noniten sind. Ihre zumindest teilweise systematisch-theologisch ausgerichteten Forschungen sind geprägt von der Suche nach Identifikation
oder Erneuerung aus dem konfessionellen Ursprung und vielfach noch
von der Überzeugung bestimmt, im Täufertum nicht nur die Anfänge der
gegenwärtigen, vom Staat streng getrennten, sowohl von Hilfe als auch
von Mitsprache unabhängigen Freikirchen, sondern außerdem eine
emanzipatorische Kraft der modernen Welt zu erfassen. Grundlage derartiger Aussagen und Thesen ist vielfach eine ahistorische Abstraktion
vergangener Wirklichkeit, deutlich nachweisbar in der freikirchlich-kir-
chengeschichtlichen Grundauffassung, beim Täufertum habe es sich um
eine eigengeprägte, von der Bibel her begründete und gerechtfertigte Verwirklichung christlichen Glaubens, um eine genuin religiöse Bewegung
gehandelt; sie sei von ihrer Entstehung her wesenhaft ‚friedfertig‘ und
‚apolitisch‘ gewesen, auch wenn sie gesellschaftliche Auswirkungen zeitigte. Ihrer Einordnung in die radikale Reformation im Sinne von Williams wird zugestimmt, dem eigenen Verständnis entsprechend jedoch
folgerichtig jedwede Subsumierung unter militante oder revolutionäre
Reformation zurückgewiesen.

Mit der freikirchlichen Interpretation korrespondiert die erkenntnisbe-
stimmende Annahme, das Wesen des Täufertums könne voll und ganz
nur von demjenigen erschlossen und begriffen werden, der sich täuferischen Glaubensvorstellungen verbunden fühle, zumindest sich dem Täufertum theologisch nähere. Unbeschadet jedweder kritischer Wertung
dieser Forschungsrichtung bleibt aber festzuhalten, daß sich die freikirchliche Täuferforschung, insbesondere die nordamerikanische mit einem Mittelpunkt in der sog. ‚Bender-School‘ (Harold S. Bender, BDG
54827, 64362 usw.), große Verdienste auf diesem Arbeitsfeld erworben
hat. Anknüpfend an die Arbeiten von Troeltsch und Walther Köhler
(1870–1946, BDG 44241, 44510 u. a. Titel) sind ihrerseits durch unzählige
Dissertationen und Darstellungen sowie durch Mitarbeit an Editionen
Forschungsleistungen erbracht worden, die z. B. James M. Stayer trotz
entschiedener Abkehr von dieser Sichtweise ausdrücklich gewürdigt hat.

Bei derartiger Sichtweise stellt sich besonders in diesem Forschungsbe-
reich gegenwärtig die Frage nach dem Verhältnis zwischen theologisch
eingebundener Kirchengeschichte und dem normativen Anspruch der
Theologie gegenüber geschichtswissenschaftlicher Arbeit – reflektiert
von Goertz: Auch für die Erforschung des Täufertums gelte, „daß historische und theologische Arbeit ... ohne eine theologisch-normative Verformung ... möglich“ sei, wenn sich die Theologie bereit zeige, „zu-

nächst erst einmal den Erfahrungszusammenhang des täuferischen Denkens untersuchen zu lassen, bevor sie an ihr eigenes Werk geht" (1980, 156). Konkret besagt diese Überlegung für die Täuferforschung, „daß die Theologie der Täufer in dem historischen Geflecht aufgesucht werden muß, bevor sie einer anderen als einer historischen Erkenntnis und Verarbeitung überhaupt zugänglich wird. Das freikirchlich-pazifistische Reformkonzept der Schweizer Brüder kann historisch als Ergebnis einer Ohnmachtserfahrung der frühen Täufer aufgefaßt werden, die bewußt oder unbewußt nach einer Rechtfertigung ihrer Misere in der Heiligen Schrift suchen, theologisch jedoch kann gesagt werden, daß Ohnmächtige die Heilige Schrift anders lesen als Mächtige, evangeliumsgemäßer. Theologisch kann die Entscheidung von Schleitheim 1527 [sich auf der Basis der erstmals formulierten bekannten täuferischen Grundsätze von der Welt abzusondern] durchaus in den Kategorien einer christozentrischen Hermeneutik begriffen werden. Diese Erkenntnis darf bloß nicht ... kritisch gegen eine historische Analyse ins Feld geführt werden. Für den Theologen mag die Kategorie der christlichen Hermeneutik nützlich sein, für den Historiker hat sie jedoch einen verminderten Erkenntniswert, denn er muß sofort nach den geschichtlichen Bedingungen und Formen dieser Kategorie fragen. Sie wird bei Paulus etwas anderes bedeuten als bei Luther oder bei den Täufern, etwas anderes sogar bei den frühen Täufern um 1525 als bei den Schweizer Brüdern von 1527" (1980, 154).

Noch stärker verdeutlicht Goertz die Divergenz zwischen theologischer und geschichtswissenschaftlicher Arbeit, wenn er zur umstrittenen Frage nach der gesellschaftlichen Relevanz des Täufertums feststellt: „Historisch betrachtet haben die Täufer in der Tat die Grundprinzipien, auf denen die Gesellschaft im 16. Jahrhundert ruhte, berührt, angegriffen oder zerstört. Daraus könnte man ableiten, daß sie zurecht verfolgt oder hingerichtet worden sind. Sie haben sich an den Regeln menschlicher Vergesellschaftung, ohne die es sich nicht leben läßt, vergangen. Theologisch gesehen kann Destruktion und Exekution ganz anders gesehen werden: Die Täufer haben die Menschen des 16. Jahrhunderts daran erinnert, daß die Grundprinzipien einer herrschenden Gesellschaft mit den Prinzipien kollidieren müssen, die für das Reich Gottes bestimmend sind, und daß Exekution für sie Martyrium ist, das coram deo nicht wert ist, gegen ein irdisches Weiterleben in Kompromissen eingetauscht zu werden. Das ist eine theologische Wertung, die mit dem christlichen Wertgefühl heute übereinstimmt. Das kann freilich auch die eigentliche Intention der Täufer damals gewesen sein; und dann würde dieses Beispiel freilich gegen die hier vorgeschlagene Trennung von Historie und Theologie sprechen. Doch die Intention, die sich ja historisch ausmachen lassen muß, ist nicht der einzige Gegenstand historischer Forschung. Die Historie versucht, die Intention aus einem überintentionalen historischen Geflecht zu erarbeiten, denn vieles, was den Menschen bewegt und zu zielgerichtetem Handeln treibt, geschieht hinter seinem Rücken. Historische Forschung kann die Intention also nicht für sich nehmen, sie muß zugleich ihre historischen Bedingungen einerseits und ihre gesellschaftliche Implikation andererseits in Rechnung stellen. Nicht was die Täufer wollten, macht ihr Wesen als historische Erscheinung aus, sondern was sie waren" (1980, 155f.).

Diese Überlegungen und die freikirchlich-konfessioneller Sichtweise entgegengesetzten Deutungen des Täufertums auf der Grundlage marxistisch-leninistischen Geschichtsverständnisses oder seitens der Historiker, die es mit sozial- oder geistes- und ideengeschichtlichem Ansatz zu erklären versuchen, sind von der freikirchlich orientierten kirchengeschichtlichen Täuferforschung bisher kaum diskutiert, geschweige denn rezipiert, höchstens distanziert zur Kenntnis genommen worden. Sie zerstören das Bild von der Einheit eines Täufertums, das von vornherein im Sinne freikirchlicher Ekklesiologie aufgefaßt wurde, das frei gewesen sein soll von revolutionären Zügen und das aus pazifistischer Grundhaltung und mit seiner Forderung nach Trennung von Kirche und Staat dazu beigetragen habe, die moderne Welt heraufzuführen. Das traditionell freikirchliche Täuferbild läßt sich jedoch nicht mehr beschwören angesichts empirisch gewonnener Aussagen intensiver jüngster Täuferforschung mit ihren Schwerpunkten in der deutschsprachigen, niederländischen und besonders nordamerikanisch-kanadischen Geschichtswissenschaft.

Umstritten sind vor allem die Anfänge, die Entwicklung und das Wesen des Täufertums. Seitens der marxistisch-leninistischen Geschichtswissenschaft wandte sich 1958 Gerhard Zschäbitz (1920–1970, BDG 64304) zu Recht gegen eine Gleichsetzung des Täufertums mit seiner Züricher Ausprägung als nur einem seiner Ursprünge; zugleich verwarf er die Auffassung, daß zwischen täuferischen Bewegungen und Bauernkrieg von 1525 keinerlei Zusammenhänge bestünden. Seine These, daß das Täufertum einen weiteren Ursprung in Mitteldeutschland habe, ein Täufertum, das über Hans Hut auch Vorstellungen Müntzers in sich aufnahm, ist inzwischen ebenso bestätigt worden wie seine Aussage über eine innere Verbindung zwischen Hoffnungen bzw. Resignation der Aufständischen von 1525 und Aufnahme täuferischer Gedanken. Problematisch ist dagegen weiterhin seine letztlich doch aus der sozial-ökonomischen Entwicklung abgeleitete Erklärung des Täufertums, so sehr er die Eigenständigkeit des theologischen Denkens betont, und ebenfalls zweifelhaft bleibt die Annahme, daß täuferische Leitideen auf besonderen Widerhall in den Unterschichten gestoßen seien – eine Auffassung, die vor allem von Brendler 1966 für das Täuferreich von Münster verfochten wurde. Sie ordnete sich ein in die These von der frühbürgerlichen Revolution, jedoch wurde inzwischen einerseits die Subsumierung der Ereignisse zu Münster unter diese Theorie von der Mehrheit der marxistisch-leninistischen Historiker aufgegeben, andererseits die Aussage Brendlers durch neue empirische Untersuchungen, besonders von Karl-Heinz Kirchhoff, widerlegt.

Wesentliche weitere Forschungen sind seitens der marxistisch-leninistischen Forschung seither erstaunlicherweise nicht vorgelegt worden. Erklärt wird das Täufertum gegenwärtig als ,,eine sozial und ideologisch differenzierte sozial-religiöse oppositionelle Strömung . . ., deren soziale Basis vorwiegend von Ausgebeuteten beziehungsweise von durch feudale Gewalten oder städtische Räte benachteiligte Schichten geprägt wurde . . . [die] einen wesentlichen Teil der antifeudalen Bewegung nach der Niederlage des Bauernkrieges [verkörperte, aber] . . . in ihrer Mehrheit die Idee der göttlichen Gerechtigkeit nicht aktiv und kämpfend verwirklichen" wollte (Illustrierte Geschichte frühb. Revolution, 328, 330, 334). Damit wird offenbar nicht rezipiert, daß Brendler im Täufertum ,,dem ideellen Gehalt und der historischen Stellung nach . . . die Resignations- und Trotzgestalt der frühbürgerlichen Revolution" (1966, 75) sieht. Eine derartige Funktionsbestimmung analysiert allerdings van Dülmen als leitende Kategorie der marxistisch-leninistischen Täuferinterpretation – eine Zuweisung, die ebenso problematisch ist wie die Aussage, daß für ,,die sich marxistisch verstehende Historiographie" die ,,radikale Richtung des Täufertums . . . das Fortschrittliche [repräsentiert], wenn auch im Gewand eines Sektenfanatismus, während die biblizistisch-friedliche Richtung lediglich einer jede Opposition aufgebenden Resignation entspringt" (1979, 186). Derartige ,Einschätzungen' sind nicht wiederholt worden und erscheinen daher wenig geeignet, als *die* marxistische Interpretation eingestuft zu werden.

Erst recht nicht gibt es *die* sozialgeschichtlich – im weiten Sinne des Wortverständnisses – begründete Deutung. Weitgehende Übereinstimmung besteht zwischen Stayer und Werner O. Packull, Klaus Deppermann, Seebaß, van Dülmen und Goertz darin, daß die Täufer nach Selbstverständnis und kirchengeschichtlicher Bedeutung eine genuin reformatorische Bewegung waren, polygenetisch entstanden aus Protest gegen kirchlich-religiöse und gesellschaftliche Mißstände der vorreformatorischen Zeit und zugleich aus Enttäuschung über die zwinglische und lutherische Reformation.

Wenn die Täufer in ihrer Grundhaltung auch stark harmonisierten, vor allem im Verlangen nach religiöser Selbstbestimmung und ‚Reinigung‘ von Kirche und Gesellschaft, nach unbedingter Verwirklichung christlichen Lebens, so waren sie doch von Anfang an entsprechend den jeweiligen Entwicklungsbedingungen und Umwelterfahrungen in Entstehung, Ausdrucksformen und Verhaltensweisen stark differenziert und unterschiedlich strukturiert; ebenso bestand keine volle Identität zwischen täuferischen Bewegungen in ihrer Frühzeit und späteren gefestigten ‚Sekten‘ und Gruppen. Unbeschadet weitestgehender Gemeinsamkeit in der Wertung der Heiligen Schrift und im Bild vom Wesen wahren Christentums als eines der Vervollkommnung und Heiligung dienenden Lebens durch ständig geübte Nächstenliebe und stetige Buße, durch strenge Gemeindezucht und durch Ausschluß fortwährend offener Sünder mittels des Bannes, ergab sich im religiös-theologischen Bereich eine unübersehbare Vielfalt. Allgemein anerkannt wurden von den meisten Täufern als wichtigste Grundsätze die Glaubens- bzw. Bekenntnistaufe, der Bann, die Verweigerung des Eides, die Ablehnung des Kriegsdienstes, das Verständnis von Gemeinde als im Glauben verbundene wahrhaft Gläubige, das Abendmahl als Ausdruck christlicher Gemeinschaft zwischen den Gemeindegliedern und die Absonderung von der Welt. Diese Grundsätze wurden aber in den verschiedenen Täufergruppen so unterschiedlich verstanden und begründet, daß das Schleitheimer Bekenntnis von 1527, das diese Grundsätze zusammenstellt, im Täufertum nicht konsensfähig war. Ihre soziale Basis besaßen die Täufer bei Handwerkern, Ackerbürgern und Bauern, d. h. beim Gemeinen Mann.

Auf der Grundlage quellenintensiver Untersuchungen zur Sozialstruktur täuferischer Bewegungen zwischen 1525 und 1618, die eine Mannigfaltigkeit täuferischer Gruppen ergaben und zugleich den Nachweis erbrachten, daß es sich beim Täufertum um keine Massenbewegung gehandelt habe, sowie deren Rückgang bis zum Dreißigjährigen Krieg offenbarten, gelangte Claus-Peter Clasen zu der These, das Täufertum als eine wesentlich religiöse Bewegung sei für die Gesellschaft des 16. Jahrhunderts als ,,kleinere Episode‘‘ von keiner größeren Bedeutung gewesen (428). Es habe zwar in diesem Rahmen auf die Gesellschaft zerstörerisch eingewirkt, lasse sich aber nicht als Ursprung der folgenreichen Trennung von Kirche und Staat im angelsächsischen Raum des 17./18. Jahrhunderts nachweisen. Derartige Wesensbestimmung und historische Einordnung rief nicht nur freikirchlich orientierten Widerspruch hervor, sondern wurde ebenfalls nicht unter sozialgeschichtlichem Ansatz von Stayer akzeptiert, obgleich gerade seine Forschungen das Bild vom ‚friedfertigen‘ und ‚apolitischen‘ Täufer der Frühzeit in der Schweiz zerstört hatten. Seine quellenfundierten Nachweise, daß die Täufer eine religiöse und soziale Reformbewegung waren, die in der Schweiz ursprünglich revolutionären Absichten bei einem Ineinander von Reformation, Bauernkrieg und Widerstand anhingen und erst unter dem Druck sozialer und politischer Entwicklung zur Absonderung von der Gesellschaft schritten, haben die Täuferforschung nicht nur vor neue Fragen gestellt, sondern darüber hinaus neue Perspektiven zur historischen Bewertung der Täufer eröffnet. Nach Stayer waren im frühen Täufertum Ansätze zu einer Massenbewegung vorhanden, und der zentrale Konflikt der Täufer mit der Gesellschaftsordnung widerspricht der These, das Täufertum sei nur eine Randerscheinung gewesen.

Auch van Dülmen interpretiert das Täufertum als eine sozialrevolutionäre und zugleich vielfältige Bewegung, die geprägt war von einem dreifachen Protest – Protest ,,1. gegen das Versagen oder Ausbleiben einer auch in weltliche Bereiche eingreifenden, sozial sich auswirkenden Reformation, wie sie den sozialen und religiösen Bedürfnissen des gemeinen Mannes entsprochen hätte, 2. gegen die Institutionalisierung einer neuen Herrschaftskirche, die Hierarchisierung der neuen Religionsgemeinschaften, welche die konkrete Idee des allgemeinen Priestertums verdrängte und der weltlichen Obrigkeit erneuten Einfluß auf die geistliche Gemeinde gestattet, und schließlich 3. gegen die anhaltende ,Weltlichkeit' der Gesellschaft und Obrigkeit insbesondere, wie sie vor allem im Bauernkrieg sichtbar geworden war, die keine sittlich-moralischen Konsequenzen aus der Reformation gezogen hatten" (van Dülmen 1979, 189). Indem als ,,Ursache allen Übels" einschließlich der neuen Orthodoxie in der Lehre, der neuen Theologenkirche und des sich entwickelnden Landeskirchentums, die ,,Verweltlichung" galt, wurden die Täufer infolge derartiger Bewertung und abgeleiteter Folgerungen für die ,,feudalständische Gesellschaft" in zweifacher Hinsicht bedrohlich. Sie stellten sich zum einen ,,mit ihrem religiösen Selbstbestimmungswillen, ihrem subjektiven Heiligungsstreben und der Restitution einer ,Gemeinde der Heiligen' auf der Grundlage egalitärer Regeln außerhalb aller traditionellen Normen und der Sozialität der bestehenden Ordnung und entzogen sich so mental jeder sozialen Kontrolle und jedem Herrschaftsanspruch der Obrigkeit und ihrer Kirchen. Zum anderen artikulierten ihre allgemeine Protesthaltung und ihre Gehorsamsverweigerung, insbesondere gegenüber weltlicher Gesellschaft und Herrschaft sowohl im Schweizer, im Hutschen wie auch im melchioritischen Täufertum einen Anspruch, der je nach Situation, Erfahrung und Bildung unter Rezeption eschatologisch-chiliastischer Vorstellungen vom Religiösen ins unmittelbar Politische umschlagen konnte" (van Dülmen 1979, 191 f.).

In diesem Zusammenhang arbeitet van Dülmen drei idealtypische Formen von täuferischer Lehr- und Lebensverwirklichung heraus, resultierend jeweils aus vornehmlich sozialen und religiösen Bedingungen, begriffen „als verschiedene Ausformungen eines Reaktionsverhaltens, Protestbewußtseins und Selbstbestimmungswillens". Seine Begriffe – „die radikale Reformation, der sektiererische Pazifismus und die chiliastische Rebellion" – (1979, 192) ergeben sich aus einem verengten Verständnis von radikaler Reformation. Radikale Reformation, offensichtlich verstanden als „Möglichkeit einer Transformierung täuferischer Reformation in eine obrigkeitliche Reformation im Stile Luthers und Zwinglis" (1979, 192), hält van Dülmen „nur [für] eine flüchtige Chance des frühen Täufertums", die als „dritte Möglichkeit der Reformation neben Luther und Zwingli … auch aus[-schied], weil ihre Interessen letztlich zu wenig herrschaftskonform blieben" (1979, 193). Täufer, die sich radikal von der Umwelt absonderten oder gar die bestehende Gesellschaft in radikalem ekstatisch-chiliastischem Ausbruch vernichten wollten, sprengten demnach infolge der ihnen ausdrücklich zugesprochenen Radikalität den Rahmen radikaler Reformation. Indem aber van Dülmen sowohl extreme als auch gemäßigt-friedfertige Phänomene wie das Schleitheimer Täufertum aus der radikalen Reformation ausschließt, erscheint sein Begriff von radikaler Reformation am Kriterium politischer Durchsetzbarkeit orientiert zu sein. Mußten gemäßigt-friedfertige Vorstellungen von vornherein politisch undurchsetzbar sein? Derartige Überlegungen bedürfen weiterer Diskussion, in die Mühlpfordts Inhaltsbestimmung von ‚radikal' und Abgrenzung von ‚extrem' einzubeziehen sind, und der ganze Ansatz wäre zu konfrontieren mit der überzeugenden Definition von Goertz.

Für Goertz gibt es unter den vielen täuferischen Gruppen keine, die als die eigentliche täuferische Bewegung, als die „echten" Täufer gelten kann. Alle waren sie *die* Täufer, ob in der Form einer religiös-sozialrevolutionären Bewegung der Frühzeit oder als ‚Gemeinschaft durch Absonderung', ob als geschlossene Gütergemeinschaft oder als offener Gesprächskreis, ob im Täuferreich zu Münster oder in mennonitischen Gemeinschaften. Bei aller Differenzierung war ihnen gemeinsam, daß sie „aus einer engen Verflechtung von politischer Erfahrung und biblischer Lektüre oder theologischer Überlegung hervorgingen. Kirchenpolitisch wurzelten die Männer, die später das Täufertum repräsentieren sollten, in den großen reformatorischen Bewegungen ihrer Zeit. Dort erhielten sie ihre Impulse zur Erneuerung der Christenheit und engagierten sich in den Kämpfen des Tages auf antiklerikale Manier … Eine erneuerte Christenheit konnten sie sich nur als eine radikale Alternative zur bestehenden Kirche und Gesellschaft vorstellen. Und wo die Vision der Alternative in Zugeständnissen oder Kompromissen, wie sie es sahen, zu verkommen drohte, kehrten sie ihren antiklerikalen Affront gegen die Reformatoren und traten selbst als Sachwalter der Reformation auf ... So sind die täuferischen Bewegungen aus ganz unterschiedlichen Versuchen entstanden, die Vision von einer alternativen Christenheit in die Praxis umzusetzen, und umgekehrt hat sich die konkrete Gestalt dieser Vision auch oft erst in der Praxis herausgebildet. Von außerordentlicher Bedeutung war für das Denken der Täufer der Standort in einem fast schon ritualisierten Antiklerikalismus ... Sie waren Reformer, die ihre Radikalität aus dem antiklerikalen Milieu der frühen Reformationsjahre bezogen und von ihrer Vision einer besseren Kirche und Gesellschaft nicht lassen wollten" (1980, 161 ff.).

Auf der Grundlage ihres Glaubensverständnisses bildeten die Täufer also nach Goertz eine antiklerikale Konzeption sowohl zur überlieferten römisch-katholischen als besonders auch zu reformatorischen Kirchen und den sie begründenden Glaubenslehren Zwinglis und Luthers, aber nicht nur als Alternativen zu christlichen Groß- und Volkskirchen, sondern auch zur Gesellschaft mit ihrem Angebot zur Entscheidung für ein besseres Leben in neuen Formen menschlichen Zusammenlebens. Dieses Angebot resultierte nicht aus einer Ergänzung der Lehren Luthers und Zwinglis, sondern war ein neues Konzept von Glaubens- und Heilsverwirklichung, wesenhaft hervorgegangen aus und zugleich geprägt von schroffem, kompromißlosem Antiklerikalismus. In dem Ziel einer ,Besserung des Lebens' sieht Goertz das zentrale Anliegen täuferischer Reformation. Es mußte bewältigt werden im Kampf gegen falsche ,Hirten' und gegen den Mißbrauch der Bibel als Herrschaftsinstrument. Das Ziel sollte ursprünglich nicht über die Bildung von Freikirchen angestrebt werden; sie waren eine Folge dessen, daß sich die Obrigkeiten gegen die täuferische Reformation stellten. Mit ihnen zusammenzustoßen lag in den meisten Fällen nicht in der Absicht der Täufer, zumal ihre Vorstellungen von Obrigkeit stark differierten. Indem aber Täufer anstrebten, die Gesellschaft des 16. Jahrhunderts durch alternative Formen religiöser Kommunikation und sozialer Ordnung grundlegend zu verändern, verfochten sie eine radikale Reformation im Sinne eines Bruchs mit ihrer gesellschaftlichen Gegenwart.

Zusammenfassend läßt sich festhalten, daß es noch keine Darstellung der Täufer gibt, die weitgehend Zustimmung findet. Theologisch-religiöse und sozialgeschichtlich-gesellschaftliche Betrachtungsweisen klaffen in ihren theologischen und historischen Ergebnissen und Wertungen auseinander. Als unumstrittene Fragen und weitere Forschungsaufgaben werden von Goertz hervorgehoben, welche Bedeutung dem Täufertum in sozialer und kultureller Hinsicht für die neuzeitliche Trennung von Kirche und Staat, für die Entwicklung von Toleranz, Säkularisation, Demokratie und Sozialismus, sowie für die Lösung gegenwärtiger Probleme zuzuerkennen ist. Es deuten sich aber Tendenzen in der Forschung an, deren Aufgreifen zu weiterer Diskussion und Klärung führen werden.

Reformation – Revolution

Reformation als Revolution

Luthers Lehre vom allgemeinen Priestertum und die aus ihr abgeleitete Aufhebung des katholischen Priesterbegriffs hat mittelalterliches Ordnungssystem und Sozialstruktur mit ihrer Scheidung in geistlichen und weltlichen Stand theologisch gesprengt, auch wenn er selbst ,,nicht im mindesten daran" gedacht hatte, ,,die traditionelle Stellung der Geistlichkeit vor den weltlichen Ständen der Bürger, Bauern und des Adels zu kritisieren und allen Ständen gleiche gesellschaftliche Wichtigkeit und Würde zuzusprechen" (Konrad Wiedemann, 147). Während der ersten Jahre nach 1517 mit Höhepunkt um 1520 hatte er außerdem durch Predigten und Schriften Erwartungen geweckt, die das weltliche Leben unmittelbar und höchst praktisch betrafen und sich mit zeitgenössischen Hoffnungen auf und Vorstellungen von ,reformatio' verbanden. Diese Wirkung stand im Widerspruch zu seinem Wollen und seinem Gesellschaftsbild, das geprägt war von der überlieferten, ständisch bestimmten Sozialordnung und der Vorstellung, weltliche Obrigkeiten seien gottgestiftete Ordnungen; wenn Luther den ,Staat' neu legitimierte und die Kategorien ,Amt' und ,Beruf' positiv qualifizierend bewertete, ergab sich dennoch eine Gleichheit von Berufen und Arbeit nur vor Gott. Aus diesem theologisch fundierten, patriarchalisch-ständischen Gesellschafts- und Staatsverständnis ging hervor, daß Luther einerseits weltliche Autorität nicht nur stützte, sondern auch förderte, und andererseits jedwede gewaltsame politische oder soziale Veränderung als sündhaftes Verhalten beurteilte und zunehmend kompromißloser hart verurteilte. Bereits seit den Wittenberger Unruhen von 1521/22 trat dieser Gegensatz zwischen dem Selbstverständnis seines Wirkens und seinem vom ,reformatio'-Begriff des Zeitalters weitgehend abgedeckten Wirkungen hervor, also nicht erst in seiner Reaktion auf Thomas Müntzer und den Bauernkrieg. Schon in Wittenberg deuteten sich in den Bestrebungen nach Umsetzung der evangelischen Lehre in reformatorische Praxis Wirkungen an, deren Aufgreifen an anderen Orten in Ereignisse und Prozesse einmündete, die

man auch geschichtswissenschaftlich mit den Begriffen ‚revolutionär'
oder gar ‚Revolution' zu erfassen, zu erklären oder zu verstehen versucht.
Im Selbstverständnis Luthers und der Reformatoren war ihr Wirken
keine Revolution sondern Erneuerung. Daß ihr reformatorischer Ansatz
revolutionäre Folgen zeitigen werde, war schon vor dem Bauernkrieg
Überzeugung von Verteidigern der überlieferten Kirche. Als Revolution
qualifiziert wurde die „sog. Reformation" von katholischer Seite spätestens seit dem Bauernkrieg, nachwirkend bis in das 20. Jahrhundert.
Nach Karl Griewank (1900–1953) und Ernst Walter Zeeden entstand
unabhängig von dieser Gleichsetzung während der Aufklärung die Auffassung, die Reformation sei eine Revolution gewesen. Zwischen aufklärerischer Deutung als Revolution und entsprechenden idealistischen, liberalen, nationalen, marxistischen und kulturkritischen Interpretationen
unter Einschluß der gegenwärtigen ‚politischen' Theologie analysierte
Becker „eine formale Struktur revolutionären Denkens" als Gemeinsamkeit: „Im Spiegel ihrer späteren Wertungen wurde die Reformation selbst
zur historischen Legitimationsinstanz für ... Weltentwürfe und Sinnstif-
tungen umfassender Art. In der Auffassung von Reformation als Revolution war vor dem Hintergrund des weltanschaulich-politischen Selbstverständnisses der Interpretation die Tendenz zur Weltveränderung enthalten" (105).
    Einzubeziehen in die Diskussion sind außerdem die Überlegungen von
Griewank, Ergebnis seiner Analyse von Entstehung und Entwicklung
des neuzeitlichen Revolutionsbegriffs, daß sich der Terminus politisch
qualifizierend erst auf Vorgänge seit dem späten 18. Jahrhundert anwenden lasse – eine These, die ebenfalls von Otto Brunner unter sozialgeschichtlichem Verständnis verfochten wird. Unabhängig davon ist festzu-
stellen, daß für die Reformation oder im Zusammenhang mit Prozessen
des Zeitalters die Ausdrücke ‚revolutionär' und ‚Revolution' benutzt
werden, ohne daß Begriffsverständnis und Verwendung stets erkennbar
sind – und sei es nur in der Form vager Phänomenbeschreibungen oder
inhaltlicher Bestimmung.
    Verzicht auf theoretische Reflexion kann sich nicht auf Mangel an
begriffsgeschichtlichen Studien und geschichtswissenschaftlichen Defini-
tionsbemühungen sowie an vornehmlich sozialwissenschaftlich orientierten Revolutionstheorien und -modellen berufen, auch wenn sich keineswegs alle als geeignet erweisen, frühneuzeitliche revolutionäre Phänomene zu erklären – resultierend vor allem aus ihrer Gegenwartsbezogenheit.
    Wie beim Reformationsbegriff stellt sich demnach die Aufgabe einer
Gehaltsanalyse, wobei zur Bestimmung des Begriffsumfangs der jeweilige übergreifende Erklärungsansatz einzubeziehen ist, beispielsweise, ob

er die Reformation als ein gewissermaßen ‚zufälliges‘ Ereignis zu verstehen versucht, eingebunden in den Rahmen eines evolutionären Wandlungsprozesses erklärt oder als Element bzw. Entwicklungsstufe einer generellen qualitätsverändernden Umwälzung definiert.

Beckers Analyse ergab, daß „die neuere wissenschaftliche Geschichtsschreibung über die Reformation, weil sie mehr auf minuziöse Erfassung des historischen Geschehens als auf gesellschaftliche Ansprüche oder Entwürfe abzielte, nicht ohne Grund den Revolutionsbegriff kaum oder nur zur Kennzeichnung einzelner Phänomene verwendet" (26). Dennoch reicht beim Verständnis der Reformation als kirchengeschichtlichem Geschehen die Spannweite von der These, „als Erneuerung des Glaubens hatte die Reformation mit Revolution nichts zu tun" (Muralt, 446), über die Aussage, daß die Reformation eine Revolution, und zwar eine „konservative Revolution" insofern gewesen sei, als sie die römisch-katholische Kirche sprengte – auch wenn Luther diese Wirkung keinesfalls beabsichtigt habe – (Heinz Scheible, 133), bis hin zur Auffassung, „der theologische Reformer von 1517 verstand sich ... 1520 als Werkzeug einer gottgewirkten Revolution" (Kurt-Victor Selge, 596).

Eine Qualifikation des theologisch-kirchengeschichtlichen Prozesses als revolutionär oder revolutionierend findet sich noch häufiger. Einerseits beschränkt sich eine derartig beschreibende Terminologie vornehmlich auf theologisch-kirchengeschichtliche Aspekte einschließlich wertender Einbeziehung ihrer Nachwirkungen – etwa im Sinne von Formulierungen, „das eigentl. Gefährliche der R. im Sinne eines ‚Revolutionären‘ liegt darin, daß sie den Keim gelegt hat zu einer beinahe unausweichl. fortschreitenden Aufspaltung" (Lortz, 1074), oder die Reformation enthalte „ein revolutionierendes Moment ... in ihrem Ansatz" (Walther von Loewenich, 260) –, andererseits erweitert sie das kirchengeschichtliche Reformationsverständnis: „Die Reformation ist primär die Antwort auf die ‚mittelalterliche‘ Frage nach dem Heil des einzelnen. Sie wirkte revolutionär, weil die verfaßte Kirche der Radikalität dieser Antwort nicht gewachsen war. Die revolutionäre Kraft der Reformation wirkte stimulierend auf die vorhandenen Spannungen im Bereich von Gesellschaft, Wirtschaft, Kultur. Unterschiedliche und wechselnde Bündnisse kamen zustande. Dauernde Erfolge wurden nur da erreicht, wo die sozialen, wirtschaftlichen und kulturellen Belange mit den religiösen Forderungen konform gingen, insbesondere bei der Aufwertung der weltlichen Berufe und Obrigkeiten, bei der Säkularisation der Kirchengüter, beim Aufbau des Bildungswesens. Die ‚Reformation‘ baute dabei überall organisch auf Tendenzen der spätmittelalterlichen ‚Reformbewegung‘ auf" (Scheible, 132). Diese Begrifflichkeit erweist sich insofern als problematisch, als die

„revolutionäre Kraft der Reformation" abgegrenzt wird „von rein ‚revolutionären' Erscheinungen im 16. Jahrhundert", von denen dort zu sprechen sei, „wo die Verbindung zur Tradition bewußt oder faktisch unterbrochen wurde, wo die Bindung an die Bibel als Norm des Glaubens abgeschnitten ist wie bei Thomas Müntzer, wo die fälligen sozialen Reformen mit Gewalt eingeleitet wurden, wie in der Ritterschaftsbewegung und im Bauernkrieg. Alle revolutionären Strömungen waren damals zum Scheitern verurteilt" (132).

Unter sozial- bzw. gesellschaftsgeschichtlich bestimmtem Ansatz mit einem Schwerpunkt auf Ideen und ihren Wirkungen wird das Problem thematisiert durch van Dülmen im Titel ‚Reformation als Revolution', allerdings bereits im Untertitel auf ‚Soziale Bewegung und religiöser Radikalismus in der deutschen Reformation' eingegrenzt. Die Reformation im Verständnis Luthers oder Zwinglis war keine Revolution, und auch der Bauernkrieg läßt sich nur als „reformatorische Bewegung mit sozialrevolutionären Tendenzen" bewerten, es sei denn als eine „ständische Revolution" analog zur hussitischen Bewegung und damit „als eine Revolution im Rahmen mittelalterlicher Herrschaftsordnung und -vorstellung" (59). Lutherische Reformation und Bauernkrieg waren spätmittelalterliche Auseinandersetzungen, die zwar „revolutionäre Elemente" freisetzten, aber nicht ausreichten, die Gesellschaft insgesamt zu revolutionieren. Die „einzig mögliche Revolution in einer feudalen Gesellschaft mit religiös legitimierter Herrschaft" war die „chiliastische", die nicht an die mittelalterlichen Vorstellungen von Reformation mit ihrem Ziel einer Wiederherstellung vergangener besserer Verhältnisse anknüpfte, sondern geprägt war von restlosem Änderungswillen. Als Ergebnis von religiösem Radikalismus und eschatologischer Erwartung sowie als Ausdruck eines religiös vermittelten Selbstbestimmungswillens unterdrückter Schichten – jedoch weder ‚frühbürgerliche' noch ‚proletarische', sondern eben chiliastische Revolution, dauerhaft zu verwirklichen angestrebt im Täuferreich zu Münster – war sie „Ausbruch aus der Geschichte" und daher ein Phänomen, das zur Erklärung der Reformation unter Einschluß ihrer radikalen Ausformungen (s. Kap. Radikale Reformation) als geschichtsmächtigem Prozeß nur bedingt beiträgt.

Den Deutungen der Reformation als Revolution, die er analysierte, setzt Becker einen Revolutionsbegriff entgegen, der am historischen Phänomen ‚Reformation' orientiert ist, wie seine Auflistung von „Elementen der Revolution" offenbart. Revolution wird definiert als Rückwendung, d. h. die angestrebten neuen Verhältnisse sollen den verlorengegangenen Urzustand wiederherstellen. Indem Luther durch genuin theologische Neubesinnung die evangelischen Glaubenswahrheiten erneuerte, um zum frühen als dem wahren Christentum zurückzukehren, bewirkte er eine ,,konfessionelle Revolution ohne angemessenen, statistisch erfaßbaren sozialen Wandel" (111). Seine Rückwendung und sein Bestreiten überlieferter kirchlicher Glaubensautorität waren der Kern der Reformation als Revolution, aus der sich qualitative, d. h. außerhalb jedweden spätmittelalterlichen Herkommens stehende, daher revolutionäre Veränderungen im Bereich von Territorium und Stadt ableiteten. ,,Luthers Wirken sei der Anlaß und zugleich die Rechtfertigung für die jeder Tradition entgegenstehende Entfaltung der weltlichen Gewalt, in der bereits unausgesprochen der Gedanke der Staatsraison zum Ausdruck kommt", faßt Karlheinz Blaschke die Thesen Beckers zusammen, um anschließend zu fragen: ,,Was war nun eigentlich die Reformation: die von Luther ausgegangene theologisch-innerkirchliche Neufassung oder die Gesamtheit der damit in Beziehung stehenden Erscheinungen gesellschaftlich-politischer Art? Setzen die tiefgreifenden weltlichen Strukturveränderungen notwendigerweise die kirchliche Reformation voraus oder sind sie ihrem Wesen nach so zwingend und eigenwertig gewesen, daß sie sich auch ohne sie früher oder später ergeben hätten. Und liegt dann das Revolutionäre an der Reformation im kirchlich-theologischen oder im weltlichen Bereich?" (ThLZ, Jg 101, 1976, Sp. 372 f.).

Für den Reformationsbegriff in sozialgeschichtlicher Betrachtungsweise gibt es derartige Scheidungen nicht. Vielmehr ist davon auszugehen, daß ,,der mittelalterlich-feudalen Ordnung und dem ihr eigenen Bewußtsein [– aus der die Reformation hervorging –] ... unvermittelte und direkte Thematisierung sozialer Phänomene fremd" war: ,,sie kannten kein anderes universales Deutungssystem als das der Religion bzw. Theologie. Alle Reflexion über Gesellschaft vollzog sich im Medium religiöser Vorstellungen und jede religiös-theologische Aussage war damit zugleich von gesellschaftlicher Relevanz" (van Dülmen, 7). Dieser zeitbedingt unauflösbar erscheinende Zusammenhang zweier letztlich unabhängig wirkender Grundbedingungen menschlicher Existenz um 1517 – christlicher Glaube und Gesellschaft – muß in alle Überlegungen zum Problem einbezogen werden. Derartige Forderung gilt auch dann, wenn das Reformationszeitalter unter der Fragestellung analysiert wird, ob sich in Auswirkung von Legitimationskrisen beschleunigte historische Wandlungsprozesse nachweisen lassen, die gesamtgesellschaftlich oder in einem zeitentsprechend zentralen sozialen Bereich zum schnellen gewaltsamen Bruch mit oder zumindest abrupten tiefgreifenden Änderungen gegenüber der Vergangenheit in der Sphäre von Rechts- und Sozialordnung oder Organisations- und Lebensformen bzw. zur Ablösung bisher das Gesellschaftssystem bestimmender sozialer Gruppen führten. Ein derartiger historischer Vorgang wird aus sozialgeschichtlicher Sicht als Revolution begriffen; dementsprechend lassen sich als revolutionär Vorgänge qualifizieren, die einen Bruch oder tiefgreifende Änderungen herbeiführen konnten. In diesem Sinne war die deutsche Reformation keine soziale Revolution, obgleich sie in ihren ersten zwei Phasen gesellschaftliche Bedürfnisse freilegte und Bestrebungen förderte, deren Verwirklichung – beispielsweise durch Ritterschaftsbewegung und Bauernkrieg – zur revolutionären Umgestaltung politisch-sozialer Verhältnisse hätte führen können. Revolutionäre Folgen zeitigte die Reformation insofern, als die religiös-kirchliche Erneuerungsbewegung die Kirchenspaltung mit ihren säkularen Folgen heraufführte und zugleich mit der Zerstörung des traditionellen geistlichen Standes und der Emanzipation der sich der Reformation anschließenden Obrigkeiten vom Führungsanspruch einer geistlichen Institution, dem römischen Papsttum, der überlieferten Gesellschaftsordnung wesentliche Legitimationsgrundlagen entzog.

Deutsche frühbürgerliche Revolution

Als sozialen und politischen Umwälzungsprozeß, entsprechend ihrem Begriff von Revolution, qualifiziert die marxistisch-leninistische Geschichtswissenschaft den dialektisch begriffenen Zusammenhang von Reformation und Bauernkrieg in der These von der deutschen frühbürgerlichen Revolution.

Der historisch-theoretische Begriff und der Inhalt der These

Nach Steinmetz ist der „Terminus ‚frühbürgerliche Revolution‘ ... nicht nur erläuternde Redeweise, keine bloße Andeutung oder Metapher, sondern eine wissenschaftlich exakte Bezeichnung für die unentwickelte frühe Form der bürgerlichen Revolution in Europa" (1965 in: Wohlfeil, Reformation, 157). Dagegen handelt es sich nach Brendler bei dem „Begriff der frühbürgerlichen Revolution" um „ein Interpretament etwa der letzten fünfzehn Jahre" (1976, 248). In die Diskussion eingebracht wurde der Begriff offenbar 1952 – wahrscheinlich von Mühlpfordt. Inhaltlich prägnant dargestellt findet sich die These im ‚Grundriß der deutschen Geschichte‘.
  Der Terminus ‚deutsche frühbürgerliche Revolution‘ bedeutet historisch-theoretisch fundierte begriffliche Fassung eines die gesellschaftliche Entwicklung unter den Bedingungen des Übergangs von der Gesellschaftsformation ‚Feudalismus‘ zur Gesellschaftsformation ‚Kapitalismus‘ begreifenden, d. h. in universalgeschichtlichen Kontext eingeordne-

ten, beschleunigten revolutionären Klassenkampfes in Deutschland mit systemsprengender Tendenz von grundsätzlich bürgerlicher, wenn auch unreifer Qualität. Als Komponenten dieser ersten bürgerlichen Revolution gelten die Reformation in marxistisch-leninistischem Verständnis (s. S. 63ff.) und der Bauernkrieg als sich wesensmäßig wechselseitig bedingende verschiedene Entwicklungsstufen einer Einheit von unauflösbarem inneren Zusammenhang. Um eine bürgerliche Revolution handelte es sich, weil sie wesentlich bedingt und verursacht war durch sozioökonomische Widersprüche in Deutschland während der Anfangsphase des welthistorischen Prozesses der Übergangsepoche zwischen Feudalismus und Kapitalismus, sich in ihrem Ablauf die charakteristischen Entwicklungsstufen einer reifen bürgerlichen Revolution bereits andeuteten und sie den Beginn einer qualitativ neuen gesellschaftlichen Entwicklung im Zeichen historischer Gesetzmäßigkeit darstellte. Bei strukturellen Ähnlichkeiten zwischen den späteren ‚klassischen‘ und dieser bürgerlichen Revolution waren ‚objektive‘ und ‚subjektive‘ Bedingungen jedoch ‚unausgereift‘, so daß sie qualitativ noch nicht voll dem Typus ‚bürgerliche Revolution‘ entsprach, daher wird sie als ‚frühbürgerlich‘ bezeichnet.

Erste Komponente und zugleich notwendige erste Stufe der revolutionären ,,Emanzipation der Bourgeoisie von der Herrschaft des Feudalismus“ war die Reformation, die als die ,,Interessen des Volkes“ widerspiegelnde Ideologie solange revolutionäre Qualität besaß, wie sie mit dem frühen Kapitalismus und dem Befreiungskampf des Bürgertums verbunden blieb. Ihre revolutionäre Qualität entfaltete die deutsche Reformation in übergreifender, zunächst integrierender, später differenzierender Funktion insbesondere im Kampf gegen die überlieferte römisch-katholische Kirche. Sie wird als universal organisierte Papstkirche bezeichnet und zugleich qualifiziert nicht nur als Inhaber des ideologischen Monopols im System der christlichen Gesellschaft infolge ihres geistlichen Führungsanspruchs, sondern auch als sozialökonomische und politische Macht ersten Ranges, als ‚das große internationale Zentrum des Feudalismus‘. Im Angriff gegen sie und in der Entwicklung von Alternativen zur Papstkirche, insbesondere durch Veränderung der Ideologie in ihren Grundlagen, lag am Beginn der bürgerlichen Revolutionsepoche die weltgeschichtlich wirksame revolutionäre und revolutionierende Bedeutung der Reformation als ,,übergreifende *bürgerliche* Komponente der ersten Höhepunkte in einer aufsteigenden Folge von europäischen Revolutionen gegen den Feudalismus“ (Küttler, 269f.); die Reformation trug nach Gerhard Schilfert, Brendler und Küttler im Rahmen eines ‚frühbürgerlichen Revolutionszyklus‘ auch die niederländische Revolution als zweite Stufe und ‚Vollendung‘ der frühen bürgerlichen Revolutionsperiode – eine These, die allerdings hinsichtlich der Frage nach einer direkten revolutionsgeschichtlichen Kontinuität kontrovers beantwortet wird.

Zum Wesen der Reformation gehörte nicht nur, daß sich die bürgerliche Bewegung fortschreitend differenzierte und aufspaltete, sondern daß sie gemäß der revolutionsgeschichtlichen Konzeption Engels' nach der Niederlage der deutschen frühbürgerlichen Revolution sowohl ideengeschichtlich weiter-, als auch sich gesamtgesellschaftlich auswirkte infolge ihrer Steigerung von Luther zu Calvin, von Deutschland über die Schweiz und Frankreich in die Niederlande. Die Entstehung der Generalstaaten als erstes bürgerliches Staatswesen war untrennbar verbunden mit der Reformation. Es handelte sich demnach „insgesamt ... um eine *europäische* Entwicklung neuer Qualität, deren historische Dimension eben erst durch die zusammenfassende Sicht als Revolutions*periode* voll erkennbar wird" (Küttler, 278). In diesem Zusammenhang kontrovers ist vor allem das Problem des Endpunktes und Erfolgs der deutschen frühbürgerlichen Revolution – nach mehrheitlicher Auffassung der Historiker in der DDR beschränkt auf den Zeitraum von 1517 bis 1525/26, von einer Minderheit ausgedehnt bis 1536 – und damit ihres Zusammenhangs mit der calvinischen Reformation (s. S. 187).

Die zweite Komponente des revolutionären Prozesses bildete der deutsche Bauernkrieg. Als größte Massenbewegung der älteren deutschen Geschichte, die weit über die bäuerlichen Kämpfe hinausreichte, war er Höhepunkt und – nach mehrheitlicher Auffassung – zugleich infolge der Niederlage der Aufständischen Abschluß der deutschen frühbürgerlichen Revolution. Der Bauernkrieg, in dem sich auf nationaler Ebene bäuerlicher Klassenkampf in einer neuen Dimension mit gleichzeitig neuer Qualität sowie ideologischer Begründung und reformatorische Bestrebungen ‚durchdrangen', ordnete sich auf europäischer Ebene ein in die Abfolge von Bauernbewegungen im beginnenden Übergang vom Feudalismus zum Kapitalismus. Von ihnen unterschied er sich spezifisch dadurch, daß zu seinen ‚Bedingungen' sozialökonomische Veränderungen gehörten, die sich aus frühkapitalistischen Entwicklungen im Europa des 16. Jahrhunderts ableiteten: „Nicht zuletzt dadurch wurde der deutsche Bauernkrieg Kulminationspunkt eines alle Klassen und Schichten im Reich revolutionierenden Prozesses", wurde er „Teil und Höhepunkt eines großartigen Versuchs bürgerlich-revolutionärer Umgestaltung der gesellschaftlichen und politischen Verhältnisse: der deutschen frühbürgerlichen Revolution" (Steinmetz 1977, 33).

Das ‚Wesen' dieser deutschen frühbürgerlichen Revolution ergab sich also aus dem Zusammentreffen von zwei bedeutenden europäischen Bewegungen – der bäuerlich antifeudalen Massenbewegung und der bürgerlich bestimmten reformatorischen Bewegung. Dieser Übergang war in Deutschland durch spezifische Entwicklung frühkapitalistischer Verhältnisse gekennzeichnet und eingemündet in eine revolutionäre gesamtgesellschaftliche Krise zwischen 1470 und 1517. Die Revolution selbst lief in drei ‚Etappen‘ ab – der antirömischen Bewegung (1517–1521), der reformatorischen Bewegung (1521–1524), dem Bauernkrieg (1524–1526). Daß Reformation und Bauernkrieg als einheitlicher revolutionärer Prozeß interpretiert werden, ist Ausdruck des ,,Versuch[s] einer Herausarbeitung der Gesetzmäßigkeiten des historischen Bewegungsmechanismus, der Erfassung der Triebkräfte der gesellschaftlichen Bewegungen" (Steinmetz 1977, 24). Damit gehört zum ‚Wesen‘ der frühbürgerlichen Revolution der dialektische Prozeß von Reformation und Bauernkrieg – die dialektische Einheit ,,des Herauswachsens des Bauernkrieges aus der Reformation und des Bauernkrieges als des Versuchs der Weiterführung, Erfüllung und Aufhebung der Reformation, jeweils in Anknüpfung an europäische Bewegungen und unter den Bedingungen der anhebenden kapitalistischen Ära" (Steinmetz 1977, 24f.). Allerdings führte die Frage nach einer Gewichtung innerhalb der Dialektik von ideologischer und sozialökonomischer Komponente zu einer Kontroverse, die im Versuch der Verdeutlichung des jeweiligen Standpunktes bis an die Grenze einer Aufhebung der dialektischen Einheit zu führen drohte (s. S. 183). Die Einheit von Reformation und Bauernkrieg löste sich auf infolge der Niederlage der deutschen frühbürgerlichen Revolution, denn 1525 konnte die entscheidende ,,Machtfrage" wegen ,,der Unreife der objektiv zur Führung bestimmten bürgerlichen Kräfte ... nur zeitweise zugunsten der revolutionären Kräfte entschieden werden" (Steinmetz 1977, 17). Zusammenfassend läßt sich als Resümee der Positionen marxistisch-leninistischer Interpretation festhalten, daß die deutsche frühbürgerliche Revolution, die Reformation als europäische Bewegung mit bürgerlichem Inhalt und die niederländische Revolution im ‚Zyklus der frühbürgerlichen Revolutionen in Europa‘ nicht nur den ,,*Beginn* der bürgerlichen Umwälzung im eigentlichen Sinne" (Küttler, 280) darstellten, sondern sich auch allgemeingeschichtlich auf die entstehende Neuordnung des internationalen Verhältnisses der Mächte mit tiefgreifenden Veränderungen in der Struktur des feudalistischen Systems und durch Stärkung früher kapitalistischer Zentren auswirkten.

Die These von der deutschen frühbürgerlichen Revolution hat während der vergangenen zwei Jahrzehnte in systemimmanenten Erörterungen inhaltliche Veränderungen erfahren und dabei 1974 nach Steinmetz ,,ein neues, höheres Niveau gegenüber den ersten Konzeptionen des Jahres 1960" (1977, 17) erreicht. Zuletzt wurde sie in zusammenfassender, zugleich aber auch die Probleme offenbarender Form von Küttler behandelt. Als Grundlage des marxistisch-leninistischen Geschichtsverständnisses von Reformation und Bauernkrieg steht sie jedoch nicht zur Disposition, d. h., sie wird generell nicht als Hypothese oder These begriffen, sondern als geschichtstheoretisch verortete Grundaussage. Abweichende Auffassungen (s. S. 182 f.) oder ein Ansatz, sie zum ,Interpretament' abzuschwächen (s. S. 186), liegen vor, haben jedoch keine nachweisbare Rezeption erfahren – wie die einschlägigen Ausführungen im ,Grundriß der deutschen Geschichte' des Zentralinstituts für Geschichte der Akademie der Wissenschaften der DDR offenbaren (1979, S. 131–159, bes. S. 145 f.). Zum Verständnis thesenimmanenter Erörterungen und als Grundlage wissenschaftlicher Auseinandersetzung mit der These erscheint ein knapper Abriß ihrer Entstehung und Entfaltung zweckmäßig. Dazu greife ich auf eigene frühere Analysen zurück.

Grundlagen und Kontroversen

Der Begriff ,frühbürgerliche Revolution' findet sich nicht bei den ,Klassikern' des Marxismus-Leninismus, auf sie geht jedoch die These in ihren konzeptionellen Grundlagen zurück – entwickelt in der Annahme einer ,,Epochenanalogie zwischen dem 19. und dem 16. Jahrhundert", die Brendler so umschreibt: ,,Das 16. Jahrhundert spielt für die Geschichte des Kapitalismus und der bürgerlichen Gesellschaft eine analoge Rolle wie das 19. Jahrhundert für die proletarische Revolution und die sozialistische Gesellschaft. Das 16. Jahrhundert leitet den bürgerlichen Revolutionszyklus in ähnlicher Weise ein wie das 19. Jahrhundert den Zyklus der proletarischen Revolution" (1976, 257 f.). Daher liegt für die marxistisch-leninistische Geschichtswissenschaft die Bedeutung von Karl Marx (1818–1883) weniger in seinen Äußerungen zur Reformation als in den geschichtstheoretischen und methodischen Erkenntnissen, die sie vor allem der ,Deutschen Ideologie', dem ,Kapital' und besonders dem ,Vorwort' von 1859 zum Werk ,Zur Kritik der Politischen Ökonomie' entnimmt zur sog. Einschätzung historischer Prozesse, d. h. zur Auswertung eines geschichtlichen Vorgangs in Bezug auf revolutionäre Veränderung der Wirklichkeit. Ausführlicher als Marx befaßte sich Engels mit der Reformation. Im Mittelpunkt der Rezeption ihrer Überlegungen ,,von grundlegender Bedeutung" stehen die theoretische Fassung der historischen Zusammenhänge von Reformation und Bauernkrieg, die Verortung ihres historischen Stellenwerts in der deutschen Geschichte und die Bestimmung ihrer weltgeschichtlichen Wichtigkeit.

Über Reformation und Bauernkrieg liegen von Marx nur wenige, jedoch prägnante Aussagen vor. Für ihn hatte Deutschland vor dem Geschehen von 1848/49 eine ,,revolutionäre Vergangenheit" nur ,,theoretisch" aufzuweisen: die Reformation. Seine grundsätzliche Einstellung hinderte Marx nicht, bei der vornehmlich philosophisch geführten Auseinandersetzung mit dem Christentum den reformatorischen Ansatz Luthers zu erkennen. Er hat ihn aber ebenso wie den Reformator selbst 1843/44 in seiner ,Kritik der Hegelschen Rechtsphilosophie' kritisch verworfen und entsprechend umgewertet: ,,*Luther* hat allerdings die Knechtschaft aus *Devotion* besiegt, weil er die Knechtschaft aus *Überzeugung* an ihre Stelle gesetzt hat. Er hat den Glauben an die Autorität gebrochen, weil er die Autorität des Glaubens restauriert hat. Er hat die Pfaffen in Laien verwandelt, weil er die Laien in Pfaffen verwandelt hat. Er hat den Menschen von der äußern Religiosität befreit, weil er die Religiosität zum inneren Menschen gemacht hat. Er hat den Leib von der Kette emanzipiert, weil er das Herz in Ketten gelegt. Aber, wenn der Protestantismus nicht die wahre Lösung, so war er die wahre Stellung der Aufgabe ...".

Diese bestechend formulierte philosophisch-anthropologische Interpretation der Wirkung Luthers und damit zugleich des Wesens der lutherischen Reformation wurde von der marxistisch-leninistischen Geschichtswissenschaft nur vereinzelt aufgegriffen. Marx, der vor 1848 nicht in der Reformation, sondern im Bauernkrieg von 1525 die ,,an der Theologie" gescheiterte ,,radikalste Tatsache der deutschen Geschichte" gesehen hatte, deutete erst 1859 im Vorwort ,Zur Kritik der Politischen Ökonomie' die Reformation positiv im Sinne eines Vorgangs von weltgeschichtlicher Bedeutung.

Engels nahm zur Reformation erstmals 1843 Stellung, und zwar ordnete er sie – bei dialektischer Zusammenschau von Reformation und Bauernkrieg unter vorwaltend ideologischem Aspekt – ein in eine postulierte revolutionäre Vergangenheit Deutschlands. Im Verhältnis zum Bauernkrieg wurde sie als der übergreifende Vorgang bewertet, der seinen ,historischen Ort' in dem Auflösungsprozeß des westeuropäischen Feudalsystems besaß. Gegenüber der Reformation erfuhr jedoch der Bauernkrieg eine Aufwertung zur eigentlichen Revolution, als Engels mit seiner Schrift ,Der deutsche Bauernkrieg' (1850) nach dem Fehlschlag der Hoffnungen von 1848/49 ein Erlahmen des revolutionären Willens verhindern wollte. Unter nationalgeschichtlicher Sichtweise knüpfte er bewußt an die revolutionäre Vergangenheit der ,Volksmassen' an, die schon 1525 durch das Bürgertum verraten worden seien. Engels zog aber nicht nur in der Situation von 1850 Parallelen zwischen 1848 und 1525, sondern verfolgte seine aktuellen Bezüge auch weiter in den Vorbemerkungen zu den Neuauflagen von 1870 und 1875, die ohne wesentliche Änderungen nur jeweils mit einer Vorbemerkung erschienen. Wie Bruchstücke von Ergänzungsnotizen und Überlegungen zur Konzeption offenbaren, beabsichtigte er später, seine Darstellung in dem Sinne zu überarbeiten, daß der Bauernkrieg „als Wendepunkt der ganzen deutschen Geschichte erscheint". Vorlage seiner Bauernkriegsschrift war die Darstellung des Bauernkrieges (1841/43) von Wilhelm Zimmermann (1807–1878), dessen Monographie zahlreiche, sehr unterschiedlich ‚bearbeitete' Neuausgaben erfuhr. Durch Zimmermanns radikal-liberale, stark von der Aufklärung und dem Erlebnis der Französischen Revolution beeinflußte Vorstellung von der Reformation ist das Geschichtsbild des Historischen Materialismus ebenso beeinflußt worden wie von Hegel, Heinrich Heine (1797–1856) und Ludwig Börne (1786–1837). Noch 1875 erhob Engels selbst „keinen Anspruch darauf, selbständig erforschtes Material zu liefern". Erst 1892 vertrat er die Ansicht, daß eine Darstellung Luthers und die These, daß die Reformation eine bürgerliche Bewegung sei, aus den Quellen erarbeitet werden müsse.

Nach heutiger marxistisch-leninistischer Auffassung entwickelte Engels „die wichtigsten Leitgedanken zur Lösung der frühen bürgerlichen Revolution in Deutschland", so daß seine Beiträge „die beste wissenschaftliche Anleitung zur Darstellung dieses Wendepunktes der deutschen Geschichte und darüber hinaus auch der europäischen Geschichte" (Schilfert) vermitteln. Diese Abhängigkeit der marxistisch-leninistischen Geschichtswissenschaft von ihrem Klassiker erklärt einen Teil der Schwierigkeiten, die sich bei der Korrektur seiner Feststellungen als Folge intensiver historischer Forschungen ergeben. Der andere Teil der Schwierigkeiten ergibt sich daraus, daß von Engels sich widersprechende Aussagen, bzw. zwei Fassungen von einer Notiz vorliegen, die noch textkritischer Erschließung bedürfen.

Im Rahmen der bereits 1843 angeklungenen These, daß die Reformation zweifelsfrei einzuordnen sei in den Auflösungsprozeß des Feudalsystems, liegen zwei Erklärungsansätze vor, deren Verschiedenartigkeit vor allem auf unterschiedlicher Beurteilung der ökonomischen Situation Deutschlands um 1500 beruht. Bei seiner Darstellung des Bauernkrieges ging Engels davon aus, daß die deutsche Wirtschaftsverfassung im Vergleich zu anderen Ländern rückständig, d. h. im wesentlichen feudal strukturiert gewesen sei. Dementsprechend habe sich kein progressives Bürgertum mit kapitalistischer Produktionsweise herausgebildet, so daß nicht dieses, sondern Teile der Ritterschaft und vor allem die Bauern die Auseinandersetzung führten. Die Bauern hätten im Kampf von 1525 gegen das feudalistische System im Interesse des aufkommenden Bürgertums gehandelt: Die Reformation als bürgerliche Revolution war also dadurch gekennzeichnet, daß sie im Bauernkrieg als *dem* revolutionären Ereignis ohne eigentliche Anteilnahme des Bürgertums, aber zu seinem Nutzen von anderen Klassen und Schichten getragen wurde. Diesen Ansatz gab Engels nachweisbar 1884 auf, obgleich er auch weiterhin vor der Schwierigkeit stand, das Bürgertum als sozialen Träger der Revolution nachzuweisen. Als er sich um 1884 mit dem Plan einer Umarbeitung seiner Darstellung des Bauernkrieges befaßte, notierte er als Stichworte zur These von einer bourgeoisen Revolution: ,,Reformation – Lutheranische und Kalvinistische – Revolution Nr. 1 der Bourgeoisie, worin Bauernkrieg die kritische Episode ... Charakter der Reformation als einzig möglichen, *populären* Ausdruck der allgemeinen Bestrebungen usw.". Damit wurde die Reformation nicht nur als Vorgang der deutschen Geschichte gesehen, sondern stärker als 1843 in den Zusammenhang der allgemeinen Geschichte eingeordnet und gedeutet als erster Teil des bürgerlichen Revolutionszyklus in Europa.

Engels sah sich in seiner neuen Interpretation vollends bestätigt, als Karl Kautsky (1854–1938) seine Studie über die Bergarbeiter in Thüringen vorlegte. Nunmehr meinte er den Beleg dafür zu haben, daß sich Deutschland infolge seiner Silbererzeugung von 1470 bis 1530 ,,ökonomisch an die Spitze Europas" gestellt und sich ,,damit zum Mittelpunkt der ersten bürgerlichen Revolution, in religiöser Verkleidung, der sog. Reformation" gemacht habe. Diese materialistische Interpretation, daß die Reformation nur der religiöse Umhang sei, mit dem die entstehende Bourgeoisie ihre wahren Interessen und Bestrebungen getarnt habe, findet sich auch an anderer Stelle; ihren ,klassischen' Ausdruck erhielt sie im Jahre 1892 in der Formulierung: ,,Der große Kampf des europäischen Bürgertums gegen den Feudalismus kulminierte in drei großen Entscheidungsschlachten. Die erste war das, was wir die Reformation in Deutschland nennen. Dem Ruf Luthers zur Rebellion gegen die Kirche antworteten zwei politische Aufstände: Zuerst der des niedern Adels unter Franz von Sickingen 1523, dann der große Bauernkrieg 1525. Beide wurden erdrückt, hauptsächlich infolge der Unentschlossenheit der meistbeteiligten Partei, der Städtebürger – ... Aber wo Luther fehlschlug, da siegte Calvin ... Im Calvinismus fand die zweite große Erhebung des Bürgertums ihre Kampftheorie fertig vor. Diese Erhebung fand statt in England." Nicht der Bauernkrieg, sondern die Reformation ist in weltgeschichtlicher Deutung und Wertung der übergreifende wesentliche Vorgang.

In der Nachfolge von Engels standen die Darstellungen von August

Bebel (1840–1913), Kautsky und Franz Mehring (1846–1919), ohne neue
Erkenntnisse beizutragen. Zum Engagement reizte besonders der Bauernkrieg. Er fand schon früh das Interesse russischer Historiker und
wurde in der Sowjetunion von Smirin in den Mittelpunkt seiner Forschungen über das Reformationszeitalter gestellt. Smirin schloß sich Engels an, berief sich auf Äußerungen der neuen ‚Klassiker‘ Lenin und
Stalin zur Reformation, arbeitete jedoch auch mit Quellen, faßte aber
Reformation und Bauernkrieg nicht von vornherein in der Weise als
frühbürgerliche Revolution zusammen, wie es heute durch die Historiker
der DDR geschieht. Seine Thesen führten 1956 bis 1958 zu einer Diskussion zwischen sowjetrussischen Historikern. Systemimmanent behandelten vor allem O. G. Tschaikowskaja, Smirin und A. D. Epstein die Frage
nach Produktionsweise und Klassenkampfsituation um 1500. Ausgangspunkt ihrer Debatte war die unterschiedliche Bewertung der wirtschaftlichen Lage Deutschlands durch Engels.

Die russische Diskussion bezogen die Historiker der DDR in ihre
Überlegungen ein, als sie 1960 auf der Grundlage von 34 Thesen, vorge-
legt von Steinmetz, in betontem Anschluß an Engels und Smirin das
Interpretament der frühbürgerlichen Revolution nachdrücklich zu entwickeln begannen. Dabei lehnten sie in Übereinstimmung mit Smirin die
Auffassung von Tschaikowskaja ab, daß „die bürgerliche Entwicklung
Deutschlands ... die Reformation hervorbringen [konnte], aber für eine
bürgerliche Revolution reichte sie nicht aus". Ebenso verwarfen sie die
These, „der Bauernkrieg [sei] ... kein Bestandteil der bürgerlichen Revolution, sondern ein Bauernaufstand im Zeitalter entstehender (nur entstehender!) kapitalistischer Verhältnisse" gewesen. Außerdem wurden später Überlegungen tschechoslowakischer Historiker zurückgewiesen, die
bereits die hussitischen Bewegungen als eine frühbürgerliche Revolution
bewerten wollten. Systemimmanente Einwände erhob danach besonders
der sowjetrussische Historiker A. N. Čistozvonov, der im Bauernkrieg
die Bedingungen einer „potentiell erfolgreichen bürgerlichen Revolution" nicht erfüllt sieht und deshalb den bürgerlich-revolutionären ‚Charakter‘ von Reformation und Bauernkrieg auf ihre ‚objektiven Tendenzen‘ einschränkt.

Unwidersprochen blieb die ‚Einschätzung‘ als frühbürgerliche Revolution auch nicht innerhalb der DDR-Geschichtswissenschaft. Drei grundsätzliche Varianten zur Frage nach historischem Stellenwert und sog.
Charakter sowie zu politischem und sozialem Gehalt von Reformation
und Bauernkrieg lassen sich in Anschluß an Vogler analysieren: Reformation und Bauernkrieg

a) als Endpunkt einer Welle revolutionärer antifeudaler Kämpfe auf der Basis wesensmäßig gleichartiger Massenbewegungen seit Anfang des 14. Jahrhunderts und damit keine Revolution im Rahmen des Übergangs vom Feudalismus zum Kapitalismus (Bernhard Töpfer); b) als frühe deutsche bürgerliche Revolution auf gleicher Stufe mit der revolutionären hussitischen Bewegung und daher beide frühe bürgerliche Revolutionen zur Überwindung des Feudalismus (Ernst Werner); c) als erste frühbürgerliche Revolution in Europa am Beginn der Übergangsepoche vom Feudalismus zum Kapitalismus und damit qualitativ neuer Ausgangspunkt der Klassenkämpfe (Mehrzahl der marxistisch-leninistischen Historiker).

Innerhalb der dritten Variante bestehen die bereits erwähnten Kontroversen, bezogen erstens auf die Frage nach dem ‚Wesen‘ der dialektischen Einheit des revolutionären Prozesses – eine Auseinandersetzung, zu der Laube feststellte, sie sei nicht frei gewesen von „Überbetonungen oder gar Verabsolutierungen der einen Komponente gegenüber der anderen‘‘. Zweitens wird erörtert, welche Rolle und Bedeutung anderen Kräften und Bestandteilen der ‚revolutionären Massenbewegung‘ zukommen. Der dritte und derzeitig noch offene Diskussionsbereich ergibt sich aus der Exegese der vorgetragenen unterschiedlichen Auffassungen von Engels zum Stellenwert der Reformation, zentriert um die Frage nach der Bedeutung des Bauernkriegsendes. Weil alle Fragen in einem inneren Zusammenhang stehen, werden sie nachfolgend zu einem Problemkomplex zusammengefaßt.

Die Verbindung von Reformation und Bauernkrieg war ursprünglich von Steinmetz darin gesehen worden, daß der revolutionäre Kampf zunächst vorwiegend unter nationalem, im Bauernkrieg dann unter überwiegend sozialökonomischem Aspekt geführt worden sei. Solche Phasenfolge lehnte Zschäbitz als zu einfach ab und meinte, im Bauernkrieg seien „die progressiven reformatorischen Anläufe zu vertiefen, sie in bürgerliche Praxis umzusetzen‘‘ gewesen. Daß Reformation und Bauernkrieg „durchaus ein völlig gleiches Ziel [hatten], nämlich die Durchführung der Reformation‘‘, formulierte Dietrich Lösche. Der Bauernkrieg erhielt für Laube „seine besondere Zuspitzung durch die reformatorische Komponente in Gestalt der Volksreformation‘‘. Gegenwärtig ergibt sich für Steinmetz der Zusammenhang darin, daß „sich bäuerlicher Klassenkampf mit reformatorischen Bestrebungen auf nationaler Ebene durchdrangen‘‘ (1977, 33).

Als ‚Pole‘ der Debatte um das ‚Wesen‘ der frühbürgerlichen Revolution erweisen sich Auffassungen, die das Revolutionäre entweder in der

Reformation oder im Bauernkrieg verkörpert sehen, d. h. entweder als
ideologische oder als sozioökonomisch-politische Revolution. Zu prüfen
ist, ob sich mit der Kontroverse ‚nur' die Gefahr verbindet, daß infolge
einer Polarisierung zum Zwecke von Verdeutlichung der Schwerpunktsetzung des jeweiligen Aspekts die Dialektik von ideologischer und so-
zioökonomisch-politischer Revolution zerstört werden könnte, oder ob
sich hinter einer Position ein alternativer Ansatz zur ursprünglichen These verbirgt. Die Auseinandersetzung erhält jedoch grundsätzliche Bedeutung schon dadurch, daß sich im Zusammenhang mit der Frage nach den
Wirkungen, d. h. nach dem Verhältnis der deutschen frühbürgerlichen
Revolution zu den nachfolgenden bürgerlichen Revolutionen nicht nur
eine unterschiedliche Bewertung der Niederlage der revolutionären Massenbewegung im Bauernkrieg ergibt, sondern sich zugleich die Problematik der Periodisierung stellt – eine Problematik, der in der marxistisch-
leninistischen Geschichtswissenschaft hohe Bedeutung zukommt.

Die Interpretation als soziale Revolution bezieht sich auf den Verlauf
der deutschen Geschichte, ist also ‚nationalgeschichtlich' orientiert. Von
der Periodisierungsfrage geht Ernst Engelberg aus, für den – auch von
Engels gestützt – „die weltgeschichtliche Periodisierung als übergreifen-
des Prinzip" die Einschätzung von Reformation und Bauernkrieg bestimmt. Er betont die konstante Grundauffassung bei Engels und faßt
lutherische und calvinische Reformation als wesentlich zusammenhän-
gend im Sinne einer sich entfaltenden, im Volke verwurzelten und durch
dessen gewaltige Aktionen entscheidend vorangetriebenen reformatorischen Bewegung in Europa. Engelberg sieht also vor allem in der reformatorischen Komponente die weltgeschichtliche Wichtigkeit der „ersten
bürgerlichen Revolution" gegeben. Diese erste bürgerliche Revolution
begann mit Luthers Thesenanschlag und siegte 1536 mit Calvins Reformation in Genf als Ausgangspunkt neuer Entwicklungen, indem sie einer
dem Kapitalismus adäquaten Weltanschauung (‚Ideologie') zum Durchbruch verhalf. Dem Bauernkrieg wird damit als „kritische Episode" und
„Wendepunkt" (Engels) zwischen den Reformationen Luthers und Calvins zwar der ‚historische Platz' eines hervorragenden Ereignisses und
sogar Höhepunktes zuerkannt, aber letztlich nur als Abschluß einer
Etappe im übergeordneten welthistorischen Zusammenhang, also nicht
als Ende der frühbürgerlichen Revolution.

Engelbergs These ist vor allem Vogler entgegengetreten. Ohne die
weltweiten Wirkungen der deutschen Reformation zu bestreiten, interpretiert er Engels' These vom „Wendepunkt" als Endpunkt der frühbürgerlichen Revolution. Die Niederlage im Bauernkrieg bedeute die Niederlage der deutschen frühbürgerlichen Revolution, in ihrem Ablauf wird

der Reformation die Rolle einer Phase, nicht aber eines Elementes zugesprochen. Damit ist zugleich die ursprüngliche Auffassung preisgegeben,
daß sich die deutsche Geschichte von 1476 bis 1535 als Einheit mit drei
Phasen darstelle, die erst mit der Zerschlagung des Täuferreichs von
Münster und dem Sturz Jürgen Wullenwevers (~ 1492–1537) endete. In
diesen Zusammenhang ordnet sich die Frage nach den Eckdaten ein,
wenn die ursprüngliche Periodisierung 1476–1517–1524/26–1535 zugunsten der Reihung 1470–1517–1524/26 aufgegeben wurde, während Engelberg als entscheidende Zeitpunkte 1419–1453–1517–1525/26–1536 an-
sieht.

Die ,,extremen Auffassungen'' werden gemäß Laube ,,für sich genommen dem Charakter der historischen Ereignisse nicht gerecht, beide
Komponenten für sich machen noch keine Revolution aus''. Außerdem
ließe sich nicht behaupten, Reformation und Bauernkrieg seien die einzigen Bewegungen von gesellschaftlicher Relevanz gewesen; zu ihnen zählten auch die antimonopolistischen Kräfte und die Unruhen in den Städten sowie die der Bergarbeiter. Entscheidend sei vielmehr gewesen, daß
zwischen 1517 und 1525/26 ,,zwei große europäische Bewegungen zu-
sammentrafen: die antifeudale Massenbewegung und die bürgerliche Re-
formationsbewegung, und zwar . . . in einem Gebiet, in dem einerseits die
frühkapitalistische ökonomische Entwicklung ihre damals stärkste Ausprägung erreicht hatte und in dem andererseits die politischen, staatlichen
und gesellschaftlichen Verhältnisse nach dem Scheitern aller Reformbemühungen krisenhaft zugespitzt waren''. Erst diese Komplexität sei
,,letztendlich entscheidend'' für den ,Charakter' und das ,Wesen' der
ersten frühen bürgerlichen Revolution. Im Bauernkrieg kulminiere dieses
,Zusammentreffen', was ,,zugleich den besonderen Platz des deutschen
Bauernkrieges in den europäischen Bauernbewegungen vom 14. bis
18. Jh.'' kennzeichne.

Während also Vogler und Laube an der Auffassung festhalten, daß ,,die
antifeudale Massenbewegung ein konstitutiver Bestandteil der Revolution war und die Niederschlagung der Massenbewegung im Bauernkrieg
zugleich das Schicksal der Revolution grundsätzlich entschied, auch
wenn die reformatorische Komponente einen Teilerfolg errang und in
vielen Städten die reformatorische Bewegung als Volksbewegung noch
bis in die dreißiger Jahre andauerte'', unterstützte Brendler (1976) Engelberg, indem er eine eingehende Analyse der ,,Auffassung von Reformation und Bauernkrieg bei Friedrich Engels'' vornimmt:

,,Die Plazierung der Reformation unter die drei Entscheidungsschlachten – bislang schlagkräftigstes Argument dafür, der Einschätzung von
Reformation und Bauernkrieg als frühbürgerlicher Revolution Anerken-

nung zu verschaffen – liefert auch das Koordinatensystem für die Beantwortung der Frage nach dem Ende der frühbürgerlichen Revolution als
Einzelrevolution, als Welle im Zyklus. In eben diesem, die historische
Entwicklung von England, Frankreich und Deutschland verbindenden
Koordinatensystem wird der historische Ort von Reformation und Bauernkrieg von Engels definiert, also nicht im Rahmen eines nationalge-
schichtlichen, sondern eines weltgeschichtlichen Zyklus. Der bei uns ein-
gebürgerte Ausdruck ,frühbürgerliche Revolution', an dem wir auch ge-
trost festhalten können, ist ja nun weiter nichts als ein modernes Interpretament für Reformation und Bauernkrieg als erste Entscheidungsschlacht oder Welle in der von Engels gemeinten Beziehung – ein neuer
Name für eine alte, von Engels bereits klar konstatierte Sache.
Der Periodisierungsstreit zwischen Günter Vogler und Ernst Engelberg
um das Ende der frühbürgerlichen Revolution in Deutschland beruht zu
einem erheblichen Teil auf der partiellen Inkongruenz von Nationalgeschichte und Weltgeschichte bzw. von nationalgeschichtlicher und weltgeschichtlicher Relevanz von Reformation und Bauernkrieg. Vogler pe-
riodisiert nationalgeschichtlich, Engelberg weltgeschichtlich. Hinsichtlich der Methodik der Marx-Engels-Interpretation befindet sich dabei
jedoch Ernst Engelberg in angemessener Position, denn sein Periodisie-
rungsvorschlag korrespondiert mehr mit dem Koordinatensystem, in
dem Engels die Reformation als erste Entscheidungsschlacht definiert
und aus dem auch unser heutiges Interpretament ,frühbürgerliche Revolution' abgeleitet ist" (1976, 266f.).
Als ,ideologische' Auseinandersetzung mit dem Feudalismus und als
Revolutionierung des Bewußtseins durch Verbürgerlichung der christlichen Religion infolge theologischer und weltanschaulicher Erneuerung
im Rahmen europäischer Entwicklung mit universalgeschichtlich bedeut-
samem Ausmaß war gemäß Engelberg die deutsche frühbürgerliche Revolution mit der vom Bürgertum getragenen, durch die Volksmassen im
Bauernkrieg besonders vertieft unterstützten Reformation als ihrem eigentlichen Gehalt erfolgreich, während sie in der Sicht von Laube und
Vogler als sozialer revolutionärer Prozeß mit dem Ausgang des Bauern-
kriegs scheiterte.
Beide Konzeptionen und ihre Diskussion sind von Foschepoth bis
einschließlich 1974 im Rahmen einer systematischen forschungs- und
theoriegeschichtlichen Untersuchung analysiert worden. Nach seiner
Auffassung hat die marxistisch-leninistische Geschichtswissenschaft in
ihrem Geschichtsbild ,,einen deutlichen und bedeutsamen Wandel durch-
gemacht" (113), es lasse sich ,,sogar sagen, daß sie ihr anfängliches Bild
... total revidiert hat" (152). Kennzeichnend für diesen Wandel sei die

Ablösung der ursprünglichen „national-materialistischen" durch die ver-
gleichende „welthistorisch-dialektische" Betrachtungsweise – zwei von
Foschepoth geprägte Begriffe, die eine Ablösung des ökonomischen Materialismus durch die materialistische Dialektik offenbaren würden und
„auf eine generelle Wandlung der marxistisch-leninistischen Geschichts-
methodologie schließen lassen" (146).

Zu dieser Aussage gelangt Foschepoth durch eine ideologiegeschichtli-
che Analyse, die die Einbindung der marxistisch-leninistischen Historiker in die politisch-sozialen Veränderungen in der DDR und das Prinzip
der Parteilichkeit als grundlegende methodologische Kategorie erweist.
Richtig beobachtet ist, daß die These von der frühbürgerlichen Revolution bedeutsame Wandlungen und starke inhaltliche Veränderungen einschließlich Bewertung von Ereignissen und Personen erfahren hat, jedoch
hat sich die sog. welthistorisch-dialektische Betrachtungsweise keinesfalls
völlig durchgesetzt. Auch läßt sich der Interpretationsrahmen nicht auf
eine Polarisierung von zwei alternativen Deutungsansätzen reduzieren,
vielmehr sind die Positionen offener und lassen vermittelnde Annahmen
zu. Beide beziehen sich auf die Engels-These von der „Revolution Nr. 1
der Bourgeoisie" (s. S. 181), an die hauptsächlich die Frage nach Endpunkt
und Ergebnis der deutschen frühbürgerlichen Revolution im Zusammenhang mit dem Beginn der Reformation Calvins in der Schweiz anknüpft.
Die Möglichkeit einer Integration bzw. stärker aufeinander bezogenen
Darstellung beider Aspekte in Form einer „weiterführenden Synthese"
wird im Anschluß an Brendler von Küttler gewiesen: Zweckdienlich
könne sein, daß „deutlicher unterschieden würde zwischen der *deutschen*
frühbürgerlichen Revolution als gesondertem Ereigniskomplex und der
frühbürgerlichen Revolution als *europäischer* revolutionärer *Periode"*
(277, Anm. 33). Diese Möglichkeit bietet sich schon deshalb an, weil
Calvin und der Calvinismus einschließlich deutscher Formen – wie übrigens Zwingli und die schweizerische Reformation ebenfalls – in zunehmendem Maße seitens der marxistisch-leninistischen Geschichtswissenschaft aufgewertet wurden und offensichtlich unbestritten die Auffassung
gilt, erst der Calvinismus habe eigentlich die Reformation vollendet – in
Steinmetz' Worten: „Die revolutionären Tendenzen nahmen in der
Schweiz in Gestalt des Kalvinismus eine neue, den revolutionären Kräften des Bürgertums gemäßere Form an" (1977, 33). Im Gegensatz zur
Auffassung von Foschepoth ist abschließend einstweilen jedoch festzu-
stellen, daß die mehrheitliche Meinung weiterhin der These von einer
primär sozialen Revolution anhängt.

Zur Diskussion der These ‚deutsche frühbürgerliche Revolution'

Der Anspruch, mit dem Begriff ‚deutsche frühbürgerliche Revolution'
eine historisch-theoretisch „wissenschaftlich exakte Bezeichnung" zu
bieten, heißt, vergangene Wirklichkeit sowohl von der Grundlage einer
wissenschaftlichen Theorie aus als auch in Übereinstimmung mit dem
empirischen Befund rekonstruieren und erklären zu wollen. Die Gültigkeit muß anhand des Quellenbefunds und ausgewiesener Kategorien
überprüft werden – vorgenommen u. a. von Nipperdey, Friesen, Foschepoth und Goertz.

Als grundsätzliches Problem ergibt sich, daß die These eingebunden ist
in die vom Historischen Materialismus bestimmte Geschichtstheorie, begründet auf Axiome und Theoreme sowie hieraus resultierende Kategorien und Begriffe, die einen Meinungsaustausch auf der Grundlage eines
vom Marxismus-Leninismus unabhängigen Geschichtsverständnisses erschweren bzw. sich ihm entziehen – dieses dokumentiert die langwierige
Geschichte des deutsch-deutschen Gesprächs zwischen den DDR-Histo-
rikern und den Historikern der Bundesrepublik.

Zwischen theoriegebunden-systemimmanenter und theorieentbunde-
ner empirischer Diskussion zu differenzieren ist geboten. Zum Bereich
system- und reflexionsimmanenter Erörterungen gehören die theoriebe-
zogenen Auseinandersetzungen um den sog. Charakter von Reformation
und Bauernkrieg mit ihren Schwerpunkten in ‚national-materialistischer'
oder ‚welthistorisch-dialektischer' Interpretation und die damit zusam-
menhängenden Fragen, wie die nach den ‚historischen (Haupt-)Aufga-
ben' dieser Revolution, bzw. nach Problemen, die auf der ‚Tagesord-
nung' der Geschichte standen, nach ‚Hegemon', ‚Triebkräften' und
‚Nutznießern'. Es handelt sich um eine geschichtstheoretisch begründete
Terminologie unter Verwendung von Kategorien, die der ‚traditionellen'
Geschichtswissenschaft fremd sind, hier aber nicht weiter diskutiert werden können. Aus derartigen Problemen ergeben sich aber auch quellen-
orientierte Forschungen; wenn allerdings Forschungsergebnisse von den
theorieverpflichteten Ansätzen abweichen, vermögen sie nur selten den
Bezugsrahmen zu relativieren, werden vielmehr bei zweifellos vorhande-
nem Diskussionsraum für theoretische Erwägungen innerhalb des Systems den vom Historischen Materialismus vorgegebenen konstitutiven
Bedingungen für die Erkenntnis übergreifender geschichtlicher Abläufe
eingepaßt.

Die marxistisch-leninistische Geschichtswissenschaft der DDR befaßt
sich nicht mehr in dem Ausmaße mit der Konzeption der frühbürgerlichen Revolution wie in den 6oer Jahren, jedoch bildet die Beschäftigung

mit einschlägigen Problemen weiterhin einen besonderen Kern ihrer ‚Feudalismusforschung' unter Einschluß von Ansätzen zu interdisziplinärer Arbeit, zentriert einerseits um systemimmanente Fragen der ‚Einschätzung' und Methodologie einschließlich Periodisierung, der These vom Klassenbildungsprozeß und vom Klassenkampf sowie der Revolutionstheorie, aber auch kritische Auseinandersetzung mit dem sog. bürgerlichen Geschichtsbild, andererseits hauptsächlich um konkrete Analysen der gesellschaftlichen Prozesse zwischen 1517 und 1525/26 mit einem Schwerpunkt im Bauernkrieg und ihrer sozialen und wirtschaftlichen Grundlagen sowie Untersuchungen zu Müntzer. Das 500-Jahr-Gedenken der Geburt Luthers läßt für 1983 eine neue Schwerpunktsetzung erwarten. Einstweilen ist der ,,entscheidende Fortschritt" darin zu sehen, ,,daß das Bemühen darauf gerichtet war, die Komplexität der Klassenkämpfe sichtbar zu machen, die Aktivitäten der Volksmassen zu erforschen, die Programmatik differenzierter zu erfassen, den revolutionären Charakter der gesellschaftlichen Auseinandersetzungen herauszuarbeiten und die Wechselbeziehungen zwischen Reformation und Bauernkrieg zu erkennen" (Feudalismusforschung, 47). Dennoch stellt sich weiterhin als ,,wichtigste Aufgabe . . ., den im Kern bürgerlichen Charakter der Gesamtbewegung empirisch nachzuweisen und die Rolle der einzelnen Klassen, Schichten und Gruppen differenziert darzustellen" (49).

Aus den Forschungsbereichen, die sich auf der Grundlage empirischen Befunds diskutieren lassen, sollen zwei Problemkomplexe knapp erörtert werden: die These von einer gesamtgesellschaftlichen Krise und die Frage nach ‚Ideologie' und ‚Hegemon' der frühbürgerlichen Revolution.

Das Interpretament der frühbürgerlichen Revolution setzt gemäß marxistisch-leninistischer Revolutionstheorie kategorial eine revolutionäre Situation voraus, die als gegeben angesehen und unter Anschluß an Lenin ursprünglich als gesamtnationale, nunmehr als gesamtgesellschaftliche Krise bezeichnet wird. Als ihre konstitutiven Voraussetzungen werden wirtschaftliche und soziale Veränderungen im auslaufenden 15. und einsetzenden 16. Jahrhundert benannt, die ebenso als grundlegend für den Beginn der Übergangsepoche vom Feudalismus zum Kapitalismus und dementsprechend als nachgewiesen gelten. Die ‚Einschätzung' der historischen Situation Deutschlands vor 1517 als eine gesamtgesellschaftliche Krise entspricht jedoch weder den revolutionstheoretisch notwendigen Voraussetzungen noch dem empirischen Befund.

Analysen führen zu dem Ergebnis, daß sich ein revolutionstheoretisch wesentliches Element, das von Lenin konstatierte allgemeine Interesse an einer Systemveränderung kaum nachweisen läßt. Sie wurde insbesondere nicht von wirtschaftlich starken ‚frühkapitalistischen' Kräften im städtischen Bürgertum angestrebt. Diese verwerteten das zu Lasten des Adels in die Städte verlagerte Kapital weitaus überwiegend nicht als ‚Produktions‘- sondern als ‚Wucher‘-Kapital und blieben daher weiterhin an der Abschöpfung des agrarischen Mehrwerts und somit an der Aufrechterhaltung der bestehenden Produktionsverhältnisse interessiert. Auf der Grundlage eines gesellschaftlich und ökonomisch wirksamen strukturellen Wandels in Europa gab es zwar offensichtlich besonders im Heiligen Römischen Reich und seinen Territorien zahlreiche Krisenelemente, Krisenherde, Krisen und Konflikte – Krise begrifflich verstanden in Anlehnung an František Graus und Rudolf Vierhaus. Diese meist lokalen oder sozialgruppengebundenen, seltener regionalen und nur vereinzelt übergreifenden Vorgänge (innerstädtisch; Adel ↔ Städte; Städte ↔ Klerus/Kirche, Adel und Städte ↔ Bauern; usw.) waren aber vor 1517 systemimmanent bewältigt worden und in keine gesamtgesellschaftlich wirksame Krise mit einer frühbürgerlichen Revolution als gesetzmäßige Folge eingemündet. Deutschlands gesellschaftliche Lage entsprach zwar einer äußerst bewegten Zeit – einer Zeit, deren Unruhe sogar als Einheit gesehen werden kann, ohne daß sich diese auf *eine* Ursache zurückführen ließe. Die politischen und sozialen Spannungen waren vielmehr Ausdruck eines aus verschiedenen Wurzeln erwachsenen, in den Phänomenen sich überlagernden und miteinander verflochtenen Umschichtungsprozesses, der fast alle gesellschaftlichen Gruppen und Schichten erfaßt hatte und der sich nicht nur durch einen mit unterschiedlicher Intensität aufgebrochenen Differenzierungsvorgang offenbarte, sondern auch im Suchen nach einem neuen Standort im sozialen Gefüge. Strukturelle Elemente für eine gesamtgesellschaftlich wirksame Krise waren also vorhanden, aber für ihre Kumulation in einer Gesamtkrise und erst recht deren zwangsläufige Lösung fehlte noch das allgemeine und gemeinsame Krisenbewußtsein der Menschen in allen Ständen als ein unabdingbar konstitutiver Faktor.

Allgemeines Krisenbewußtsein setzt bewußtseinsbildende ‚Öffentlichkeit‘ voraus. Vor 1517 gab es nur sozial begrenzte und regionale ‚Öffentlichkeiten‘, aber keine Kommunikationssituation, die in Deutschland eine übergreifende, bewußtseinsbildende und -verändernde Öffentlichkeit hätte entstehen lassen. Sie wurde mit der ‚reformatorischen Öffentlichkeit‘ geschaffen (s. Kap. Reformatorische Öffentlichkeit). Das durch sie vermittelte allgemeine Krisenbewußtsein bestimmte die Jahre der reformatorischen Bewegungen, und zwar nicht nur religiös, sondern auch gesellschaftlich, ausgelöst durch die von Luther und anderen Reformatoren weitgehend ungewollt freigesetzten Zweifel an der Legitimität von Werten und Institutionen, die bisher als gottgegeben und daher als sakrosankt und unantastbar angesehen worden waren.

Den Einwänden gegen die These einer gesamtgesellschaftlichen Krise um 1500 wurde von Küttler entgegengehalten: „Wesensmerkmal der gesamtgesellschaftlichen Krise im Reich Anfang des 16. Jh. waren nicht allgemeiner Niedergang und Verfall, sondern vor dem Hintergrund eines beträchtlichen ökonomischen Aufschwungs unüberbrückbare Konflikte aller Klassen und Schichten untereinander und aller zusammen zu den bestehenden Verhältnissen: Adel und Bauern, Landesherren bzw. Adel und Bürgertum, bürgerliche Oberschicht und kleine Kaufleute, Handwerker und Plebejer, bourgeoise Elemente (Handels- und Wucherkapital, frühes Unternehmertum), innerhalb der Feudalität Fürsten und Zentralgewalt, hoher und niederer Adel, weltliche Feudalgewalten und Kirche, schließlich nahezu alle Klassen und Schichten gegen die kuriale Überfremdung und den Zustand der Kirche überhaupt. Dieses weitverzweigte Geflecht von ungelösten Konflikten zusammen ergab die *objektive* Krisensituation der ganzen Gesellschaft. Sie kann nicht an einem einzelnen Problem oder Gegensatz, sondern muß in der Totalität gesehen werden. Wer die einzelnen Konflikte regional und strukturell isoliert betrachtet, löst den Zusammenhang der revolutionären Ereignisse auf oder reduziert ihn auf die Kommunikationswirkung des Reformators Luther, der dann nicht als Exponent, sondern als Schöpfer der Krise in Erscheinung tritt" (275). Meine Einwände gehen jedoch nicht von der Annahme eines allgemeinen Niedergangs und Verfalls aus, sondern richten sich gegen eine ‚Einschätzung‘, die nicht vom empirischen Befund gedeckt ist. Die empirischen Daten gestatten es nicht, von „unüberbrückbaren" Konflikten und deren Konzentration in einem solchen Ausmaß zu sprechen, daß eine „Totalität" gegeben war bzw. ihr ‚Insgesamt‘ eine „objektive Krisensituation der ganzen Gesellschaft" ausmachte. Haupteinwand aber bleibt, daß eine gesamtgesellschaftliche Krise nicht nur einer objektiven Krisensituation, sondern unabdingbar als subjektiven Faktors auch eines allgemeinen, kollektiven Krisenbewußtseins bedarf, um geschichtlich wirksam zu werden. Luther war kein „Schöpfer der Krise", aber er wurde ungewollt zum Wortführer und Vermittler eines allgemeinen Krisenbewußtseins.

Mit der Annahme einer gesamtgesellschaftlich wirksamen Krise läßt sich dagegen das dritte Jahrzehnt des 16. Jahrhunderts unter sozialgeschichtlicher Betrachtungsweise erfassen: Menschen aller sozialen Gruppen und Schichten, vor allem auch der Gemeine Mann bestimmten als Gruppen und als Individuen während dieses Jahrzehnts das Geschehen in Deutschland in besonders aktiver Form, weil ihnen die Wechselwirkung von reformatorischer Öffentlichkeit und reformatorischen Bewegungen in revolutionierender oder so empfunder Weise bislang ungeahnte Beurteilungskriterien für die Herrschaftsbeziehungen und Abhängigkeiten in ihrem täglichen Leben erschlossen hatte. Die daraus resultierende Erwartung großer Veränderungen und die weiterhin latenten oder offenen Konflikte führten zu einer übergreifenden Spannung, die in der Auseinandersetzung um Luthers Reformation und deren gesellschaftliche Verflechtungen ihren inneren Zusammenhang besaß. Damit läßt sich die Reformation kennzeichnen als ein neues und zugleich nach 1517 nicht nur äußerst wirksames, sondern auch wesentliches historisches Phänomen innerhalb eines übergreifenden, schon im 15. Jahrhundert einsetzenden, von der Krise als bestimmendem Grundbegriff gekennzeichneten Zeitraumes. Wesentlich wurde sie insofern, als durch sie infolge ihrer Verknüpfung mit sozialen Erwartungen und politischen Vorstellungen latente und neue Krisen integriert wurden zu einer gesamtgesellschaftlich wirksamen Krise des Reiches, die bis in den Bereich eines gesamtgesellschaftlichen Konflikts führte. Ihre Überwindung zugunsten des überlieferten Systems wurde eingeleitet mit dem Sieg über den Gemeinen Mann im Bauernkrieg und der nachfolgenden Stabilisierung der Territorialherrschaft auf Kosten der Bauern und der Städte. Bewältigt war sie am Ausgang des dritten Jahrzehnts mit der Verhinderung des Entstehens einer neuen systemgefährdenden Massenbewegung des Täufertums. Zu dieser Krisenbewältigung trug die evangelische Reformation ebenfalls bei, insofern aus ihr Begründungen ableitbar waren, die wie Luthers Zwei-Reiche-Lehre und das landesherrliche Kirchenregiment systemstabilisierend wirkten.

Im Bereich der ‚Ideologie‘ wirkten die reformatorischen evangelischen Lehren zweifellos bewußtseinsverändernd. Engelberg mißt ihnen sogar die Bedeutung einer universalgeschichtlich wirksamen Bewußtseinsrevolution zu, ohne sich dafür auf empirische Untersuchungen unter marxistisch-leninistischem Ansatz stützen zu können – es sei denn auf die These von Sigrid Looß, daß trotz ideologischer Differenzierung lutherische und oberdeutsche Reformation in der Auffassung der Reformatoren zu gesellschaftlichen Grundfragen stark übereingestimmt hätten – eine Aussage, die aufgebaut ist auf einer Analyse der ‚Ideologie‘ des frühen Bucer. Daß die Lehren mit Einschluß spezifisch theologischer Elemente Ergebnis und Ausdruck sozial-ökonomischer und politischer Entwicklung unter den Bedingungen des Übergangs vom Feudalismus zum Kapitalismus seien, entspricht marxistischem Vorverständnis vom Wesen der Religion, dennoch ist grundsätzlich zu fragen, ob religiöser Wandel stets aus sozialem Wandel resultieren muß oder ob sich nicht auch soziale Gegebenheiten an neue Ideen und Werte anpassen und diese somit zu gesellschaftlichen Veränderungen führen können. Jedenfalls werden ein-

schlägige Thesen ebensowenig durch Analysen nachgewiesen und intersubjektiv überprüfbar empirisch belegt wie die Behauptung, daß die Lehre von den Sakramenten als ein wesentlicher Teil reformatorischer Ideologie den Interessen gesellschaftlicher Gruppen entsprochen habe, vor
allem den Bürgern und Landesfürsten. Daß Ansätze aus dem frühen
Diskussionsstadium innerhalb der marxistisch-leninistischen Geschichtswissenschaft nicht mehr genügen, wird von Laube offen ausgesprochen;
er fordert deshalb, ,,die grundsätzliche Frage nach dem Charakter der
reformatorischen Ideologie und ihrer Rolle in der frühbürgerlichen Revolution" (1977, 298) neu zu untersuchen. Hinter dieser Forderung steht
die Erwartung, nicht nur die postulierte ,,Bürgerlichkeit der reformatorischen Ideologie und Bewegung", sondern auch ihre Aufgeschlossenheit
für ,,prokapitalistische Bestrebungen" (1977, 298) nachweisen zu
können.

Prokapitalistische Bestrebungen umschließen zumindest vier ,Dimen-
sionen', die zu berücksichtigen wären: ,Arbeit' – zu unterscheiden von
,Beruf'; ,Kapital' – zu unterscheiden von ,Geld'; das Verhältnis zwischen
,mittelalterlichem' (= physischem) ,arbeiten' und kaufmännischem ,han-
deln'; ,Wucher', das Erzielen von Gewinn ohne ,Arbeit'. Die erste Dimension ist von Konrad Wiedemann untersucht worden. Seine fundierte
Analyse des lutherischen Arbeitsverständnisses und seiner Bewertung in
der Literatur der frühen Neuzeit erfüllt nicht Laubes Erwartungen. Sie
zeigt, daß Luther jede Annahme einer eigenständigen menschlichen Leistung verwarf. Seine Sozialethik schätzte den Wert sowohl der ökonomischen als auch der kulturellen Leistungsfähigkeit des Menschen sehr ge-
ring. Wie im Bereich von Rechtfertigung oder Verdammung des Menschen wirkt Gott auch im Bereich von Wirtschaft und Politik allein. In
Verbindung mit der Askese als ethischem Leitgedanken in allen Lebensbereichen enthielt seine von hier aus theologisch bestimmte Berufslehre
,,nicht nur keine neuartige, weltzugewandte Berufsethik, sondern hat
auch in keiner Weise moderne, bürgerliche Arbeitsauffassungen bewirkt
. . . [Auch] Die Arbeitslehre Luthers war in keiner Hinsicht bürgerlich . . .
Von der Theologie und Ethik Luthers gab es direkt keine Verbindung zu
dem modernen kapitalistischen Arbeitsverständnis" (293). Ebenso blieb
in der einschlägigen Literatur des 16. Jahrhunderts die Arbeitsbewertung
in wesentlichen Elementen generell dem Mittelalter verhaftet. ,Moderne'
Wertschätzung der Arbeit findet sich nur in so wenigen Ansätzen, und
als ,bourgeois' läßt sich überhaupt keine bezeichnen, daß sich mit diesen
Quellen kein bürgerliches Produktionsdenken belegen läßt, weder eine
Arbeitsgesinnung, ,,die in der Verwandlung von Mehrwert in Kapital
ihren Selbstzweck sah, noch eine bürgerliche Arbeitsschätzung, die Klas-

sencharakter hatte" (281). Wiedemann gelangt zu dem Schluß, daß sich „sowohl von der Arbeitslehre Luthers her als auch von der weltlichen Arbeitseinschätzung des 16. Jhd." die These von der Reformation als einem Teil der deutschen frühbürgerlichen Revolution nicht stützen lasse (293 f.). Gegenüber ‚prokapitalistischen Bestrebungen' unter den Bedingungen des 16. Jahrhunderts aufgeschlossener verhielt sich die alte, katholische Kirche – sowohl im Handeln als auch in der Normendiskussion –, jedoch war sie entsprechend der These von einer frühbürgerlichen Revolution die Hauptstütze des Feudalismus.

Im Rahmen der ‚Ideologie', und das heißt der ‚Lehren', läßt sich also die Grundthese, die Reformation als Haupterscheinung der antifeudalen (früh-)bürgerlichen Emanzipationsbewegung habe in der reformatorischen Lehre *das* bürgerlichen Interessen entsprechende ideologische Programm erhalten, anhand von Quellen weiterhin nicht verifizieren. Aus der Ideologie resultiert jedoch die behauptete Bewußtseinsrevolution mit ihren abgeleiteten historischen ‚Wirkungen'. Auch sie werden bisher angenommen, nicht aber durch wirkungsgeschichtliche Analysen stringent belegt.

Das Hauptbemühen der marxistisch-leninistischen Geschichtswissenschaft ist darauf ausgerichtet, gemäß ihrer Revolutionstheorie die subjektiven Voraussetzungen einer bürgerlichen Revolution aufzuzeigen, d. h. konkret das städtische Bürgertum als Träger des revolutionären Prozesses nachzuweisen und damit empirisch den Einwänden zu begegnen, daß sich einerseits bei dem Stadtbürgertum, insbesondere bei seinen frühkapitalistisch orientierten Vertretern, kein antifeudales, progressiv-revolutionäres Verhalten oder gar Handeln finde, andererseits der Bauernkrieg keine bürgerliche Bewegung darstelle. Revolutionstheoretisch hätte – als ‚Hegemon' – ein Bürgertum vorhanden gewesen sein müssen, das bewußt politische Macht zur Veränderung der Herrschaftsstrukturen anstrebte, um die Verhältnisse einer intendierten bürgerlich-kapitalistischen Wirtschafts- und Sozialordnung anzupassen. In diesem Zusammenhang ist bewußt der Begriff ‚Bürgertum' verwendet, wodurch die Vorstellung erweckt wird, das Stadtbürgertum des 16. Jahrhunderts sei deckungsgleich mit Bürgertum bzw. Bourgeoisie des industriellen Zeitalters.

Als beispielhaft für die Versuche, derartigen Einwänden zu begegnen und das Problem des bürgerlichen ‚Charakters' der Revolution zu bewältigen, sei Küttler angeführt. Er spricht von ‚konkreten' Forschungen, ohne sie nachzuweisen (272), und sieht „die bürgerliche Komponente ... klarer bei einer langfristigen Erfassung der Tendenz des Klassenkampfes" hervortreten, „obwohl die Niederlage der Revolution von unten und die nur sehr begrenzte reformerische Teillösung von oben (Fürstenreformation statt Volksreformation) ein unmittelbares Resultat in dieser Hinsicht verhinderten. Die objektive Resultante der Aktionen, Interessen und Programme von der gemäßigten Reformation bis zur revolutionären Bauernbewegung und zum radikal-reformatorischen Flügel entspricht den Bedürfnissen derjenigen Klassen und Schichten, die – angesichts der Übergangssituation stadial bedingt noch unausgereift – die soziale Basis bürgerlicher Verhältnisse verkörpern. Eine direkte Kongruenz bourgeoiser Kräfte und revolutionärer Programme ist von diesem Stadium von vornherein nicht zu erwarten, zumal sie auch in den reifen bürgerlichen Revolutionen nur selten auftritt. Um so mehr waren mittlere und untere Schichten des auf der Basis der kleinen Warenproduktion existierenden, jedoch bereits stark differenzierten Städtebürgertums und anderer gewerbetreibender Schichten an den revolutionären Klassenkämpfen der frühbürgerlichen Revolution führend beteiligt, zusammen mit den Bauern, deren Bewegung den Höhe- und Kulminationspunkt der Revolution bildete. Während die großen Privilegien- und Monopolträger unter den frühkapitalistischen Unternehmern mehr oder weniger stark mit der feudalen Reaktion verbunden waren, traten breite Kreise mittlerer Unternehmer (die ‚antimonopolistische‘ Fraktion) auf Seiten der gemäßigten und sogar der radikal-bürgerlichen reformatorischen Bewegung mit antifeudalen Forderungen auf" (278 f.). Belegt werden diese Thesen mit Verweis auf die Studien von Laube sowohl in ihren Ergebnissen aus Quellenforschungen als auch in ihren theoriegebundenen Folgerungen.

Laube geht in theoriebezogener Auseinandersetzung mit Čistozvonov von der These aus, daß in wirtschaftlich fortgeschrittenen Gebieten Deutschlands unter Einbeziehung ihrer Verflechtung in den entstehenden Weltmarkt bereits zu Beginn des 16. Jahrhunderts irreversibel die Manufakturperiode eingesetzt und sich „relativ starke Elemente einer Handels- und Manufakturbourgeoisie" herausgebildet hätten. Sie seien allerdings noch „unreif" und vor allem auch aufgespalten gewesen, was gemeinsames Verhalten in der frühbürgerlichen Revolution ausschloß. Die wirtschaftlich stärksten Unternehmer, wie die Fugger und Kapitalgesellschaften, verbanden sich mit den feudalen Gewalten, bekämpften die reformatorische Bewegung ebenso wie die antifeudale Volksbewegung und verhinderten damit „letztlich die Durchsetzung ihrer eigenen historischen Interessen, welche das Bündnis mit den revolutionären Kräften und nicht deren Ausschaltung erfordert hätte" (1977, 303). Andere Teile der entstehenden Bourgeoisie setzten sich dagegen mit den Feudalgewalten auseinander, verbanden sich sogar mit der Volksbewegung und lassen sich „insgesamt als Elemente der frühbürgerlichen Revolution ... werten" (303). Für diese Aussagen kann Laube allerdings nur wenige Quel-

lenbelege beibringen, vornehmlich aus dem Bergbau und zugleich überwiegend Vorgänge, die bereits vor 1517 abgeschlossen waren, so daß er
eine systematische Weiterführung seiner Studien als wichtige Forschungsaufgabe bezeichnet. Keinesfalls aber konnte er „breite Kreise
mittlerer Unternehmer" nachweisen. Wieso in diesem Zusammenhang
von einem „gewissen Abschluß" der Diskussion gesprochen wird (Steinmetz 1980, 80), bleibt schwer nachvollziehbar.

Immanent umstritten sind in der marxistisch-leninistischen Geschichtswissenschaft weiterhin die Thesen vom besonders hohen Entwicklungsstand der Produktivkräfte in Deutschland, kritisch bleibt bisher, daß bzw. ob sich die fortschrittlichen Teile der ‚Handels- und Manufakturbourgeoisie' der ‚reformatorischen Ideologie' während der Jahre
der frühbürgerlichen Revolution erschlossen haben, völlig ungelöst ist
die Problematik, die sich aus der sehr fraglichen These vom irreversiblen
Beginn der Manufakturperiode und der Grundannahme eines sog. qualitativen Sprungs vom Feudalismus zum Kapitalismus ergibt, und ebenso
fragwürdig bleibt die Verwendung des Begriffs Bourgeoisie. Entscheidende Probleme resultieren aus der unklaren Definition des ‚Bürgers'.

Laube dokumentiert, wie schwer es der marxistisch-leninistischen Geschichtswissenschaft fällt, das städtische Bürgertum als Träger der deutschen frühbürgerlichen Revolution nachzuweisen. Daher bleibt für Laube ausgesprochen wichtig „festzuhalten, daß für die Beurteilung des Charakters von Reformation und Bauernkrieg als frühbürgerlicher Revolution insgesamt nicht in erster Linie die subjektive Haltung bzw. Beteiligung der bourgeoisen Kräfte entscheidend war, sondern die objektive
Wirkung des Klassenkampfes in Richtung auf eine weitere Zersetzung
und Untergrabung des Feudalismus und die Förderung des kapitalistischen Fortschritts. Insofern ist an unserer Grundauffassung von der entscheidenden Rolle des Kampfes der Volksmassen in der Revolution kein
Abstrich zu machen. Wenn es uns jedoch gelingt, im Hinblick auf die
Rolle des Bürgertums in der frühbürgerlichen Revolution über die bis
jetzt noch recht verschwommene Einschätzung einer allgemeinen Bür-
gerlichkeit der Reformation hinauszukommen und ein aktives antifeudales Auftreten der entstehenden Bourgeoisie in der frühbürgerlichen Revolution zur weiteren Durchsetzung und Beschleunigung der kapitalistischen Entwicklung nachzuweisen – wofür einige Anhaltspunkte gegeben
wurden –, dann vermag das unsere Auffassung von der frühbürgerlichen
Revolution als einer Revolution transformatorischen Typs im beginnenden Übergang vom Feudalismus zum Kapitalismus auch vom subjektiven
Faktor her zu bekräftigen" (1977, 303).

Mit den Problemen des sozialökonomisch bestimmten Erklärungsansatzes hat die universalgeschichtlich orientierte Interpretation der Reformation nicht so sehr zu kämpfen. Ihre Argumentation deckt sich jedoch ebenfalls nicht mit dem empirischen Befund, denn mit dem Eckdatum 1536, d. h. mit der Veröffentlichung der ,Institutio Christianae Religionis' durch Calvin oder seinem Wirken in Genf ist der Übergang zu einer ,ideologischen' neuen Lehre der Reformation weder personen- noch wirkungsgeschichtlich zu begründen: Calvins Weg zum Reformator hatte spätestens 1535 begonnen, der eigentliche Widerhall seiner Lehre setzte dagegen erst später ein. Daher vertritt Engelberg ebenfalls die Auffassung: ,,Wie auch der Grad der feudalen Bindungen des Bürgertums, also ihre sozusagen qualitative Größe, und ihr quantitativer Umfang im Verhältnis vor allem gegenüber den Bauern beurteilt werden mag, diese Klasse hatte nun einmal die objektive Aufgabe, eine neue Gesellschaftsordnung zu erstreben und zu erkämpfen" (ZfG, Jg 22, 1974, 171). Entbindet eine derartige Formulierung die marxistisch-leninistische Geschichtswissenschaft von der wissenschaftlichen Aufgabe, den Nachweis dafür zu erbringen, daß es sich bei dem Interpretament um eine ,,wissenschaftlich exakte Bezeichnung" handelt?

Ob es der marxistisch-leninistischen Geschichtswissenschaft gelingt, das Stadtbürgertum als revolutionäres Subjekt empirisch nachzuweisen, bleibt stark zweifelhaft. Solange ein derartiger quellenfundierter Belegzusammenhang nicht erbracht ist, ist aber auch nicht einsichtig die Annahme zu erklären, daß es zu Beginn des 16. Jahrhunderts zu einer bürgerlichen Revolution in Deutschland kommen mußte. Aber nicht nur des Bürgertums als ,subjektiver' Voraussetzung ermangelt es, sondern es fehlt vor allem auch die revolutionstheoretisch vorauszusetzende ,objektive' Bedingung eines Bürgertums, das an einer Veränderung der Produktionsverhältnisse interessiert gewesen wäre; ebenso wenig lassen sich weitere revolutionstheoretisch vorausgesetzte objektive Bedingungen wie die nachweisen, daß die feudalen Verhältnisse den Fortschritt zum Kapitalismus oder auch nur frühkapitalistische Produktionskräfte so behinderten, daß die behauptete, ohne Revolution nicht mehr lösbare Verschärfung der ,Widersprüche' zwischen dem Entwicklungsstand der Produktivkräfte und den Produktionsverhältnissen zu unversöhnlichem Antagonismus überhaupt eingetreten war. Selbst im Rahmen der eigenen Argumentation ermangelt es damit einer wesentlichen Grundlage.

Dieser Mangel wird nicht behoben durch die These, es sei vor allem die ,objektive' Wirkung des konstatierten ,Klassenkampfes' gewesen, die den Feudalismus zersetzt und den Kapitalismus gefördert habe. Problematisch ist an ihr schon die Verwendung der Kategorie ,Klassenkampf'. Daß die – aus den spezifischen Verhältnissen der kapitalistischen Gesellschaft des 19. Jahrhunderts entwickelten – analytischen ‚orthodoxen' Begriffe ‚Klasse', ‚Klassengesellschaft' und ‚Klassenkampf' wenig geeignet sind, die soziale Wirklichkeit der Reformationszeit in ihrer Differenzierung zu erkennen und zu kennzeichnen, wurde z. B. auch von Schulze (1977, 68 ff.) und Hinrichs (Kap. II, 4) dargelegt. Nicht zuletzt aber ist festzuhalten, daß die Gleichsetzung von evangelischer Lehre mit spezifischer bürgerlicher Ideologie bisher nicht quellenmäßig abgesichert, sondern aus einer ideologischen Vorentscheidung abgeleitet ist, die Religion als Ideologie erklärt. Religion und Ideologie reflektieren im übrigen nicht nur gesellschaftliche Erfahrungen, sondern formen sie auch.

Als problematisch erweist sich ebenfalls der behauptete unauflösbare innere Zusammenhang von Reformation und Bauernkrieg, wenn er – nach Laube – nicht zu bestimmen ist als eine Einheit der die frühbürgerliche Revolution tragenden sog. Klassenkräfte. Ein unbestrittener Zusammenhang beruhte auf dem ‚Evangelium' als Mittel zur Verbindung, Maßstab des Begehrens und zugleich Rechtfertigung überlieferter und neuer politischer, sozialer und auch wirtschaftlicher sowie nicht zuletzt kirchlicher Forderungen der Aufständischen, nicht aber auf Eintreten für oder gar Identifikation mit einer bürgerlichen Ideologie. Daß im übrigen die Wirkungsgeschichte der evangelischen Reformation nach 1525 nur noch bedingt über die Bauern verlaufen ist, läßt sich in Anlehnung an Goertz als weiterer Einwand vorbringen.

Angesichts der Schwierigkeiten, die subjektiven und objektiven Voraussetzungen und Bedingungen nachzuweisen, wird die These von der deutschen frühbürgerlichen Revolution vor allem auf das Theorem gegründet, daß die objektive Wirkung des Handelns von Personen oder sozialen Gruppen und historischer Vorgänge den ‚Charakter' ausmache; im vorliegenden Fall bedeutet die Zuhilfenahme der Kategorie ‚objektiv', daß beispielsweise die ‚Volksmassen' als ‚Triebkräfte' im Dienste der ‚entstehenden Bourgeoisie' als dem ‚Hegemon' der ‚frühbürgerlichen Revolution' trotz Verfolgung subjektiver Ziele im Bauernkrieg – wie die Beseitigung frühkapitalistischer Wirtschaftsformen – objektiv nicht nur zur Schwächung und späteren Ablösung des ‚Feudalismus' einen Beitrag zum ‚gesellschaftlichen Fortschritt' geleistet, sondern auch die ‚Herausbildung des Kapitalismus' gefördert haben. Daß subjektives Verhalten objektiv andere, sogar bekämpfte Wirkungen zeitigen kann, ist unbestritten; höchst bestreitbar bleibt jedoch die Überstrapazierung derartiger Zusammenhänge, wenn Aus- und Nachwirkungen, die erst nach Jahrhunderten eintraten, wirkungsgeschichtlich schon als gegeben behauptet werden, obgleich die behauptete Kontinuität bisher nicht durch epochenübergreifende empirische Studien abgesichert ist. Der Verweis auf weltgeschichtliche ‚Entwicklung' kann nicht überzeugen, vielmehr mindert die marxistisch-leninistische Geschichtswissenschaft durch ihre Kategorie ‚objektiv' stark die Bedeutung anderer, ansonsten stets betonter Kategorien ihrer Geschichts- und Revolutionstheorie.

Als Ergebnis dieser Diskussion der These von der frühbürgerlichen Revolution ist festzuhalten, daß dem knappen, aber dezidierten Urteil von Foschepoth beigepflichtet werden muß, zu Anfang des 16. Jahrhunderts habe ,,weder der objektive Zwang, noch die subjektive Möglichkeit'' zu einer frühbürgerlichen Revolution bestanden (99). Die These ist bisher nicht verifiziert, damit jedoch keineswegs ‚erledigt', d. h. falsifiziert. Sie wird von einem Teil der deutschen Geschichtswissenschaft weiterhin mit großem Bemühen verfochten, für die ‚traditionelle' bleibt sie bis auf weiteres ein Erklärungsmodell mit heuristischem Wert, das Fragen an die Reformationsgeschichtswissenschaft stellt, sie zum Durchdenken überlieferter Aussagen, Deutungen und Thesen zwingt. Wissenschaftlich steht es neben anderen Erklärungsmodellen und Interpretationen weiterhin zur Diskussion, aber traditionelle und marxistisch-leninistische Geschichtswissenschaft müssen die mit jedem Interpretament verbundene Bereitschaft aufweisen, diesen Ansatz zu modifizieren, wenn sich Erklärungsmodell und die empirisch gesicherte Erkenntnis von einer vergangenen Wirklichkeit nicht mehr zur Deckung bringen lassen. Die traditionelle Geschichtswissenschaft sieht sich durch das Interpretament von einer deutschen frühbürgerlichen Revolution herausgefordert, sie stellt sich seit längerem der Diskussion. Ihre Fragen sollten jedoch nicht mit dem Einwand abgewehrt werden, sie reproduziere nur ihre bekannten Argumente. Ihre Einwände müssen von der marxistisch-leninistischen Geschichtswissenschaft sach- und quellenbezogen widerlegt werden, wenn schon nicht zugestanden werden kann, daß zum ,,höheren Niveau'' der These auch der Zwang beigetragen hat, sich mit ihrer Beurteilung durch die sog. bürgerliche Geschichtswissenschaft auseinanderzusetzen. Diese sieht sich in ihren Grundauffassungen bisher nicht widerlegt, aber sie stellt sich weiterhin der Kritik, während die marxistisch-leninistische Geschichtswissenschaft sich offensichtlich so sehr mit ihrer These identifiziert, daß sie ein Abrücken von einem Interpretament mit der Preisgabe geschichtstheoretischer Prämissen und Grundannahmen gleichzusetzen scheint. Sie beraubt sich damit eines kritischen Umgangs mit empirischem Wissen, der bezeichnend für ihre ‚Klassiker' im Ringen um Erkenntnis war.

ANHANG

Wissenschaftliche Organisationsformen

Grundsätzlich nehmen sich in der Bundesrepublik Deutschland im überregionalen Rahmen der ‚Verband der Historiker Deutschlands‘ (gegründet 1895 als ‚Verband Deutscher Historiker‘) und die ‚Görres-Gesellschaft zur Pflege der Wissenschaft‘ (gegründet 1876) in entsprechenden Sektionen auf ihren Tagungen der Reformationsgeschichte an. In der Deutschen Demokratischen Republik obliegt eine ähnliche Funktion den Historiker-Kongressen der ‚Historiker-Gesellschaft der Deutschen Demokratischen Republik‘ (gegründet 1958 als ‚Deutsche Historikergesellschaft‘). Die Veröffentlichung reformationsgeschichtlicher Quellen und Forschungen fördern vor allem Historische Kommissionen als wissenschaftliche Vereinigungen oder Institute, beispielsweise die Historische Kommission bei der Bayerischen Akademie der Wissenschaften (gegründet 1858) durch die Herausgabe der ‚Deutschen Reichstagsakten‘. Reformationsgeschichtliche Arbeit bildet auch einen Schwerpunkt des ‚Sonderforschungsbereiches 8. Spätmittelalter und Reformation‘ an der Universität Tübingen (vgl. Ernst Walter Zeeden/Ingrid Bátori, in: Jahrbuch der historischen Forschung . . ., Berichtsjahr 1979, S. 52 ff.). Alle anderen Institutionen und Vereinigungen mit reformationsgeschichtlicher Forschung aufzuführen und ihre Leistungen zu benennen, ist an dieser Stelle ebenso wenig durchführbar wie eine Darstellung der reformationsgeschichtlichen Arbeiten regionaler und lokaler Geschichtsvereine.

Bei zwei Vereinen bildet die Reformationsgeschichte die eigentliche Aufgabenstellung: Der ‚Verein für Reformationsgeschichte‘ (gegründet 1883) versteht sich heute als „die zentrale Publikationsstelle der Reformationsforschung in Deutschland“ – formuliert von Bernd Moeller in seinem Referat ‚Der Verein für Reformationsgeschichte. Vergangenheit – Gegenwart – Zukunft‘ (in: ARG, Jg 68, 1977, S. 284–301, hier S. 292; vgl. auch Jahrbuch der historischen Forschung . . ., Berichtsjahr 1978, S. 48 ff.). Gemäß seiner Satzung von 1973 ist es jetzt sein Zweck, „die Erforschung der reformatorischen Bewegung, ihrer Voraussetzungen, ihrer Geschichte und ihrer Wirkungen zu fördern und für die Verbreitung der wissenschaftlichen Forschungsergebnisse zu sorgen“. Seit 1883 erscheinen die ‚Schriften des Vereins für Reformationsgeschichte‘, 1980 bis zum Bd 191 gediehen. Seine Reihe ‚Quellen und Forschungen zur Reformationsgeschichte‘ gibt der Verein seit 1921 als Fortsetzung der 1911 eröffneten ‚Studien zur Kultur und Geschichte der Reformation‘ heraus. In ihre Quelleneditionen und größeren Spezialuntersuchungen ordnen sich auch seit 1930 die ‚Quellen zur Geschichte der Täufer‘ ein, die innerhalb der bis 1981 herausgegebenen 50 Bände dieser Reihe über ein Viertel der Veröffentlichungen einnehmen. Als Vereinszeitschrift erscheint seit Jg 17, 1920, in seinem Auftrag das bereits 1903 gegründete ‚Archiv für Reformationsgeschichte‘, seit Jg 42, 1951, herausgegeben zusammen mit der ‚American Society for Reformation Research‘, verstanden seither als viersprachige ‚Internationale Zeitschrift zur Erforschung der Reformation und ihrer Weltwirkungen‘. Seit 1972 wird jeder Jahrgang um einen ‚Literaturbericht‘ in Form eines Beiheftes ergänzt. Vereinsvorsitzender ist seit 1976 Professor Dr. Bernd Moeller, Universität Göttingen.

Die ‚Gesellschaft zur Herausgabe des Corpus Catholicorum e. V.‘ (gegründet 1917), die sich als „Kristallisationspunkt der katholischen Reformationsforschung in Deutschland" versteht, strebt vor allem an, in Entsprechung zum ‚Corpus Reformatorum‘ kritische Werkausgaben von Schriften jener altkirchlichen Theologen zu edieren, die den Reformatoren entgegengetreten sind (vgl. Erwin Iserloh, in: Jahrbuch der historischen Forschung ..., Berichtsjahr 1979, S. 54–57). Die Quellenedition ‚Corpus Catholicorum. Werke katholischer Schriftsteller im Zeitalter der Glaubensspaltung‘ wurde 1919 eröffnet, 1980 umfaßte sie 35 Bände. Betreut werden von der Gesellschaft außerdem vier weitere Veröffentlichungsreihen. Die ‚Reformationsgeschichtlichen Studien und Texte‘, die bereits 1906 zu erscheinen begannen, lagen 1980 in 118 Heften sowie zwei Supplementbänden vor. Noch älter sind die ‚Vorreformationsgeschichtlichen Forschungen‘, von deren bis 1980 vorgelegten 17 Bänden der erste 1900 veröffentlicht wurde. Seit 1927 wird die Reihe ‚Katholisches Leben und Kirchenreform im Zeitalter der Glaubensspaltung‘ als Vereinsschrift herausgegeben, die 1980 auf 40 Hefte gediehen war. Der Reihentitel hatte bis zum Heft 23/24, 1966, ‚Katholisches Leben und Kämpfen im Zeitalter der Glaubensspaltung‘ gelautet, seine Änderung drückte jene Akzentverschiebung aus, durch die nach 1945 das Reformproblem in den Mittelpunkt der Arbeiten getreten war. Als jüngste Publikation fördert die Gesellschaft die ‚Acta Reformationis Catholicae ecclesiam Germaniae concernentia saeculi XVI‘, von denen seit 1959 sechs Bände erschienen sind. Die Gesellschaft wird seit 1972 geleitet von Professor Dr. Erwin Iserloh, Universität Münster.

In der DDR war 1960 eine Arbeitsgemeinschaft ‚Geschichte der Reformation und des Bauernkrieges (frühbürgerliche Revolution) in Deutschland‘ gegründet worden, deren Leitstelle das Institut für deutsche Geschichte an der Karl-Marx-Universität Leipzig unter Professor Dr. Max Steinmetz war. Sie besteht offensichtlich nicht mehr.

Abkürzungen

Die verwendeten Abkürzungen orientieren sich an: Siegfried Schwertner, Internationales Abkürzungsverzeichnis für Theologie und Grenzgebiete. Zeitschriften, Serien, Lexika, Quellenwerke mit bibliographischen Angaben, Berlin 1974 = IATG

AKuG   Archiv für Kulturgeschichte
ARG   Archiv für Reformationsgeschichte
BDG   Bibliographie zur deutschen Geschichte im Zeitalter der Glaubensspaltung 1517–1585, hg. von Karl Schottenloher
BDLG   Blätter für deutsche Landesgeschichte
BPfKG   Blätter für pfälzische Kirchengeschichte und religiöse Volkskunde
DVfLG   Deutsche Vierteljahrsschrift für Literaturwissenschaft und Geistesgeschichte
Gebhardt Handbuch der deutschen Geschichte, 4 Bde in fünf Teilen, hg. von Herbert Grundmann, Stuttgart ⁹1970–1976. Auch Taschenbuchausgabe, 22 Bde, dtv-WR, 4201–4222
GuG   Geschichte und Gesellschaft
GWU   Geschichte in Wissenschaft und Unterricht
HEG   Handbuch der europäischen Geschichte, hg. von Theodor Schieder
HJ   Historisches Jahrbuch der Görres-Gesellschaft
HZ   Historische Zeitschrift
JFLF   Jahrbuch für fränkische Landesforschung
JfG   Jahrbuch für Geschichte
JfGF   Jahrbuch für Geschichte des Feudalismus
JHKGV Jahrbuch der hessischen kirchengeschichtlichen Vereinigung
KuD   Kerygma und Dogma
LA   Leiter Autorenkollektiv
LThK   Lexikon für Theologie und Kirche, hg. v. Michael Buchberger u. a. [10 Bde, Freiburg i. Br. ²1957–1965, Reg. Bd. 1967]
LuJ   Luther-Jahrbuch
LR   Lutherische Rundschau
MGB   Mennonitische Geschichtsblätter
MennQR The Mennonite Quarterly Review
ND   Nachdruck
NZSTh   Neue Zeitschrift für Systematische Theologie und Religionsphilosophie
PaP   Past and Present
QFRG   Quellen und Forschungen zur Reformationsgeschichte
RGG   Die Religion in Geschichte und Gegenwart, hg. von Kurt Galling [6 Bde, Tübingen ³1957–1962, Reg. Bd. 1965]
RGST   Reformationsgeschichtliche Studien und Texte

SVRG	Schriften des Vereins für Reformationsgeschichte
ThLZ	Theologische Literaturzeitung
TRE	Theologische Realenzyklopädie
WdF	Wege der Forschung
WZ(L).GS	Wissenschaftliche Zeitschrift der Karl-Marx-Universität Leipzig, Gesellschafts- und sprachwissenschaftliche Reihe
ZfG	Zeitschrift für Geschichtswissenschaft
ZsfhistF	Zeitschrift für historische Forschung
ZKG	Zeitschrift für Kirchengeschichte
ZSRG.K	Zeitschrift der Savigny-Stiftung für Rechtsgeschichte, Kanonistische Abteilung
ZThK	Zeitschrift für Theologie und Kirche

Bibliographien – Hilfsmittel – Fachzeitschriften

Bibliographien
Karl Schottenloher: Bibliographie zur deutschen Geschichte im Zeitalter der Glaubensspaltung 1517–1585, 6 Bde, Leipzig 1933–1940, 2. Auflage Stuttgart 1956–1958.
– Bd. 7: Das Schrifttum von 1938 bis 1960, bearbeitet von Ulrich Thürauf, Stuttgart 1966.
Historische Forschungen in der DDR 1960–1970. Analysen und Berichte, Berlin/DDR 1970 (= ZfG, Jg. 18, 1970, Sonderband).
Historische Forschungen in der DDR 1970–1980. Analysen und Berichte, Berlin/DDR 1980 (= ZfG, Jg. 28, 1980, Sonderband).
Franz Schnabel: Deutschlands geschichtliche Quellen und Darstellungen in der Neuzeit. Teil 1: Das Zeitalter der Reformation 1500–1550, Leipzig 1931, ND Darmstadt 1972.
Gustav Wolf: Quellenkunde der deutschen Reformationsgeschichte, 3 Bde, Gotha 1915–1923, ND Hildesheim 1965.
Über ein fortlaufendes umfassendes Informations- und Rezensionsorgan für den Zeitraum von etwa 1450 bis 1650 verfügt die Reformationsgeschichtswissenschaft seit 1972 im Archiv für Reformationsgeschichte – Beiheft Literaturbericht, Jg 1, 1972 –, aufgeschlossen für die Jge 1–5 durch ein Register, Gütersloh 1978, bearbeitet von Hannelore Götz.

Hilfsmittel
Die Religion in Geschichte und Gegenwart. Handwörterbuch für Theologie und Religionswissenschaft, hg. von Kurt Galling, 6 Bde u. Registerband, 3. Auflage Tübingen 1957–1965.
Lexikon für Theologie und Kirche. Begründet von Michael Buchberger, 10 Bde u. Registerband, 2. Auflage Freiburg i. Br. 1957–1967.
Theologische Realenzyklopädie, hg. von Gerhard Krause u. Gerhard Müller [konzipiert auf 25 Textbände, bis 1981 erschienen 7 Bde], Bd: 1, Berlin 1977 –.
Handbuch der Editionen. Deutschsprachige Schriftsteller Ausgang des 15. Jahrhunderts bis zur Gegenwart, bearbeitet von Waltraud Hagen u. a., Berlin/DDR–München 1979.

Fachzeitschriften
Archiv für Reformationsgeschichte. Berlin u. a. Jg. 1, 1903/04 –.
Luther. Mitteilungen der Luthergesellschaft. Berlin u. a. Jg. 1, 1919 –.
Luther-Jahrbuch. Leipzig u. a. Jg. 1, 1919 –.
The Sixteenth Century Journal. St. Louis Jg. 1, 1972 –.
Zeitschrift für historische Forschung. Berlin Bd 1, 1974 –.
Zwingliana. Zürich Bd 1, 1897/1904 –.

Auswahlbibliographie

Quellenausgaben und Literatur, die sich in der BDG erfaßt finden, sind nur im Ausnahmefall aufgenommen worden. Die Auswahl unter den Veröffentlichungen nach 1960 beschränkt sich bei der Literatur zu den ‚Grundzügen der Geschichte‘ vornehmlich auf neueste und einzelne grundlegende neuere Arbeiten sowie auf Titel, die im Zusammenhang mit der leitenden Fragestellung des historischen Abrisses stehen. Erweitert worden ist die Zahl der ausgewählten Veröffentlichungen zu jenen Kapiteln der ‚Einführung‘, die zu eigenständiger Weiterarbeit anregen sollen, also besonders im Bereich der ‚Probleme und Forschungskontroversen‘. Darüber hinaus enthält die Bibliographie nur jene Angaben, die zum Auffinden eines Titels unabdingbar sind, verzichtet also teilweise auf Untertitel, Reihenhinweise usw.

Grundzüge der Geschichte

Wichtige ältere und neueste Quellenwerke

Deutsche Reichstagsakten unter Kaiser Karl V. = Deutsche Reichstagsakten, Jüngere Reihe, hg. von der Historischen Kommission bei der Bayerischen Akademie der Wissenschaften, Bde. 1–4: 1. Aufl. Gotha 1893–1905, ²Göttingen 1962/63, Bd. 7/I u. II: 1. Aufl. Stuttgart 1935, ²Göttingen 1963, Bd. 8/I u. II: Göttingen 1970/71.

Nuntiaturberichte aus Deutschland. Erste Abteilung (1533–1559), Hg. Deutsches (früher Preußisches) Historisches Institut in Rom, 17 Bde u. 2 Erg.-Bde., Gotha, dann Tübingen 1892–1981 (teilw. Nachdruck Frankfurt 1968); Zweite Abteilung (1560–1572), Hg. Historische Kommission der Österreichischen Akademie der Wissenschaften, 8 Bde., Wien 1898–1967; Dritte Abteilung (1572–1585), Hg. Deutsches (früher Preußisches) Historisches Institut in Rom, bisher 5 Bde., Gotha 1892 ff.; Vierte Abteilung (Siebzehntes Jahrhundert, ohne Bandzählung), Hg. Deutsches (früher Preußisches) Historisches Institut in Rom, bisher 3 Bde., Gotha 1895 ff.

D. Martin Luthers Werke. Kritische Gesamtausgabe, Weimar 1883 ff. Vier Abteilungen: I = Werke; II = Tischreden; III = Die Deutsche Bibel; IV = Briefwechsel.

Corpus Reformatorum [Melanchthon, Calvin, Zwingli], hg. v. Carl Gottlieb Bretschneider u. a., Braunschweig/Berlin/Leipzig/Zürich 1834–1968, ND New York 1963/64.

Brandenburg, Erich (Hg.): Politische Korrespondenz des Herzogs und Kurfürsten Moritz von Sachsen, Bde. 1 u. 2, Leipzig 1900/1904; Bd. 3, bearbeitet von Johannes Herrmann u. Günther Wartenberg, Berlin/DDR 1978.

Brecht, Martin u. a. (Hg.): Johannes Brenz. Werke, bisher 2 Bde, Tübingen 1970/1974.

Klaiber, Wilbirgis (Hg.): Katholische Kontroverstheologen und Reformer des 16. Jahrhunderts. Ein Werkverzeichnis, Münster i. W. 1978 = RGST, H. 116.

Müller, Gerhard (Hg.): Andreas Osiander d. Ä. Gesamtausgabe, bisher 4 Bde., Gütersloh 1975–1981.

Pfeilschifter, Georg (Hg.): Acta reformationis catholicae ecclesiam Germaniae concernentia saeculi XVI. Die Reformverhandlungen des deutschen Episkopats von 1520 bis 1570, bisher 6 Bde., Regensburg 1959–74.

Scheible, Heinz (Hg.): Melanchthons Briefwechsel. Kritische und kommentierte Gesamtausgabe, bisher 3 Bde., Stuttgart–Bad Cannstatt 1977–79.

Sehling, Emil u. a. (Hg.): Die evangelischen Kirchenordnungen des 16. Jahrhunderts, bisher 13 Bde., Leipzig 1902–1913, ab Bd. 6, Tübingen 1955 ff.

Stupperich, Robert (Hg.): Martin Bucers deutsche Schriften, bisher 5 Bde, Gütersloh 1960–1975.

Wülcker, Ernst und Virck, Hans (Hg.): Des kursächsischen Rathes Hans von der Planitz Berichte aus dem Reichsregiment in Nürnberg 1521–1523, Leipzig 1899, ND Hildesheim 1979.

Handbücher und Darstellungen

Engel, Josef: Von der spätmittelalterlichen republica christiana zum Mächte-Europa der Neuzeit, in: Die Entstehung des neuzeitlichen Europa = HEG, Bd. 3, Stuttgart 1971, S. 1–443 (§§ 1–9).

Fuchs, Walther Peter: Das Zeitalter der Reformation, in: Gebhardt, Bd 2, Stuttgart ⁹1970, S. 1–117; auch Taschenbuch dtv – WR 4208.

Hassinger, Erich: Das Werden des neuzeitlichen Europa 1300–1600, Braunschweig 1959, ²1964.

Laube, Adolf; Steinmetz, Max; Vogler, Günter (Leiter): Illustrierte Geschichte der deutschen frühbürgerlichen Revolution, Berlin/DDR 1974.

Lehmann, Hartmut: Das Zeitalter des Absolutismus. Gottesgnadentum und Kriegsnot, Stuttgart 1980.

Lutz, Heinrich: Reformation und Gegenreformation, München–Wien 1979.

Meuthen, Erich: Das 15. Jahrhundert, München–Wien 1980.

Moeller, Bernd: Deutschland im Zeitalter der Reformation, Göttingen 1977.

Muralt, Leonhard von: Renaissance und Reformation, in: Handbuch der Schweizer Geschichte, Bd. 1, Zürich 1972, S. 389–570.

Skalweit, Stephan: Reich und Reformation, Frankfurt a. M.–Berlin 1967.

Stadler, Peter: Das Zeitalter der Gegenreformation, in: Handbuch der Schweizer Geschichte, Bd. 1, Zürich 1972, S. 571–672.

Steinmetz, Max: Deutschland von 1476 bis 1648 (Von der frühbürgerlichen Revolution bis zum Westfälischen Frieden) = Lehrbuch der deutschen Geschichte, Bd. 3, Berlin/DDR 1967, 2. überarbeitete u. erweiterte Auflage 1978.

Stupperich, Robert: Die Reformation in Deutschland, Gütersloh ²1980

Treue, Wilhelm: Wirtschaft, Gesellschaft und Technik in Deutschland vom 16. bis zum 19. Jahrhundert, in: Gebhardt, Bd 2, Stuttgart ⁹1970, S. 437–545; auch Taschenbuch dtv – WR 4212.

Zeeden, Ernst Walter: Das Zeitalter der Glaubenskämpfe (1555–1648), in: Gebhardt, Bd 2, Stuttgart ⁹1970, S. 118–239; auch Taschenbuch dtv – WR 4209.
– Deutschland von der Mitte des 15. Jahrhunderts bis zum Westfälischen Frieden (1648), in: Die Entstehung des neuzeitlichen Europa = HEG, Bd. 3, Stuttgart 1971, S. 445–580 (§ 10).

Einführungen – Sammelbände – Spezialbibliographien – Untersuchungen
Für reformationsgeschichtliche Veröffentlichungsreihen s. auch unter ‚Wissenschaftliche Organisationsformen'.

Hinrichs, Ernst: Einführung in die Geschichte der Frühen Neuzeit, München 1980.
Lohse, Bernhard: Martin Luther. Eine Einführung in sein Leben und sein Werk, München 1981.

Bäumer, Remigius (Hg.): Reformatio ecclesiae: Beiträge zu kirchlichen Reformbemühungen von der Alten Kirche bis zur Neuzeit. Festgabe für Erwin Iserloh, Paderborn 1980.
Brecht, Martin u. Schwarz, Reinhard (Hg.): Bekenntnis und Einheit der Kirche. Studien zum Konkordienbuch, Stuttgart 1980.
Hoyer, Siegfried (Hg.): Reform – Reformation – Revolution. Herausgegeben im Auftrag des Rektors der Karl-Marx-Universität. (Ausgewählte Beiträge einer wissenschaftlichen Konferenz in Leipzig am 10. und 11. Oktober 1977), Leipzig 1980.
Hubatsch, Walther (Hg.): Wirkungen der deutschen Reformation bis 1555, Darmstadt 1967 = WdF, Bd. 203.
Iserloh, Erwin (Hg.): Confessio Augustana und Confutatio. Der Augsburger Reichstag 1530 und die Einheit der Kirche. In Verbindung mit Barbara Hallensleben herausgegeben von E. Iserloh, Münster i. W. 1980 = RGST, H. 118.
Koselleck, Reinhart (Hg.): Strukturprobleme der Frühen Neuzeit = Geschichte und Gesellschaft Jg. 7, H. 1, Göttingen 1981.
Lohse, Bernhard u. Pesch, Otto Hermann (Hg.): Das ‚Augsburger Bekenntnis' von 1530 – damals und heute, München–Mainz 1980.
Müller, Gerhard (Hg.): Die Religionsgespräche der Reformationszeit, Gütersloh 1980 = SVRG, Nr. 191.
Newman Brooks, Peter (Hg.): Reformation Principle and Practice. Essays in honour of Arthur Geoffrey Dickens, London 1980.
Steinmetz, Max u. Brendler, Gerhard (Hg.): Weltwirkung der Reformation, 2 Bde, Berlin/DDR 1969.
Stern, Leo u. Steinmetz, Max (Hg.): 450 Jahre Reformation, Berlin/DDR 1967.

Thomas, Ulrich (Bearbeiter): Bibliographie zum deutschen Bauernkrieg und seiner Zeit (Veröffentlichungen seit 1974), 2 Teile, Stuttgart 1976/1977.
Bensing, Manfred u. Hoyer, Siegfried: Der deutsche Bauernkrieg 1524–1526, Berlin/DDR ³1975.

Blickle, Peter: Die Revolution von 1525, München–Wien 1975. Zweite, neu bearbeitete und erweiterte Auflage München–Wien 1981.

– (Hg.): Revolte und Revolution in Europa. Referate und Protokolle des Internationalen Symposiums zur Erinnerung an den Bauernkrieg von 1525 (Memmingen), 24.–27. März 1975) = HZ, Beiheft 4 (Neue Folge), München 1975.

– Deutsche Untertanen, Ein Widerspruch, München 1981.

Borth, Wilhelm: Die Luthersache (Causa Lutheri) 1517–1524. Die Anfänge der Reformation als Frage von Politik und Recht, Lübeck–Hamburg 1970.

Brendler, Gerhard u. Laube, Adolf (Hg.): Der deutsche Bauernkrieg 1524/25. Geschichte – Traditionen – Lehren, Berlin/DDR 1977.

Dickmann, Fritz: Der Westfälische Frieden, Münster i. W. ⁴1977.

Franz, Günther: Der deutsche Bauernkrieg, 1933, Darmstadt ¹¹1977.

Gäbler, Ulrich: Huldrych Zwingli im 20. Jahrhundert. Forschungsbericht und annotierte Bibliographie 1897–1972, Zürich 1975.

Hammer, Wilhelm: Die Melanchthonforschung im Wandel der Jahrhunderte. Ein beschreibendes Verzeichnis, bisher 3 Bde., Gütersloh 1967–1981 = QFRG, Bde. 35, 36, 49.

Heckel, Martin: Autonomia und Pacis Compositio. Der Augsburger Religionsfriede in der Deutung der Gegenreformation, in: ZSRG. K, Bd. 76, 1959, S. 141–248.

Kellenbenz, Hermann: Deutsche Wirtschaftsgeschichte, 2 Bde, hier Bd 1: Von den Anfängen bis zum Ende des 18. Jahrhunderts, München 1977.

Langer, Herbert: Der Dreißigjährige Krieg – ,,endgültiger Abschluß der deutschen Revolution" des 16. Jahrhunderts?, in: Rolle und Formen der Volksbewegung im bürgerlichen Revolutionszyklus, Glashütten/Taunus 1976, S. 16–36.

Lauchs, Joachim: Bayern und die deutschen Protestanten. Deutsche Fürstenpolitik zwischen Konfession und Libertät, Neustadt/Aisch 1978.

Locher, Gottfried W.: Die Zwinglische Reformation im Rahmen der europäischen Kirchengeschichte, Göttingen–Zürich 1979.

Lutz, Heinrich: Christianitas afflicta. Europa, das Reich und die päpstliche Politik im Niedergang der Hegemonie Kaiser Karls V. (1552–1556), Göttingen 1964.

Moeller, Bernd: Zwinglis Disputationen. Studien zu den Anfängen der Kirchenbildung und des Synodalwesens im Protestantismus, in: ZSRG. K, Bd. 56, 1970, S. 275–324, und Bd. 60, 1974, S. 213–364.

– (Hg.): Bauernkriegsstudien, Gütersloh 1975 = SVRG, Nr. 189.

Müller, Gerhard: Die römische Kurie und die Reformation 1523–1534. Kirche und Politik während des Pontifikates Clemens' VII., Gütersloh 1969 = QFRG, Bd. 38.

– Bündnis und Bekenntnis. Zum Verhältnis von Glaube und Politik im deutschen Luthertum des 16. Jahrhunderts, in: Bekenntnis und Einheit der Kirche, hg. v. M. Brecht, Stuttgart 1980, S. 23–43.

Münch, Paul: Zucht und Ordnung. Reformierte Kirchenverfassungen im 16. und 17. Jahrhundert (Nassau–Dillenburg, Kurpfalz, Hessen–Kassel), Stuttgart 1978.

Niesel, Wilhelm: Calvin-Bibliographie, 1901–1959, München 1964.

Nipperdey, Thomas: Reformation, Revolution, Utopie. Studien zum 16. Jahrhundert, Göttingen 1975.

Oberman, Heiko Augustinus: Werden und Wertung der Reformation. Vom Wegestreit zum Glaubenskampf, Tübingen 1977, ²1979.

Press, Volker: Calvinismus und Territorialstaat. Regierung und Zentralbehörden der Kurpfalz 1559–1619, Stuttgart 1970.

Rabe, Horst: Reichsbund und Interim. Die Verfassungs- und Religionspolitik Karls V. und der Reichstag von Augsburg 1547/1548, Köln–Wien 1971.

– Der Augsburger Religionsfriede und das Reichskammergericht 1555–1600, in: Festgabe für Ernst Walter Zeeden, Münster i. W. 1976, S. 260–280.

Repgen, Konrad: Die Römische Kurie und der Westfälische Friede. Idee und Wirklichkeit des Papsttums im 16. und 17. Jahrhundert. 2 Bde, Tübingen 1962/1965.

Reuter, Fritz (Hg.): Der Reichstag zu Worms von 1521. Reichspolitik und Luthersache, Worms 1971, Köln–Wien ²1981.

Rublack, Hans-Christoph: Neuere Forschungen zum Thesenanschlag Luthers, in: HJ, Jg. 90, 1970, S. 329–343.

Rudolf, Hans Ulrich (Hg.): Der Dreißigjährige Krieg. Perspektiven und Strukturen, Darmstadt 1977 = WdF, Bd 451.

Schilling, Heinz: Konfessionskonflikt und Staatsbildung. Eine Fallstudie über das Verhältnis von religiösem und sozialem Wandel in der Frühneuzeit am Beispiel der Grafschaft Lippe, Gütersloh 1981 = QFRG, Bd 48.

Schlaich, Klaus: Maioritas – protestatio – itio in partes – corpus Evangelicorum. Das Verfahren im Reichstag des Heiligen Römischen Reiches Deutscher Nation nach der Reformation, in: ZSRG. K LXIII u. LXIV, Bd. 94, 1977, S. 264–299, und Bd. 95, 1978, S. 139–179.

Skalweit, Stephan: Reichsverfassung und Reformation, in: Probleme der Kirchenspaltung im 16. Jahrhundert, hg. v. R. Kottje, Regensburg 1970, S. 33–58.

Steinmetz, Max (Hg.): Der deutsche Bauernkrieg und Thomas Müntzer, Leipzig 1976.

Thadden, Rudolf von: Calvin und der Fortgang der Reformation im Reich, in: HZ, Bd. 208, 1969, S. 1–23.

Walder, Ernst: Reformation und moderner Staat, in: 450 Jahre Berner Reformation = Archiv des Historischen Vereins des Kantons Bern, Bd. 64/65, 1980/81, S. 445–583.

Wehler, Hans-Ulrich (Hg.): Der Deutsche Bauernkrieg 1524–1526 = GuG, Sonderheft 1, Göttingen 1975.

Wohlfeil, Rainer (Hg.): Der Bauernkrieg 1524–26. Bauernkrieg und Reformation. Neun Beiträge, München 1975.

– Der Speyerer Reichstag von 1524, in: BPfKG, Jg. 43, 1976, S. 5–20.

Wolgast, Eike: Die Wittenberger Theologie und die Politik der evangelischen Stände. Studien zu Luthers Gutachten in politischen Fragen, Gütersloh 1977 = QFRG, Bd. 47.

Zeeden, Ernst Walter: Die Einwirkung der Reformation auf die Verfassung des

Heiligen Römischen Reiches Deutscher Nation, in: Trierer Theologische Zeit-
schrift, Jg. 59, 1950, S. 207–215.
– Die Entstehung der Konfessionen. Grundlagen und Formen der Konfessions-
bildung im Zeitalter der Glaubenskämpfe, München–Wien 1965.
Zimmermann, Walter: Die Reformation als rechtlich-politisches Problem in den
Jahren 1524–1530/31, Phil.Diss. Tübingen, Göppingen 1978.

Begrifflichkeit – Terminologie – Erkenntniswege

Reformation – Gegenreformation – Zweite Reformation
s. auch Literatur zu Kap. Reformation – Revolution

Brändly, Willy: Zur Selbstbezeichnung der Evangelischen, in: Zwingliana, Bd. 8,
1944–1948, S. 471–489.
Brunner, Peter: Reform- Reformation, Einst – Heute. Elemente eines ökumeni-
schen Dialogs im 450. Gedächtnisjahr von Luthers Ablaßthesen, in: KuD, Jg.
13, 1967, S. 159–183.
– Reform oder Reformation? in: LuJ, Jg 17, 1967, S. 464–472.
Dickens, Arthur Geoffrey: The German Nation and Martin Luther, London
1974, ²1976.
Elton, Geoffrey Rudolph: Reformation Europa 1517–1559, London 1963, ¹⁴1973
(Deutsche Ausgabe: Europa im Zeitalter der Reformation 1517–1559, 2 Bde,
Hamburg 1971).
Friesen, Abraham: Reformation, in: Sowjetsystem und demokratische Gesell-
schaft, hg. v. C. D. Kernig, Bd. 5, Freiburg i. Br. 1972, Sp. 562–573.
Götze, Alfred: Lutherisch, in: Zeitschrift für Deutsche Wortforschung, Bd. 3,
1902, S. 183–198.
Götze, Alfred: Evangelisch, in: Zeitschrift für Deutsche Wortforschung, Bd. 13,
1911, S. 1–24.
Hill, Christopher: Von der Reformation zur Industriellen Revolution. Sozial-
und Wirtschaftsgeschichte Englands, 1530–1780, Frankfurt/M. 1977.
Jedin, Hubert/Bäumer, Remigius: Die Erforschung der kirchlichen Reformationsgeschichte seit 1876 / Die Erforschung der kirchlichen Reformationsge-
schichte seit 1931. Reformation, Katholische Reform und Gegenreformation in
der neueren katholischen Reformationsgeschichtsschreibung in Deutschland,
Darmstadt 1975 = Erträge der Forschung, Bd 34.
Klein, Thomas: Der Kampf um die Zweite Reformation in Kursachsen
1586–1591, Köln–Graz 1962.
Kohls, Ernst-Wilhelm: Das Bild der Reformation in der Geisteswissenschaft des
19. Jahrhunderts (G. W. F. Hegel, L. v. Ranke, J. Burckhardt), in: NZSTh,
Bd. 9, 1967, S. 229–246.
– Das Bild der Reformation bei Wilhelm Dilthey, Adolf von Harnack und Ernst
Troeltsch, in: NZSTh, Bd. 11, 1969, S. 269–291.
Kremer, Ulrich Michael: Die Reformation als Problem der amerikanischen Histo-
riographie, Wiesbaden 1978.

Moeller, Bernd: Probleme der Reformationsgeschichtsforschung, in: ZKG, Bd. 76, 1965, S. 246–257.

Oberman, Heiko A.: Reformation: Epoche oder Episode, in: ARG, Jg. 68, 1977, S. 56–109.

– Werden und Wertung der Reformation. Thesen und Tatsachen, in: Reformatio Ecclesiae . . . Festgabe für Erwin Iserloh, Paderborn 1980, S. 487–503.

Plath, Uwe: Zur Entstehungsgeschichte des Wortes ,,Calvinist", in: ARG, Jg. 66, 1975, S. 213–223.

Reinhard, Wolfgang: Gegenreformation als Modernisierung? Prolegomena zu einer Theorie des konfessionellen Zeitalters, in: ARG, Jg 68, 1977, S. 226–252.

Rückert, Hanns: Die geistesgeschichtliche Einordnung der Reformation, in: ZThK, Jg. 52, 1955, S. 43–64. Wiederabdruck in: Hanns Rückert, Vorträge und Aufsätze zur historischen Theologie, Tübingen 1972, S. 52–70.

Rupp, Gordon: Patterns of Reformation, London 1969.

Schönstädt, Hans-Jürgen: Antichrist, Weltheilsgeschehen und Gottes Werkzeug. Römische Kirche, Reformation und Luther im Spiegel des Reformationsjubiläums 1617, Wiesbaden 1978.

Scribner, Bob: Is there a social history of the Reformation?, in: Social History, Jg. 1, 1976, S. 483–505.

Steitz, Heinrich: Geschichte der Evangelischen Kirche in Hessen und Nassau, Marburg 1961.

Wolf, Gerhard Philipp: Das neuere französische Lutherbild, Wiesbaden 1974.

Wolgast, Eike: Reform, Reformation, in: Geschichtliche Grundbegriffe, hg. v. O. Brunner u. a., Bd. 5, Stuttgart 1982(?)

Zeeden, Ernst Walter: Martin Luther und die Reformation im Urteil des deutschen Luthertums. Studien zum Selbstverständnis des lutherischen Protestantismus von Luthers Tode bis zum Beginn der Goethezeit, 2 Bde., Freiburg i. Br. 1950/52.

– (Hg.): Gegenreformation, Darmstadt 1973 = WdF, Bd 311.

Zschäbitz, Gerhard: Zur Problematik der sogenannten ,Zweiten Reformation' in Deutschland, in: WZ (L). GS, H. 3, 1965, S. 505–509.

Reformatorische Lehren

Adam, Alfred: Lehrbuch der Dogmengeschichte, Bd. 1, Gütersloh 1965, ³1977; Bd. 2, 1968, ²1972.

Iserloh, Erwin: Geschichte und Theologie der Reformation im Grundriß, Paderborn 1980.

Jedin, Hubert (Hg): Handbuch der Kirchengeschichte, 13 Bde, Freiburg i. Br. 1965–1979, darin: Bd. 3/I: Die mittelalterliche Kirche, 1966, ²1973; Bd. 3/II: Die mittelalterliche Kirche, 1968, ²1979; Bd. 4: Reformation, Katholische Reform und Gegenreformation 1967, Zweite Auflage mit neuem Titel: Reform und Spaltung, 1976.

Lang, Peter Thaddäus: Konfessionsbildung als Forschungsfeld, in: HJ, Jg. 100, 1980, S. 479–493.

Lohse, Bernhard: Epochen der Dogmengeschichte, Stuttgart 1963, ⁴1978.

Lohse, Bernhard u. a.: Die Lehrentwicklung im Rahmen der Konfessionalität = Handbuch der Dogmen- und Theologiegeschichte, hg. v. C. Andresen, Bd. 2, Göttingen 1980.

Moeller, Bernd: Frömmigkeit in Deutschland um 1500, in: ARG, Jg. 56, 1965, S. 5–31.

Müller, Gerhard: Luthers Zwei-Reiche-Lehre in der deutschen Reformation, in: Denkender Glaube. Festschrift für Carl Heinz Ratschow ..., Berlin – New York 1976, S. 49–69.

Oberman, Heiko A. (Hg.): Die Kirche im Zeitalter der Reformation, Neukirchen – Vluyn 1981 = Kirchen- und Theologiegeschichte in Quellen, Bd. 3.

Schmaus, Michael u. a. (Hg.): Handbuch der Dogmengeschichte, bisher 3 Bde. Freiburg i. Br. 1951 ff.

Schrey, Heinz-Horst (Hg.): Reich Gottes und Welt. Die Lehre Luthers von den zwei Reichen, Darmstadt 1969 = WdF, Bd. 107.

Reformatorische Bewegungen

s. auch Literatur zu Kap. Humanismus – Reformation – Stadt und zu Kap. Reformation – Revolution

Neueste biographische Abrisse zu wichtigen Persönlichkeiten mit ausführlichen Angaben zur Quellen- und Literaturlage bringt die TRE, bisher zu: Albrecht von Mainz (Benrath, Gustav Adolf, in: Bd. 2, 1978, S. 184–187); Albrecht von Preußen (Hubatsch, Walther, in: Bd. 2, 1978, S. 188–193); Aleandro [Aleander] (Müller, Gerhard, in: Bd. 2, 1978, S. 227–231); Amsdorff (Rogge, Joachim, in: Bd. 2, 1978, S. 487–497); Blarer (Moeller, Bernd, in: Bd. 6, 1980, S. 711–715); Brenz (Brecht, Martin, in: Bd. 7, 1981, S. 170–181); Brück (Fabian, Ekkehart, in: Bd. 7, 1981, S. 212–216); Bucer (Stupperich, Robert, in: Bd. 7, 1981, S. 258–270); Bugenhagen (Holfelder, Hans Hermann, in: Bd. 7, 1981, S. 354–363); Bullinger (Büsser, Fritz, in: Bd. 7, 1981, S. 375–387); Cajetan (Iserloh, Erwin/Hallensleben, Barbara, in: Bd. 7, 1981, S. 538–546); Calvin (Nijenhuis, Willem, in: Bd. 7, 1981, S. 568–592); Campeggio (Müller, Gerhard, in: Bd. 7, 1981, S. 604–606); Canisius (Wolter, Hans, in: Bd. 7, 1981, S. 611–614); Capito (Lienhard, Marc, in: Bd. 7, 1981, S. 636–640). Für weitere Personen muß bis zum Erscheinen der einschlägigen Bände der TRE auf die Artikel in der RGG und im LThK zurückgegriffen werden.

Bainton, Roland H.: Women of the Reformation in Germany and Italy, Minneapolis/Minn. 1971.

Brendler, Gerhard u. Küttler, Wolfgang: Volksmassen, Fortschritt und Klassenkampf im Feudalismus, in: ZfG, Jg. 26, 1978, S. 803–817.

Czok, Karl: Revolutionäre Volksbewegungen in mitteldeutschen Städten zur Zeit von Reformation und Bauernkrieg, in: 450 Jahre Reformation, hg. v. L. Stern, Berlin/DDR 1967, S. 128–145.

Chrisman, Miriam U.: Women and the Reformation in Strasbourg 1490–1530, in: ARG, Jg 63, 1972, S. 143–168.

Dienst, Karl: Evangelische Bewegung und Reformation. Zu einer These Wilhelm Diehls, in: JHKGV, Bd. 19, 1968, S. 1–23.

Ehbrecht, Wilfried: Verlaufsformen innerstädtischer Konflikte in nord- und westdeutschen Städten im Reformationszeitalter, in: Stadt und Kirche im 16. Jahrhundert, hg. v. B. Moeller, Gütersloh 1978, S. 27–47.

Endres, Rudolf: Die deutschen Führungsschichten um 1600, in: Deutsche Führungsschichten in der Neuzeit, Bd. 12, Eine Zwischenbilanz, Boppard am Rhein 1980, S. 79–109.

Grundmann, Herbert: Religiöse Bewegungen im Mittelalter. Untersuchungen über die geschichtlichen Zusammenhänge zwischen der Ketzerei, den Bettelorden und der religiösen Frauenbewegung im 12. und 13. Jahrhundert und über die geschichtlichen Grundlagen der deutschen Mystik, Berlin 1935, ²Hildesheim 1961.

Heitz, Gerhard: Volksmassen und Fortschritt in der Epoche des Übergangs vom Feudalismus zum Kapitalismus, in: ZfG, Jg, 25, 1977, S. 1168–1177.

Jacob, Walter: Politische Führungsschicht und Reformation. Untersuchungen zur Reformation in Zürich 1519–1528, Zürich 1970.

Laube, Adolf: Bemerkungen zur These von der ,Revolution des gemeinen Mannes‘, in: ZfG, Jg. 26, 1978, S. 607–614.

Lutz, Robert Hermann: Wer war der gemeine Mann? Der dritte Stand in der Krise des Spätmittelalters, München–Wien 1979.

Moeller, Bernd: Pfarrer als Bürger, Göttingen 1972.

Press, Volker: Führungsgruppen in der deutschen Gesellschaft im Übergang zur Neuzeit um 1500, in: Deutsche Führungsschichten in der Neuzeit, Bd. 12, Eine Zwischenbilanz, Boppard am Rhein 1980, S. 29–77.

– Adel, Reich und Reformation, in: Stadtbürgertum und Adel in der Reformation, hg. v. W. J. Mommsen, Stuttgart 1979, S. 330–383.

Rammstedt, Otthein: Soziale Bewegung, Frankfurt/M. 1978.

Reinhard, Wolfgang: Theorie und Empirie bei der Erforschung frühneuzeitlicher Volksaufstände, in: Historia integra. Festschrift für Erich Hassinger zum 70. Geburtstag, Berlin 1977, S. 173–200.

Rublack, Hans-Christoph: Gescheiterte Reformation. Frühreformatorische und protestantische Bewegungen in süd- und westdeutschen geistlichen Residenzen, Stuttgart 1978.

Schilling, Heinz: Die politische Elite nordwestdeutscher Städte in den religiösen Auseinandersetzungen des 16. Jahrhunderts, in: Stadtbürgertum und Adel in der Reformation, hg. v. W. J. Mommsen, Stuttgart 1979, S. 235–308.

Schröer, Alois: Der Anteil der Frau an der Reformation in Westfalen, in: Reformatio ecclesiae ... Festgabe für Erwin Iserloh, Paderborn 1980, S. 641–660.

Schulze, Winfried: Theoretische Probleme bei der Untersuchung vorrevolutionärer Gesellschaften, in: Theorien in der Praxis des Historikers, hg. v. J. Kocka = GuG, Sonderheft 3, Göttingen 1977, S. 54–85.

Scribner, Robert William: Why was there no Reformation in Cologne?, in: Bulletin of the Institute of Historical Research 49, 1976, S. 217–241.

- Sozialkontrolle und die Möglichkeit einer städtischen Reformation, in: Stadt und Kirche im 16. Jahrhundert, hg. v. B. Moeller, Gütersloh 1978, S. 57–65.
- The Reformation as a Social Movement, in: Stadtbürgertum und Adel in der Reformation, hg. v. W. J. Mommsen, Stuttgart 1979, S. 49–79.
- Practice and Principle in the German Towns: Preachers and People, in: Reformation Principle and Practice, Essays in honour of Arthur Geoffrey Dickens, hg. v. P. Newman Brooks, London 1980, S. 97–117.
Stupperich, Robert: Die Frau in der Publizistik der Reformation, in: AKuG, Bd. 37, 1955, S. 204–233.
Thomas, Keith: Women and the Civil War Sects, in: PaP, Nr. 13, 1958, S. 42–62.
Trümpy, Hans: Die Reformation als volkskundliches Problem, in: Kontakte und Grenzen. Probleme der Volks-, Kultur- und Sozialforschung. Festschrift für Gerhard Heilfurth zum 60. Geburtstag, Göttingen 1969, S. 249–258.
Weiß, Ulman: Das Erfurter Pfaffenstürmen 1521: „Haec prima Lutheranorum adversus Clericos seditio . . .", in: JfGF, Bd. 3, 1979, S. 233–279.
Wunder, Heide: Zur Stellung der Frau im Arbeitsleben und in der Gesellschaft des 15.–18. Jahrhunderts. Eine Skizze, in: Geschichtsdidaktik, Jg. 6, 1981, S. 239–251.
Zemon Davis, Natalie: City Women and Religious Change, in: Society and Culture in Early Modern France, Stanford/California 1975, S. 65–96.

Probleme – Forschungskontroversen

Humanismus – Reformation – Stadt

Augustijn, Cornelis: Die Stellung der Humanisten zur Glaubensspaltung 1518–1530, in: Confessio Augustana und Confutatio . . ., hg. v. E. Iserloh, Münster i. W. 1980, S. 36–48, Diskussion S. 49–61.
Bátori, Ingrid (Hg.): Städtische Gesellschaft und Reformation. Kleine Schriften 2, Stuttgart 1980.
Brady, Thomas A., Jr.: Ruling class, Regime, and Reformation at Strasbourg 1520–1555, Leiden 1978.
Brecht, Martin: Die gemeinsame Politik der Reichsstädte und die Reformation, in: ZSRG. K, LXIII, Bd. 94, 1977, S. 180–263.
- Luthertum als politische und soziale Kraft in den Städten, in: Kirche und gesellschaftlicher Wandel in deutschen und niederländischen Städten der werdenden Neuzeit, hg. v. F. Petri, Köln–Wien 1980, S. 1–21.
deutsche forschungsgemeinschaft: humanismusforschung seit 1945. Ein Bericht aus interdisziplinärer Sicht, Bonn–Bad Godesberg 1975.
Ehrbrecht, Wilfried (Hg.): Städtische Führungsgruppen und Gemeinde in der werdenden Neuzeit, Köln–Wien 1980.
Greyerz, Kaspar von: The late city reformation in Germany: the case of Colmar, 1522–1628, Wiesbaden 1980.
Hall, Basil: The Reformation City, in: Bulletin of the John Rylands Library, Jg. 54, 1971, S. 103–148.

Jahns, Sigrid: Frankfurt, Reformation und Schmalkaldischer Bund. Die Reformations-, Reichs- und Bündnispolitik der Reichsstadt Frankfurt am Main 1525–1536, Frankfurt/M. 1976.

Kappelhoff, Bernd: Die Reformation in Emden, in: Jahrbuch der Gesellschaft für bildende Kunst und vaterländische Altertümer zu Emden (‚Emder Jahrbuch‘), Bd. 57, 1977, S. 64–143, u. Bd. 58, 1978, S. 22–67.

Moeller, Bernd: Die deutschen Humanisten und die Anfänge der Reformation, in: ZKG, Bd. 70, 1959, S. 46–61.

– Reichsstadt und Reformation, Gütersloh 1962 = SVRG, Nr. 180.

– Die Reformation in Bremen, in: Jahrbuch der Wittheit zu Bremen, Bremen 1973, S. 51–70.

– (Hg.): Stadt und Kirche im 16. Jahrhundert, Gütersloh 1978 = SVRG, Nr. 190.

Mommsen, Wolfgang J. (Hg.): Stadtbürgertum und Adel in der Reformation. Studien zur Sozialgeschichte der Reformation in England und Deutschland. The Urban Classes, the Nobility and the Reformation . . . hg. von Wolfgang J. Mommsen in Verbindung mit Peter Alter und Robert W. Scribner, Stuttgart 1979.

Oberman, Heiko A.: Stadtreformation und Fürstenreformation, in: Humanismus und Reformation als kulturelle Kräfte in der deutschen Geschichte, hg. v. L. W. Spitz, Berlin 1981, S. 80–103.

Ozment, Steven E.: The Reformation in the Cities. The Appeal of Protestantism to Sixteenth-Century Germany and Switzerland, New Haven–London 1975.

Petri, Franz (Hg.): Kirche und gesellschaftlicher Wandel in deutschen und niederländischen Städten der werdenden Neuzeit, Köln–Wien 1980.

Pfeiffer, Gerhard: Der Augsburger Religionsfrieden und die Reichsstädte, in: Zeitschrift des Historischen Vereins für Schwaben, Bd. 61, 1955, S. 213–321.

Postel, Rainer: Reformation und bürgerliche Mitsprache in Hamburg, in: Zeitschrift des Vereins für Hamburgische Geschichte, Bd. 65, 1979, S. 1–20.

– Obrigkeitsdenken und Reformation in Hamburg, in: ARG, Jg. 70, 1979, S. 169–201.

– Hamburg und Lübeck im Zeitalter der Reformation, in: Zeitschrift des Vereins für Lübeckische Geschichte und Altertumskunde, Bd. 59, 1979, S. 63–81.

Press, Volker: Stadt und territoriale Konfessionsbildung, in: Kirche und gesellschaftlicher Wandel in deutschen und niederländischen Städten der werdenden Neuzeit, hg. v. F. Petri, Köln–Wien 1980, S. 251–296.

Rapp, Francis: Réformes et Réformation à Strasbourg. Église et Société dans le diocèse de Strasbourg (1450–1525), Paris 1974.

Rublack, Hans-Christoph: Die Einführung der Reformation in Konstanz von den Anfängen bis zum Abschluß 1531, Gütersloh 1971 = QFRG, Bd. 40.

– Forschungsbericht Stadt und Reformation, in: Stadt und Kirche im 16. Jahrhundert, hg. v. B. Moeller, Gütersloh 1978, S. 9–26.

Schildhauer, Johannes: Soziale, politische und religiöse Auseinandersetzungen in den Hansestädten Stralsund, Rostock und Wismar im ersten Drittel des 16. Jahrhunderts, Weimar 1959.

Schilling, Heinz: Bürgerkämpfe in Aachen zu Beginn des 17. Jahrhunderts. Konflikte im Rahmen der alteuropäischen Stadtgesellschaft oder im Umkreis der frühbürgerlichen Revolution?, in: ZsfhistF, Bd. 1, 1974, S. 175–231.

– Aufstandsbewegungen in der Stadtbürgerlichen Gesellschaft des Alten Reiches. Die Vorgeschichte des Münsteraner Täuferreiches, 1525–1534, in: Der Deutsche Bauernkrieg 1524–1526, hg. v. H.-U. Wehler = GuG, Sonderheft 1, Göttingen 1975, S. 193–238.

Schramm, Gottfried: Danzig, Elbing und Thorn als Beispiele städtischer Reformation (1517–1558), in: Historia integra. Festschrift für Erich Hassinger zum 70. Geburtstag, Berlin 1977, S. 125–154.

Scribner, Robert William: Civic Unity and the Reformation in Erfurt, in: PaP, Nr. 66, 1975, S. 29–60.

Spitz, Lewis William: The Renaissance and Reformation Movements, Chicago 1971.

– (Hg.): Humanismus und Reformation als kulturelle Kräfte in der deutschen Geschichte. Ein Tagungsbericht, Berlin 1981.

Stalnaker, John C.: Residenzstadt and Reformation: Religion, Politics and Social Policy in Hesse, 1509–1546, in: ARG, Jg. 64, 1973, S. 113–146.

Strathenwerth, Heide: Die Reformation in der Stadt Osnabrück, Wiesbaden 1971.

Stupperich, Robert: Humanismus und Reformation in ihren gegenseitigen Beziehungen, in: humanismusforschung seit 1975, Boppard 1975, S. 41–57.

Weyrauch, Erdmann: Konfessionelle Krise und soziale Stabilität. Das Interim in Straßburg (1548–1562), Stuttgart 1978.

Reformatorische Öffentlichkeit

Balzer, Bernd: Bürgerliche Reformationspropaganda. Die Flugschriften des Hans Sachs in den Jahren 1523–1525, Stuttgart 1973.

Böckmann, Paul: Der gemeine Mann in den Flugschriften der Reformation, in: DVfLG, Jg. 22, 1944, S. 186–230. Wiederveröffentlichung mit leichten Veränderungen in: ders.: Formensprache. Studien zur Literarästhetik und Dichtungsinterpretation, Hamburg, 1966, S. 11–44.

Brednich, Rolf Wilhelm: Die Liedpublizistik im Flugblatt des 15. bis 17. Jahrhunderts, 2 Bde, Baden-Baden 1974/75.

Crofts, Richard: Books, Reform, and the Reformation, in: ARG, Jg 71, 1980, S. 21–36.

Costa, G.: Die Rechtseinrichtung der Zensur in der Reichsstadt Augsburg, in: Zeitschr. des Historischen Vereins für Schwaben und Neuburg, Jg 42, 1916, S. 1–82.

Eisenhardt, Ulrich: Die kaiserliche Aufsicht über Buchdruck, Buchhandel und Presse im Heiligen Römischen Reich Deutscher Nation (1496–1806). Ein Betrag zur Geschichte der Bücher- und Pressezensur, Karlsruhe 1970.

Eisenstein, Elizabeth L.: The Printing Press as an agent of change. Communications and cultural transformations in early-modern Europe, 2 Bde, Cambridge 1979.

Engelsing, Rolf: Analphabetentum und Lektüre. Zur Sozialgeschichte des Lesens in Deutschland zwischen feudaler und industrieller Gesellschaft, Stuttgart 1973.

– Der Bürger als Leser. Lesergeschichte in Deutschland 1500–1800, Stuttgart 1974.

Freund, Hilger: Die Bücher- und Pressezensur im Kurfürstentum Mainz von 1486–1797, Karlsruhe 1971.

Habermas, Jürgen: Strukturwandel der Öffentlichkeit. Untersuchungen zu einer Kategorie der bürgerlichen Gesellschaft, Darmstadt-Neuwied 1962, [10]1979.

Hölscher, Lucian: Öffentlichkeit, in: Geschichtliche Grundbegriffe, Bd. 4, hg. v. O. Brunner, Stuttgart 1978, S. 413–467.

Holeczek, Heinz: Erasmus von Rotterdam als ‚Autor‘ von Reformationsflugschriften, in: Historia integra. Festschrift für Erich Hassinger zum 70. Geburtstag, Berlin 1977, S. 97–124.

Klingenburg, Karl-Heinz (LA): Deutsche Kunst und Literatur in der frühbürgerlichen Revolution. Aspekte – Probleme – Positionen, Berlin/DDR 1975.

Köhler, Hans-Joachim; Hebenstreit-Wilfert, Hildegard; Weismann, Christoph (Hg.): Flugschriften des frühen 16. Jahrhunderts (1501–1530) auf Microfiche, Zug/Schweiz 1978 ff.

– (Hg.): Flugschriften als Massenmedium der Reformationszeit. Beiträge zum Tübinger Symposion 1980, Stuttgart 1981.

– Fragestellungen und Methoden zur Interpretation frühneuzeitlicher Flugschriften, in: Flugschriften als Massenmedium der Reformationszeit, Stuttgart 1981, S. 1–27.

Könneker, Barbara: Die deutsche Literatur der Reformationszeit. Kommentar zu einer Epoche, München 1975.

Moeller, Bernd: Stadt und Buch. Bemerkungen zur Struktur der reformatorischen Bewegung in Deutschland, in: Stadtbürgertum und Adel in der Reformation, hg. von W. Mommsen, Stuttgart 1979, S. 25–39.

Müller, Arnd: Zensurpolitik der Reichsstadt Nürnberg von der Einführung der Buchdruckerkunst bis zum Ende der Reichsstadtzeit, in: Mitteilungen des Vereins für Geschichte der Stadt Nürnberg, Bd 49, 1959, S. 66–169.

Neumann, Helmut: Staatliche Bücherzensur und -aufsicht in Bayern von der Reformation bis zum Ausgang des 17. Jahrhunderts, Karlsruhe 1977.

Nolte, Josef; Tompert, Hella und Windhorst, Christof (Hg.): Kontinuität und Umbruch. Theologie und Frömmigkeit in Flugschriften und Kleinliteratur an der Wende vom 15. zum 16. Jahrhundert. Beiträge zum Tübinger Kolloquium des Sonderforschungsbereiches 8 ‚Spätmittelalter und Reformation‘ (31. Mai –2. Juni 1975), Stuttgart 1978.

Schmidt, Josef: Lestern, lesen und lesen hören. Kommunikationsstudien zur deutschen Prosasatire der Reformationszeit, Bern 1977.

Schneider, Annerose: Zur Argumentation in den Flugschriften der Bauernkriegszeit, in: JfGF, Bd. 4, 1980, S. 259–288.

Schubert, Ernst: „bauerngeschrey“. Zum Problem der öffentlichen Meinung im spätmittelalterlichen Franken, in: JFLF, Jg 34/35, Neustadt (Aisch) 1975, S. 883–907.

Schutte, Jürgen: „Schympff red“. Frühformen bürgerlicher Agitation in Thomas Murners „Großem Lutherischen Narren“ (1522), Stuttgart 1973.

– Was ist vns vnser freyhait nutz / wenn wir ir nicht brauchen durffen. Zur Interpretation der Prosadialoge, in: Hans Sachs – Studien zur frühbürgerlichen Literatur im 16. Jahrhundert, hg. v. J. Bumke u. a., Bern–Frankfurt/M. 1978, S. 41–81.

Scribner, Robert William: Flugblatt und Analphabetentum. Wie kam der gemeine Mann zu reformatorischen Ideen?, in: Flugschriften als Massenmedium der Reformationszeit, hg. v. H.-J. Köhler, Stuttgart 1981, S. 65–76.

Spriewald, Ingeborg; Schnabel, Hildegard; Lenk, Werner; Entner, Heinz: Grundpositionen der deutschen Literatur im 16. Jahrhundert, Berlin/ DDR–Weimar 1971, ²1976.

Tompert, Hella: Die Flugschrift als Medium religiöser Publizistik. Aspekte gegenwärtiger Forschung, in: Kontinuität und Umbruch, hg. v. J. Nolte, Stuttgart 1978, S. 211–221.

Ukena, Peter: Tagesschrifttum und Öffentlichkeit im 16. und 17. Jahrhundert in Deutschland, in: Presse und Geschichte. Beiträge zur historischen Kommunikationsforschung, München 1977, S. 35–53.

Wohlfeil, Rainer: Reformatorische Öffentlichkeit, in: Literatur und Laienbildung im Spätmittelalter und in der Reformationszeit, Wolfenbüttel-Symposien 1981 der Deutschen Forschungsgemeinschaft. – Auf diesen Tagungsband mit weiteren einschlägigen Beiträgen kann zunächst hier nur in dieser Form verwiesen werden.

Reformation – Bildende Kunst

Geisberg, Max: The German Single-leaf Woodcut: 1500–1550, Revised and edited by Walter L. Strauss, 4 Bde, New York 1974. Erste Auflage unter dem Titel: Der Deutsche Einblatt Holzschnitt, München 1923–1930.

Harms, Wolfgang (Hg.): Die Sammlung der Herzog August Bibliothek in Wolfenbüttel. Kommentierte Ausgabe = Deutsche illustrierte Flugblätter des 16. und 17. Jahrhunderts, Bd II, hier Bd. 2: Historica, München 1980.

Meuche, Hermann (Hg.): Flugblätter der Reformation und des Bauernkrieges. 50 Blätter aus der Sammlung des Schloßmuseums Gotha. Katalog von Ingeburg Neumeister, 2 Teile, Leipzig 1975/76.

Strauss, Walter L.: The German Single-leaf Woodcut 1550–1600, 3 Bde, New York 1975.

Strauss, Walter L. (Hg.): The Illustrated Bartsch, New York 1978 ff.

Berbig, Hans Joachim: Sammelbericht über die Literatur zum Dürer-Jahr 1971, in: AKuG, Bd. 55, 1973, S. 35–55.

Brückner, Wolfgang: Massenbilderforschung 1968–1978. Erster Teil: Die traditionellen Gattungen der populären Druckgraphik des 15.–19. Jahrhunderts, in: Internationales Archiv für Sozialgeschichte der deutschen Literatur, Jg 4, 1979, S. 130–178.

Andersson, Christiane D.: Religiöse Bilder Cranachs im Dienste der Reformation, in: Humanismus und Reformation als kulturelle Kräfte in der deutschen Geschichte, hg. v. L. W. Spitz, Berlin 1981, S. 43–79.

Aulinger, Rosemarie: Das Bild des Reichstages im 16. Jahrhundert. Beiträge zu einer typologischen Analyse schriftlicher und bildlicher Quellen, Göttingen 1980.

Bilder, Artikel in: TRE, Bd. 6, 1980, S. 515–568; darin Abschnitt IV: Walther von Loewenich, Reformatorische und nachreformatorische Zeit, S. 546–557.

Bredekamp, Horst: Kunst als Medium sozialer Konflikte. Bilderkämpfe von der Spätantike bis zur Hussitenrevolution, Frankfurt/M. 1975.

Campenhausen, Hans Frhr. v.: Die Bilderfrage in der Reformation, in: ZKG, Bd. 68, 1957, S. 96–128.

Chojecka, Ewa: Zur Stellung des gedruckten Bildes im 15. und 16. Jahrhundert: Zwischen Kunstwerk und „Massenmedium", in: Reform – Reformation – Revolution, hg. v. S. Hoyer, Leipzig 1980, S. 123–127.

Christensen, Carl C.: Iconoclasm and the Preservation of Ecclesiastical Art in Reformation Nuernberg, in: ARG, Jg 61, 1970, S. 205–221.

– Art and the Reformation in Germany, Ohio 1979.

Fehr, Hans: Massenkunst im 16. Jahrhundert. Flugblätter aus der Sammlung Wikkiana, Berlin 1924.

Fraenger, Wilhelm: Jörg Ratgeb. Ein Maler und Märtyrer aus dem Bauernkrieg, Dresden 1972. 2. Aufl., hg. v. G. Fraenger u. J. Baier-Fraenger, München 1981.

Garside, Charles, Jr.: Zwingli and the arts, New Haven–London 1966.

Goldammer, Kurt: Kirchliche Kunst im Mittelalter, Göttingen 1969 = Die Kirche in ihrer Geschichte, Bd 2, Lieferung G.

Hampe, Theodor: Nürnberger Ratsverlässe über Kunst und Künstler im Zeitalter der Spätgotik und Renaissance (1449) 1476–1618 (1633), 3 Bde, Wien–Leipzig 1904.

Hoffmann, Konrad: Typologie, Exemplarik und reformatorische Bildsatire, in: Kontinuität und Umbruch, hg. v. J. Nolte, Stuttgart 1978, S. 189– 210.

Hütt, Wolfgang: Deutsche Malerei und Graphik der frühbürgerlichen Revolution, Leipzig 1973.

Huth, Hans: Künstler und Werkstatt der Spätgotik, Augsburg 1923, Darmstadt ³1977.

Iserloh, Erwin: Bildfeindlichkeit des Nominalismus und Bildersturm im 16. Jahrhundert, in: Bild – Wort – Symbol in der Theologie, hg. v. W. Heinen, Würzburg 1969, S. 119–138.

Jaritz, Gerhard: Zur Funktion des religiösen Bildes in der spätmittelalterlichen Gesellschaft, in: Beiträge zur historischen Sozialkunde, Jg. 10, H. 1, 1980, S. 8–13.

Jedin, Hubert: Das Tridentinum und die Bildenden Künste. Bemerkungen zu Paolo Prodi, Richerche sulla teorica delle arti figurativa nella Riforma Cattolica (1962), in: ZKG, Bd. 74, 1963, S. 321–339.

Kastner, Ruth: Geistlicher Rauffhandel. Form und Funktion der illustrierten Flugblätter zum Reformationsjubiläum 1617 in ihrem historischen und publizistischen Kontext, Phil. Diss., Masch.-Schrift, Hamburg 1981.

Koepplin, Dieter u. Falk, Tilman: Lukas Cranach, Gemälde-Zeichnungen-Druckgraphik, 2 Bde., Basel–Stuttgart 1974/1976.

Körsgen-Wiedeburg, Andrea: Das Bild Martin Luthers in den Flugschriften der frühen Reformationszeit, in: Festgabe für Ernst Walter Zeeden, Münster i. W. 1976, S. 153–177.

Lienhard, Marc: Held oder Ungeheuer? Luthers Gestalt und Tat im Lichte der zeitgenössischen Flugschriftenliteratur, in: LuJ, 1978, S. 56–79.

Lutz, Heinrich: Albrecht Dürer in der Geschichte der Reformation, in: HZ, Bd. 206, 1968, S. 22–44.

Marsch, Angelika: Bilder zur Augsburger Konfession und ihren Jubiläen, Weißenhorn/Bayern 1980.

Panofsky, Erwin: Das Leben und die Kunst Albrecht Dürers, München 1977.

Schade, Werner: Die Malerfamilie Cranach, Dresden 1974.

Schmidt, Ph.: Die Illustration der Lutherbibel 1522–1700. Ein Stück abendländischer Kultur- und Kirchengeschichte, Basel 1962, ND 1977.

Scribner, Robert W.: Reformation, Carnival and the World Turned Upside-Down, in: Städtische Gesellschaft und Reformation. Kleine Schriften 2, hg. v. I. Bátori, Stuttgart 1980, S. 234–264.

– For the Sake of Simple Folk: Popular Propaganda for the German Reformation, Cambridge 1981.

Seebaß, Gottfried: Dürers Stellung in der reformatorischen Bewegung, in: Albrecht Dürer. Festschrift zum 500. Geburtstag, Nürnberg 1971, S. 101–131.

Smolinsky, Heribert: Reformation und Bildersturm. Hieronymus Emsers Schrift gegen Karlstadt über die Bilderverehrung, in: Reformatio ecclesiae . . . Festgabe für Erwin Iserloh, Paderborn 1980, S. 427–440.

Stirm, Margarete: Die Bilderfrage in der Reformation, Heidelberg 1977 = QFRG, Bd. 45.

Thulin, Oskar: Cranach-Altäre der Reformation, Berlin 1955.

Ullmann, Ernst (Hg.): Albrecht Dürer. Kunst im Aufbruch. Vorträge der kunstwissenschaftlichen Tagung mit internationaler Beteiligung zum 500. Geburtstag von Albrecht Dürer. Karl-Marx-Universität Leipzig 31. Mai bis 3. Juni 1971, Leipzig ²1973.

– Bauernkrieg – Bildersturm – bildende Kunst, in: Der deutsche Bauernkrieg 1524/25. Geschichte-Traditionen-Lehren, hg. v. G. Brendler, Berlin/DDR 1977, S. 185–195.

Volz, Hans: Martin Luthers deutsche Bibel. Entstehung und Geschichte der Lutherbibel, Hamburg 1978.

Wohlfeil, Rainer u. Trudl: Landsknechte im Bild. Überlegungen zur ‚Historischen Bildkunde‘, in: . . ., Stuttgart 1982.

Warnke, Martin: Durchbrochene Geschichte? Die Bilderstürme der Wiedertäufer in Münster 1534/1535, in: Bildersturm. Die Zerstörung des Kunstwerks, hg. v. M. Warnke, München 1973, S. 65–98.

Zschelletzschky, Herbert: Die ,,drei gottlosen Maler" von Nürnberg. Sebald Beham, Barthel Beham und Georg Pencz. Historische Grundlagen und ikonologische Probleme ihrer Graphik zu Reformations- und Bauernkriegszeit, Leipzig 1975.

Radikale Reformation
s. auch Literatur zu Kap. Reformation-Revolution

Quellen zur Geschichte der Täufer (14 Bde), Gütersloh 1931–1981 = QFRG, Bde 13, 16, 20, 22, 23, 24, 26, 27, 29, 30, 31, 34, 41, 50.

Quellen zur Geschichte der Täufer in der Schweiz, 3 Bde, Zürich 1952–1974.

Franz, Günther (Hg.): Thomas Müntzer, Schriften und Briefe. Kritische Gesamtausgabe, Gütersloh 1968 = QFRG, Bd. 33.

Horst, Irvin B. (Hg.): Mennonite and related sources up to 1600, Zug/Schweiz = The Radical Reformation Microfiche Project, Section I A.

– (Hg.): Books by and about David Joris, Zug/Schweiz = The Radical Reformation Microfiche Project, Serie I B.

Hillerbrand, Hans-Joachim (Hg.): Bibliographie des Täufertums, 1520–1630, Gütersloh 1962 = QFRG, Bd. 30.

– (Hg.): A Bibliography of Anabaptism, 1520–1630. A Sequel: 1962–1974, St. Louis, Mo. 1975.

Bräuer, Siegfried: Müntzerforschung von 1965 bis 1975, in: LuJ, Jg. 44, 1977, S. 127–141, u. Jg. 45, 1978, S. 102–139.

Bensing, Manfred: Thomas Müntzer und der Thüringer Aufstand 1525, Berlin/DDR 1966.

Brendler, Gerhard: Das Täuferreich zu Münster 1534/35, Berlin/DDR 1966.

Clasen, Claus-Peter: Anabaptism. A Social History, 1525–1618. Switzerland, Austria, Moravia, South and Central Germany, Ithaca–London 1972.

– The Anabaptists in South and Central Germany, Switzerland and Austria: their names, places of residence and dates of conversion, 1525–1618, Ann Arbor/Michigan 1978.

Deppermann, Klaus; Packull, Werner O.; Stayer, James M.: From Monogenesis to Polygenesis. The Historical Discussion of Anabaptist Origins, in: MennQR, Jg. 49, 1975, S. 83–122.

Deppermann, Klaus: Melchior Hoffman. Soziale Unruhen und apokalyptische Visionen im Zeitalter der Reformation, Göttingen 1979.

Dienst, Karl: Thomas Müntzer – eine Gestalt der Bewußtseinsgeschichte. Historie und Metapher, in: BPfKG, Jg 42, 1975, S. 217–237.

van Dülmen, Richard: Reformation als Revolution. Soziale Bewegung und religiöser Radikalismus in der deutschen Reformation, München 1977.

– Das Täufertum als sozialreligiöse Bewegung. Ein Versuch, in: ZsfhistF, Bd. 6, 1979, S. 185–197.

Elliger, Walter: Thomas Müntzer. Leben und Werk, Göttingen 1975, ³1976.

Fast, Heinold (Hg.): Der linke Flügel der Reformation, Bremen 1962.

Fischer, Ludwig (Hg.): Die lutherischen Pamphlete gegen Thomas Müntzer, Tübingen 1976 bzw. München 1976.

Friesen, Abraham und Hans-Jürgen Goertz (Hg.): Thomas Müntzer, Darmstadt 1978 = WdF, Bd. 491.

Goertz, Hans-Jürgen: Innere und äußere Ordnung in der Theologie Thomas Müntzers, Leiden 1967.

- (Hg.): Umstrittenes Täufertum 1525–1975. Neue Forschungen, Göttingen 1975, ²1977.
- (Hg.): Radikale Reformatoren. 21 biographische Skizzen von Thomas Müntzer bis Paracelsus, München 1978.
- Die Täufer. Geschichte und Deutung, München 1980.

Kirchhoff, Karl-Heinz: Die Täufer in Münster 1534/35. Untersuchungen zum Umfang und zur Sozialstruktur der Bewegung, Münster i. W. 1973.

Klassen, Peter James: The Economics of Anabaptism. 1525–1560, London–The Hague–Paris 1964.

Landfester, Rüdiger: Frühneuzeitliche Häresien und koloniale Protestkulte: Möglichkeiten eines historisch-komparativen Zugangs, in: ARG, Jg. 67, 1976, S. 117–159.

Lohse, Bernhard: Die Stellung der ‚Schwärmer‘ und Täufer in der Reformationsgeschichte, in: ARG, Jg. 60, 1969, S. 5–26.

Mühlpfordt, Günter: Radikal – eine Kategorie in Anwendung auf Reform, Reformation und Revolution, in: Reform – Reformation – Revolution, hg. v. S. Hoyer, Leipzig 1980, S. 156–166.

Nipperdey, Thomas: Theologie und Revolution bei Thomas Müntzer, in: ARG, Jg. 54, 1963, S. 145–179. Wiederabdruck in: Wirkungen der deutschen Reformation bis 1555, hg. v. W. Hubatsch, Darmstadt 1967, S. 236–285; dto., in: Thomas Nipperdey: Reformation, Revolution, Utopie, Göttingen 1975, S. 38–84 (mit Zusatz: Zur Müntzerforschung 1961–1974).

Ozment, Steven E.: Mysticism and Dissent. Religious Ideology and Social Protest in the Sixteenth Century, New Haven–London 1973.

Packull, Werner O.: Mysticism and the Early South German–Austrian Anabaptist Movement 1525–1531, Scottdale/Penna. 1977.

Rammstedt, Otthein: Sekte und soziale Bewegung. Soziologische Analyse der Täufer in Münster (1534/35), Köln–Opladen 1966.

Schulze, Winfried: Unterschiede und Gemeinsamkeiten zwischen marxistischer und nichtmarxistischer Müntzerforschung, in: Objektivität und Parteilichkeit in der Geschichtswissenschaft, hg. v. R. Koselleck, München 1977, S. 199–211.

Seebaß, Gottfried: Müntzers Erbe. Werk, Leben und Theologie des Hans Hut († 1527), Theol. Habil. Schrift (masch.), Erlangen 1972.
- Bauernkrieg und Täufertum in Franken, in: ZKG, Bd. 85, 1974, S. 140–156.

Stayer, James M.: Anabaptists and the Sword, Lawrence 1972, ²1976.
- Die Schweizer Brüder. Versuch einer historischen Definition, in: MGB, Jg. 34, NF Nr. 29, 1977, S. 7–34.

Steinmetz, Max: Das Müntzerbild von Martin Luther bis Friedrich Engels, Berlin/DDR 1971.
- Thomas Müntzer in der Forschung der Gegenwart, in: ZfG, Jg. 23, 1975, S. 666–685.

Vogler, Günter: Gab es eine radikale Reformation? Bemerkungen zur Konzeption von G. H. Williams, in: WZ (L). GS, Jg. 14, Leipzig 1965, S. 495–500.

Williams, George Huntston: The Radical Reformation, Philadelphia 1962.

Reformation – Revolution
s. auch Literatur zu Kap. Radikale Reformation

Becker, Winfried: Reformation und Revolution, Münster i. W. 1974.

Berthold, Brigitte; Engel, Evamaria; Laube, Adolf: Die Stellung des Bürgertums in der deutschen Feudalgesellschaft bis zur Mitte des 16. Jahrhunderts, in: ZfG, Jg. 21, 1973, S. 196–217.

Brendler, Gerhard: Von der Hussitenbewegung bis zum Abfall der Niederlande. Zu den Vor- und Frühformen der bürgerlichen Revolution, in: JfG, Bd. 10, 1974, S. 9–56.

– Zur Problematik des frühbürgerlichen Revolutionszyklus, in: Studien zur vergleichenden Revolutionsgeschichte 1500–1917, hg. v. M. Kossok, Berlin/DDR 1974, S. 29–52.

– Zur Auffassung von Reformation und Bauernkrieg bei Friedrich Engels, in: Evolution und Revolution in der Weltgeschichte, hg. v. H. Bartel u. a., Bd. 1, Berlin/DDR 1976, S. 247–268.

Čistozvonov, A. N.: Über die stadial-regionale Methode bei der vergleichenden historischen Erforschung der bürgerlichen Revolutionen des 16. bis 18. Jahrhunderts in Europa, in: ZfG, Jg. 27, 1973, S. 31–48.

Elkar, Rainer S.: Forschungen in der DDR zur Geschichte der ‚deutschen frühbürgerlichen Revolution‘. Problemvergleich und Zeitschriftenschau, in: BDLG, Jg. 112, 1976, S. 382–423.

Engelberg, Ernst: Zu methodologischen Problemen der Periodisierung, in: Probleme der marxistischen Geschichtswissenschaft, Köln 1972, S. 121–154; zuvor in: ZfG, Jg. 19, 1971, S. 1219–1250.

– Nochmals zur ersten bürgerlichen Revolution und weltgeschichtlichen Periodisierung, in: ZfG, Jg. 20, 1972, S. 1285–1305.

Foschepoth, Josef: Reformation und Bauernkrieg im Geschichtsbild der DDR. Zur Methodologie eines gewandelten Geschichtsverständnisses, Berlin 1976.

Friesen, Abraham: Reformation and Utopia. The marxist interpretation of the Reformation and its Antecedents, Wiesbaden 1974.

Goertz, Hans-Jürgen; Talkenberger, Barbara; Wohlauf, Gabriele: Neue Forschungen zum deutschen Bauernkrieg. Überblick und Analyse, in: MGB, Jg. 33, NF Nr. 28, 1976, S. 24–64, und Jg. 34, NF Nr. 29, 1977, S. 35–64.

Graus, František: Vom ‚Schwarzen Tod‘ zur Reformation. Der krisenhafte Charakter des europäischen Spätmittelalters, in: Revolte und Revolution in Europa = HZ, Beiheft 4, München 1975, S. 10–30.

Griewank, Karl: Der neuzeitliche Revolutionsbegriff. Entstehung und Entwicklung, Weimar 1955, 2. erw. Aufl. Frankfurt/M. 1969.

Hoyer, Siegfried: Reform – Reformation – Revolution. Versuch einer historischen Standortbestimmung, in: Reform – Reformation – Revolution, hg. v. S. Hoyer, Leipzig 1980, S. 9–18.

Koch, Ernst: Zwingli, Calvin und der Calvinismus im Geschichtsbild des Marxismus, in: Zwingliana, Bd. 14, 1974/75, S. 61–88.

Küttler, Wolfgang: Zum Verhältnis von Ökonomie, Politik und Ideologie am

Beginn der bürgerlichen Revolutionsepoche, in: Reform – Reformation – Revolution, hg. v. S. Hoyer, Leipzig 1980, S. 269–280.

– Stadt und Bürgertum im Feudalismus. Zu theoretischen Problemen der Stadtgeschichtsforschung in der DDR, in: JfGF, Bd. 4, 1980, S. 75–112.

Laube, Adolf: Die Herausbildung von Elementen einer Handels- und Manufakturbourgeoisie und deren Rolle in der deutschen frühbürgerlichen Revolution, in: JfGF, Bd. 1, 1977, S. 273–303.

– Zur Rolle sozialökonomischer Fragen in frühreformatorischen Flugschriften, in: Flugschriften als Massenmedium der Reformationszeit, hg. v. H.-J. Koehler, Stuttgart 1981, S. 205–224.

Loewenich, Walther von: Reformation oder Revolution, in: Von Augustin zu Luther, Beiträge zur Kirchengeschichte, Witten 1959, S. 250–260.

Looß, Sigrid: Der frühe Martin Butzer – Ideologie und revolutionäre Wirklichkeit in der Zeit von Reformation und Bauernkrieg, in: JfG, Bd. 10, 1974, S. 57–119.

Meyer, Georg P.: Revolutionstheorien heute. Ein kritischer Überblick in historischer Absicht, in: 200 Jahre amerikanische Revolution und moderne Revolutionsforschung, hg. v. H.-U. Wehler = GuG, Sonderheft 2, Göttingen 1976, S. 122–176.

Nipperdey, Thomas: Die Reformation als Problem der marxistischen Geschichtswissenschaft, in: Wissenschaft in kommunistischen Ländern, hg. v. D. Geyer, Tübingen 1967, S. 228–258. Abdruck in: Reformation oder frühbürgerliche Revolution, hg. v. R. Wohlfeil, München 1972, S. 205–229. Wiederabdruck in: Thomas Nipperdey, Reformation, Revolution, Utopie, Göttingen 1975, S. 9–37 (mit Zusatz 1974).

Redaktionskollegium: Probleme der Feudalismusforschung in der DDR (1970–1975), in: JfGF, Bd. 1, 1977, S. 11–64.

Scheible, Heinz: Reform, Reformation, Revolution. Grundsätze zur Beurteilung der Flugschriften, in: ARG, Jg. 65, 1974, S. 108–133.

Selge, Kurt-Victor: Das Autoritätengefüge der westlichen Christenheit im Lutherkonflikt 1517 bis 1521, in: HZ, Bd. 223, 1976, S. 591–617.

Steinmetz, Max: Der geschichtliche Platz des deutschen Bauernkrieges, in: Der deutsche Bauernkrieg 1524/25, hg. v. G. Brendler, Berlin/DDR 1977, S. 15–33.

– Reformation und Bauernkrieg, in: Kritik der bürgerlichen Geschichtsschreibung. Handbuch, hg. v. W. Berthold u. a., Köln 1970, S. 132–143. Neue Fassung unter Titel: Reformation, Bauernkrieg, Müntzer, in: Kritik der bürgerlichen Geschichtschreibung. Handbuch, hg. v. W. Berthold u. a., 4. neu bearbeitete und erweiterte Auflage, Köln 1977, S. 224–237.

– Forschungen zur Geschichte der deutschen frühbürgerlichen Revolution, in: Historische Forschungen in der DDR 1970–1980 = ZfG, Sonderband 1980, Berlin/DDR 1980, S. 79–98.

Vierhaus, Rudolf: Zum Problem historischer Krisen, in: Historische Prozesse, hg. v. K.-G. Faber, München 1978, S. 313–329.

Vogler, Günter: Probleme der Klassenentwicklung in der Feudalgesellschaft. Betrachtungen über die Entwicklung des Bürgertums in Mittel- und Westeuropa vom 11. bis zum 18. Jahrhundert, in: ZfG, Jg. 21, 1973, S. 1182–1208.

– Revolutionäre Bewegung und frühbürgerliche Revolution. Betrachtungen zum Verhältnis von sozialen und politischen Bewegungen und deutscher frühbürgerlicher Revolution, in: ZfG, Jg. 22, 1974, S. 394–411.

Wiedemann, Konrad: Arbeit und Bürgertum. Die Entwicklung des Arbeitsbegriffs in der Literatur Deutschlands an der Wende zur Neuzeit, Heidelberg 1979.

Wohlfeil, Rainer (Hg.): Reformation oder frühbürgerliche Revolution, München 1972.

– Einleitung: Der Bauernkrieg als geschichtswissenschaftliches Problem, in: Der Bauernkrieg 1524–26, hg. v. R. Wohlfeil, München 1975, S. 7–50.

– Positionen der Forschung. ‚Bauernkrieg‘ und ‚frühbürgerliche Revolution‘, in: Revolte und Revolution in Europa = HZ, Beiheft 4, München 1975, S. 100–114.

– Reformation in sozialgeschichtlicher Betrachtungsweise, in: Reform – Reformation – Revolution, hg. v. S. Hoyer, Leipzig 1980, S. 95–104.

Zentralinstitut für Geschichte der Akademie der Wissenschaften der DDR (Hg.): Epoche des Verfalls des Feudalismus, der Entstehung und Entwicklung des Manufakturkapitalismus und der ersten bürgerlichen Revolution, in: Grundriß der deutschen Geschichte, Berlin/DDR [2]1979, S. 129–172.

Thesen über Martin Luther. Zum 500. Geburtstag, in: Einheit, Jg. 36, 1981, S. 890–903.

Nachtrag zu ‚Reformation – Stadt‘ (S. 123 u. S. 118f.):

Daß städtische Reformationen und sog. Fürstenreformationen nicht isoliert, sondern vor allem in Süd-, teilweise auch in Westdeutschland in einem engeren Zusammenhang als bisher gesehen werden müssen, arbeitete Press (1980) heraus: Zum Erfolg der Reformation in den Territorien trug wesentlich bei, daß sie „sich entlang von überkommenen Kommunikationswegen, gemäß territorialen Abhängigkeiten, entsprechend alten Bildungsbeziehungen vollzog" (291f.). Als ‚Knotenpunkte‘ wirkten hierbei Reichs- und Landesstädte. Dieser These von Ausstrahlungskraft auf und zentraler Bedeutung von Städten und Bürgern für die territorialen Konfessionsbildungen im unmittelbaren Zusammenhang mit dem gleichzeitigen Prozeß einer Verdichtung von Personalbeziehungen zwischen reichs- und landesstädtischen Bürgern im bekenntnisgeprägten Beamtentum und mit der Verfestigung territorialer Herrschaft wird die weitere Forschung nachzugehen haben. Neu diskutiert werden muß nach der Analyse der Reformation in Colmar durch Kaspar von Greyerz auch, ob es doch Formen einer ‚Ratsreformation‘ bzw. ‚Reformation von oben‘ (s. S. 118f.) geben konnte.

Personenregister

Diejenige Stelle, an der die jeweils angeführte Person im Text näher qualifiziert
worden ist, wird durch Kursivsatz beim Seitenverweis gekennzeichnet.

ZUR GESCHICHTE DER FRÜHEN NEUZEIT

Bernhard Lohse
Martin Luther
Eine Einführung in sein Leben und sein Werk
1981. 255 Seiten (Beck'sche Elementarbücher)

Radikale Reformatoren
21 biographische Skizzen von Thomas Müntzer bis Paracelsus
Herausgegeben von Hans-Jürgen Goertz
1978. 263 Seiten mit 19 Abbildungen im Text
(Beck'sche Schwarze Reihe, Band 183)

Hans-Jürgen Goertz
Die Täufer
Geschichte und Deutung
1980. 237 Seiten mit 10 Abbildungen im Text
(Edition Beck)

Ernst Hinrichs
Einführung in die Geschichte der Frühen Neuzeit
1980. 237 Seiten mit 6 Abbildungen im Text
(Beck'sche Elementarbücher)

Jürgen Voss
Geschichte Frankreichs · Band II
Von der frühneuzeitlichen Monarchie
bis zur Ersten Republik · 1500–1800
1980. 249 Seiten mit 5 Karten im Text
(Beck'sche Elementarbücher)

VERLAG C. H. BECK MÜNCHEN